U0531359

言有易
言无难

赵元任传

苏金智 著

ZHAO YUANREN ZHUAN

团结出版社

图书在版编目（ＣＩＰ）数据

赵元任传 / 苏金智著. -- 北京 : 团结出版社,
2022.3
　　ISBN 978-7-5126-7507-0

　　Ⅰ．①赵… Ⅱ．①苏… Ⅲ．①赵元任（1892-1982）
—传记 Ⅳ．①K825.5

中国版本图书馆 CIP 数据核字(2019)第 253404 号

出　　版：	团结出版社
	（北京市东城区东皇城根南街 84 号　邮编：100006）
电　　话：	（010）65228880　65244790　（出版社）
	（010）65238766　85113874　65133603（发行部）
	（010）65133603（邮购）
网　　址：	http://www.tjpress.com
E-mail：	zb65244790@vip.163.com
	tjcbsfxb@163.com（发行部邮购）
经　　销：	全国新华书店
印　　装：	三河市东方印刷有限公司
开　　本：	170mm×240mm　　16 开
印　　张：	16.5
字　　数：	258 千字
版　　次：	2022 年 3 月　　第 1 版
印　　次：	2022 年 3 月　　第 1 次印刷
书　　号：	978-7-5126-7507-0
定　　价：	48.00 元

（版权所属，盗版必究）

新版题记

《赵元任传》2012年由江苏文艺出版社出版之后，中国学术界也在持续不断推出赵元任研究的新成果，可见人们对这位20世纪世界级大师的关注和兴趣并没有因为时间的推移而减弱。随着中华民族伟大复兴事业步伐的加快，国人文化自信的不断增强，越来越多的学者体会到了：拥有国际学术界的话语权，不仅是学者个体语言能力的展示，学术界学术话语能力的展示，也是国家的国家语言能力的展示；拥有这一话语权，不仅是学者个人的责任和义务，也是中国学术界融入乃至引领国际学术界过程中的责任和义务，更是传播弘扬中华民族文化的责任和义务。赵元任融入和引领国际学术界的成功经验，值得我们学习和借鉴。

团结出版社这次推出的新版，在版式上做了调整，改正了原著中个别笔误，改换了个别术语，增加了个别章节的内容，除此之外，没有对原著进行大的改动。

从不同的视角，对历史人物进行研究，自然会有不同的理解和诠释。本书的目的，是基于历史事实，在尽力理解历史人物心迹的同时，对围绕传主产生的事件以及传主的言语作品、学术作品和艺术作品进行合乎情理的诠释。对于赵元任这样一位社会背景复杂，学术背景多样，生活经历丰富的传主，作者凭一人之力，其理解和诠释是很难达到尽善尽美的，也许会有坐井观天之嫌，不过这也给广大读者留下了与作者一起解读、理解和诠释传主的无限空间。但愿通过本书作者与读者的共同努力，对传主的解读和诠释最终能够达到一种尽善尽美的理想境界。

苏金智
2020年5月26日于北京东城竹林书屋

序言
PREFACE

吴宗济

苏金智兄十年前早已有《赵元任学术思想评传》行世，余忝居赵师门下，曾被邀作序。兹又拜读苏君新作赵传全文之序目，于赵师之"科学、语言、艺术与人生"更有全面之评述，仍索序于余。按苏君新作已极尽翔实，似无须再添辞费；但我自一九三五年从赵师不到三年，赵师即赴美讲学，从此睽别三十余年。从师之间虽短，但除与侪辈共沐春风外，而在人生方面，因师生双方又有通家之谊，印象更深，值得记述一二，以充弦外之音。

赵师之对我影响，除道德文章之外，不禁令我想起幼年所读的《论语》中，有两处记载孔老夫子对学生的评说，虽各只有四个字，而饶有情趣，颇异于全书中孔子所说关于《修齐治平》的大道理。其一是"余欲无言"；其二是"吾与点也"。我对这两句的感受，都在赵师门下之生活中得到印证。

兹先简介此二语的出处。

一、《论语·阳货》原文："子曰：'予欲无言'。子路曰：'子如不言，则小子何述焉？'子曰：'天何言哉？四时行焉，百物生焉，天何言哉？'"

二、《论语·先进》原文摘要：子路、曾皙（名"点"）、冉有、公西华侍坐，孔子让弟子们各言其志，子路夸口他如治大国就能达到多大的功绩，"夫子哂之"。冉有和公西华也各谈了各自做官的愿望，夫子也没表态。独曾皙待夫子问了他，才说他的想法与众不同。孔子说："何伤乎，亦各言其志也。"曾皙于是说："暮春者，春服既成。冠者五六人，童子六七人；浴乎沂，风乎舞雩，咏而归。"夫子喟然叹曰："吾与点也。"

曾皙这几句只谈谈春游，而不及治国平天下的大道理，在这次言志中，孔子对子路等三人所谈治国的大道理并没有表态，有的还被轻视（"哂之"）；而独赞同曾皙所谈的生活乐趣（"与点"），这在全部《论语》中，孔子对弟子们不讲"修齐治平"的大道理，而只谈自然生活、甚至予以赞许，这恐怕是全书中唯一的、特殊的一段记载，说明孔子有时也会流露出如此率真的感情。

现在回到本题。这两种感受基本可以实现在我和赵师的关系上。赵师对其他学生的关系，因我们相处时日不多，不太清楚；但对我来说，他在我到所之前，所有的语音实验仪器都是由他自己操作的。丁声树比我早来一年，是专研传统音韵学，不会动用仪器。我因在大学先读工程，对理化仪器比较熟悉。我到职后，语音实验室的仪器就都交给我摆弄了。（不过这样一来，对《传统语音学》就较少研究了。）当时的语音实验设备，虽还简单，但已进口了欧美的分析语音的新产品。那时句子里的语词还要一个一个地提出单字来分析量算。分析一个辅音或元音，往往要花上一小时。这样的工作，我们都经历过了，普通话全部的语音频谱，也都由好几个人用了不少时日，才完成了量测而出版了。这在当时的语言学界还是领先的。

我在操作仪器时，赵师一任我自己去搞。就是新进口的仪器，也让我去开箱验收，因为凡是进口的仪器，都有说明书交代清楚的，不用再作指示。如果我的实验做对了，他虽不说什么，我会看出他是满意的。（多年后我整理赵师的存档时，发现一份罗师与赵师往来的信，那是我到所不久，罗师问起吴生的工作怎样，师回信说很满意。赵师发的信每件都是留底的。）这些都很能用上述的孔子的两句话来对照。

一、关于"予欲无言"。赵师一任我自己操作仪器，已如上述。甚至遇到本该追究的事，他也宽大而不立即表态。有一事令我记忆犹深。这是有一次从国外进口一套最新产品的"语音频谱分析仪"，外汇价不低，是当时我国进口唯一的一套。此机照例由我开箱验收。我急于试机，就插上了电门，糟了！美国电器的电压从来都是110伏，而我国的市电都是220伏。我本该懂得而没有注意，一插上电源，机器就烧了。这一下子，全屋的同事们脸都吓黄了！这还了得！赔也赔不起呀！不想赵师一点也没动声色。我当时虽也吓着了，但懂得是什么缘故，就打开机背换上一根保险丝，马上就好了。因为这是常识。进口电器的电压与市电的不同，凡是在家庭中只要是常用电器的人，总会遇到这问题。所以赵师并不过问。这是赵师的"余欲无言"之一例。

二、关于"吾与点也",也可举一例。在南京的夏天有一个中午,我们几个徒弟都蒙师母赏饭(这是杨步伟师娘最爱干的)。饭后大家在庭院的树荫底下乘凉。赵师让我们看看地上的树影,问有何特点?原来地上有许多日光的投影都是半圆形,而不是正圆形。师兄弟们都没说出什么道理。我朝天一看,当时明白了,就回答说:"原来今天是日偏食。树叶很密,露缝很小,就都起了'针孔效应',所以日光在地上的投影都成了半圆形,而且方向和天上半个太阳的方向是相反的。这正合乎针孔原理,也就等于照相机的镜头了。"这时赵师略点了点头……这也许可说是"无言"式的"吾与点也"。

从上述的一段资料,使我想起当年的另一次经历。那是一九三七年南京沦陷的前夕,我家已是家毁人存。那时南京的中央研究院历史语言研究所四个组的大部都已到昆明,赵师一家和同仁们都是乘火车经湘桂、滇越铁路走的,而我一家四口买不起火车票,只好走公路,用了两个月,历尽艰危,于年底到昆明归了队。次年的阳春三月,工作和生活初定。有一天赵师租了船,邀同仁和我们全家同游小西门外滇池的大观楼和对岸西山的太华寺。从昆明的码头到西山的水路单程就要三四个小时。太华寺建筑雄伟,头山门在山脚,往上还有几道山门,中殿在半山腰,大殿离山顶已很近,爬上去够费力的。赵师和同仁等已到中殿,我家人也已上去,但我和大师妹如兰还在二山门。门内两旁很高的台座上有四大天王塑像,狰狞可怖。但她竟出主意要借他们的法宝玩玩,她踩我的背上了台座,取下"南方增长天王"的宝剑,又给我取了"东方持国天王"的琵琶。于是我两人在山门外,一舞宝剑,一弹琵琶。正在得意,上面老师喊了,要我们把法器还原。于是她又爬上台座把宝器还到天王手里。我两人到了山上,老师并未责备。(我到了大殿,纵目山下的八百里滇池,真是气势非常。我们吃了野餐就下山了。大家都困得东倒西歪,我也快睁不开眼了,但在"归棹"打着船舷的美妙节拍声中,我朦胧中还默默编些曲调来"伴奏",此时已是物我双忘,但忽然想到了曾皙言志的那几句话:"暮春三月""冠者""童子"……"咏而归"……今古多么相似。

谁知后来赵师给我看一张照片,原来当时竟然把半山腰里的我和师妹两个淘气鬼都拍下了。

老师抓拍弟子的这种行径,按常识来说,理由可能有二:一般是对破坏文物的取证;也可能是对年轻人的淘气感觉有趣。如果按当时的情景,赵师之对我们，不但不加责备，竟是欣赏了。

以上所记的虽都是我们在师庭的生活琐事，也许更能反映赵师对我们融润无间的春风化雨，就作为《序》的别体吧。

［吴宗济（1909—2010），曾是赵元任的弟子。语言学家，中国社会科学院名誉学部委员，语言研究所研究员兼语音研究室主任］

目 录
CONTENTS

前言

第一章　一生勤求索学惯中西　数度曾领航誉满全球

　　第一节　有个外号 Prof.　　　　　　　　　　　　　11
　　第二节　青果巷里有世家　　　　　　　　　　　　11
　　第三节　边玩边学走过青春年少　　　　　　　　　14
　　第四节　从康奈尔到哈佛　　　　　　　　　　　　18
　　第五节　从痴迷语言到语言学大师　　　　　　　　24
　　第六节　六十年桃李遍天下　　　　　　　　　　　26
　　第七节　他们是神仙伴侣　　　　　　　　　　　　28
　　第八节　伟大心灵中蕴藏着巨大的能量　　　　　　31
　　第九节　梦里的乡国　　　　　　　　　　　　　　35

第二章　科学救国学子梦　学术至上哲人心

　　第一节　科学救国之路　　　　　　　　　　　　　43
　　第二节　中国科学社的创建者和前期组织者　　　　43
　　第三节　《科学》杂志的创办人之一　　　　　　　49
　　第四节　开中国语言科学研究的先河　　　　　　　54
　　第五节　仿佛是一个女人对男人的爱　　　　　　　57

第三章　文学革命为大众　白话新诗写新章

　　第一节　文学革命与白话文运动　　　　　　　　61
　　第二节　与胡适一起帮助陈独秀　　　　　　　　63
　　第三节　适之说不要过生日　　　　　　　　　　64
　　第四节　你的白话文不够白　　　　　　　　　　68
　　第五节　没有人敢动的《阿丽思》　　　　　　　69
　　第六节　译作《最后五分钟》和《软体动物》的排演　76

第四章　吹拉弹唱多才艺　谱曲填词创新声

　　第一节　仿佛是男人对女人的爱　　　　　　　　83
　　第二节　被誉为"五个第一人"　　　　　　　　87
　　第三节　爱国歌曲与娱亲谣　　　　　　　　　　91
　　第四节　春天，春天，什么天？　　　　　　　　95
　　第五节　听熟曲像坐在敞篷车里似的　　　　　　100
　　第六节　吟与唱　　　　　　　　　　　　　　　101
　　第七节　与萧友梅和黄自的友谊　　　　　　　　102

第五章　罗素演讲轰动文坛　元任翻译永结情谊

　　第一节　讲学社的文化兴国愿　　　　　　　　　107
　　第二节　罗素来华　　　　　　　　　　　　　　107
　　第三节　比主讲人更有乐趣　　　　　　　　　　109
　　第四节　中国文坛上的一出好戏　　　　　　　　110
　　第五节　毛泽东也听罗素演讲　　　　　　　　　114
　　第六节　文坛美谈　　　　　　　　　　　　　　116
　　第七节　半个世纪的友谊　　　　　　　　　　　118

第六章　数人会中定法式　教我如何不想他

　　第一节　数人会的"竹林七贤"　　　　　　　　123

第二节	与钱玄同	124
第三节	与黎锦熙	126
第四节	与汪怡	128
第五节	与林语堂	129
第六节	与周辨明	130
第七节	与刘半农	132
第八节	仿佛是对朋友的爱似的	137
第九节	汉语拼音方案就参考了国语罗马字	139

第七章　国语推广运动的主将　中文国际传播的元勋

第一节	国语推广运动官方组织的主要成员	147
第二节	哥伦比亚公司的国语留声片	148
第三节	谁的国语留声片最好	150
第四节	什么是正确的汉语	152
第五节	哈佛燕京学社的创始人之一	152
第六节	《中国话的读物》与《国语字典》	154
第七节	自己的一套语言教学法	156
第八节	数不尽的晚生下辈	157
第九节	"炒"字的英文"stirfrying"	160

第八章　清华园里育桃李　吴语调查开奇葩

第一节	与清华的不解之缘	165
第二节	"言有易，言无难"	166
第三节	吴语的调查研究	171
第四节	与梁启超和陈寅恪	174
第五节	夫人的"小桥食社"	178
第六节	请愿运动的积极分子	179
第七节	清华园永远在心中	180

第九章　开语言调查实验风气　为中国现代学术领航

　　第一节　史语所的主要策划者　　　　　　　　　　185
　　第二节　筹建语言组　　　　　　　　　　　　　　188
　　第三节　大规模的方言调查　　　　　　　　　　　189
　　第四节　赞不绝口的语音实验室　　　　　　　　　193
　　第五节　赵门四进士　　　　　　　　　　　　　　193
　　第六节　广西瑶歌与仓央嘉措情歌记音　　　　　　200
　　第七节　五年译成的高本汉《中国音韵学研究》　　204
　　第八节　一篇名震中外的论文　　　　　　　　　　206
　　第九节　中国现代语言学的领航人　　　　　　　　209
　　第十节　与中研院的不解之缘　　　　　　　　　　213

第十章　高朋挚友盈府第　学术知己遍全球

　　第一节　行人街27号——中国人的活动中心　　　　217
　　第二节　五封绿信　　　　　　　　　　　　　　　219
　　第三节　参加筹建联合国教科文组织　　　　　　　224
　　第四节　担任美国语言学会会长的中国人　　　　　227
　　第五节　当选美国东方学会会长　　　　　　　　　228
　　第六节　与蔡元培的交往　　　　　　　　　　　　229
　　第七节　与董浩云的交往　　　　　　　　　　　　230
　　第八节　与赵朴初的交往　　　　　　　　　　　　233
　　第九节　与胡乔木的交往　　　　　　　　　　　　235
　　第十节　七十六年的日记　　　　　　　　　　　　236

结语　　　　　　　　　　　　　　　　　　　　　　238

主要参考文献　　　　　　　　　　　　　　　　　　243

后记　　　　　　　　　　　　　　　　　　　　　　244

新版后记　　　　　　　　　　　　　　　　　　　　251

前言
FOREWORD

赵元任是20世纪国际著名的学者，他给我们留下了一笔巨大的精神财富，仅仅用十几万字的一本传记是无法把这位文化巨人丰富的精神世界全部展现给读者的。本书的写作，不是按照时间顺序来介绍传主的一生，而是选取传主一生中最为闪光的大事作主线，然后把有关的人物和事件串在一起，从而向读者展现传主辉煌的一生。根据这一思路，本书主要介绍传主从事科学（这里指的主要是自然科学）、语言、艺术工作的一生，并在他那丰富多彩的人生中选择了部分重要经历进行比较细致的刻画，尤其是把他与同时代的人们联系起来，立体地把传主的丰富的精神世界尽量客观地展现给读者，当然这其中也包括了传主的同时代人对传主本人客观和深刻的解读。笔者希望这本侧重传主精神生活方方面面的传记能与侧重介绍传主学术思想的拙作《赵元任学术思想评传》相互补充，相互映衬，能让读者对赵元任有更进一步的了解。

赵元任青少年时代就与科学、语言与艺术这三个方面结下了不解之缘，他上大学时期就把自己的目标定位为"数学家""语言学家"和"音乐家"。他一生在科学、语言和艺术这三个领域付出了大量的心血，最终也在这三个领域取得了令人瞩目的成就。科学、语言和艺术在当今社会分属于不同的研究领域，很少有人能够同时在这三个领域站在学科的最前沿并且取得学界公认的成果。赵元任虽然不是著名的数学家，但是他在数学和物理等自然科学方面有过专门的学习与研究，他在创办科学社团、编辑《科学》杂志和传播科学知识等方面做出了成绩，在科学界享有崇高的荣誉。语言学方面，他精通多种外语和汉语的多种方言，对中华民族共同语——国语（普通话）有深入独到的描写与研究，编写了多部中文的学习教材和双语字典，同时对我国的少数民族语言也进行过调查研究。他在普通语言学理论、方言学、语音学、语法学、社会语言学、语文现代化等方面都作出了令人瞩目的成绩，成为中国现代语言学公认的领路人。在艺术方面，他在音乐创作、歌词创作、白话诗创作、戏剧创作、翻译作品的文学再创作等方面都给我们留下了传世之作。除了他在这三个领域给我们留下的财富以外，他还给我们留下了许许多多有关人生的思考。他的日记、绿信、语条儿中包含的哲理，他参加各种社会活动和社交活动给我们带来的启示，都会给我们如何处理个人与社会、传统与现代、中国与世界这三对人们经常讨论的热门话题提供有益的方法论上的利器。

赵元任是五四时期"科学"与"民主"的积极提倡者与实践者。他从小就喜欢进行科学实验，观察天象。青年时代留学海外是与同时代的伙伴一样抱着"科学救国"的理想而去的。大学时代专门学习了数学和物理，研究生阶段则学习了大量的科学史。在大学和研究生学习阶段，他参与了"中国科学社"的创建，成为《科学》杂志的撰稿人并长期参与该杂志的编辑工作。他一生为在中国传播科学知识做出了大量工作。赵元任从小就接触先进的思想，早就期待腐朽的满清封建社会的灭亡。辛亥革命胜利后，他与血气方刚的同伴们提倡文学革命，认为只有规范祖国的语言，克服方言造成的语言障碍，书写口语中鲜活的白话，才能真正唤起民众，达到实现政治民主的目的。他一辈子写文章都是写大白话，创造的诗歌也大多是白话诗。他与五四时代提倡"科学"与"民主"的先行者们一道，共同开辟了中国新文化运动的新时代。

赵元任是公认的中国现代语言学的先驱。赵元任在涉猎了众多的学科之后，逐渐把自己的专业定位在语言学，这不仅体现了语言学在现代科学中的重要地位，也为现在或将来选择语言学作为终身职业的学子们以莫大的鼓舞。赵元任认为自己选择语言学作为终身职业是出于爱好，他是这样叙述从事语言学的缘由的[1]：

---

[1] 赵元任：《赵元任全集》第15卷上册，第440-441页英文原文；第15卷下册，第847页中文译文，北京：商务印书馆，2007年。

如我常说的，近几十年来我的主要职业是在语言方面，与其说是改变初衷，毋宁说是回到旧好。在"早年回忆"中我描述过我对中国各地方言的兴趣。所以这次我在康奈尔大学修满需要的语文学分后，又主动到宾州史克兰顿（Scranton, Pa.）的国际函授学校学习法文。那真是一所名副其实的语言学校，因为学校不仅提供内容详尽的课本，还给我一套留声机片——那时候用的是腊筒。我不但可以听录音，还可以在空白腊筒上未录音的留声机片上录下自己的练习，送到学校改正。可惜有一次练习没有寄回来。不久我读到该学校面临破产的有关消息。那时是"世界语运动"的初期，我加入了"世界语俱乐部"并成为活跃分子。……我对语言学发生浓厚兴趣是在选修戴维森教授（Professor Hermann Davidsen）所教的普通语音学（General Phonetics）之后。学了国际音标，使我大开眼界，也打开耳界。其后我在哈佛大学选修更多语音学的课程，兴趣也大大增加。

他对世界语言和汉语方言的浓厚兴趣甚至达到痴迷程度，这种浓厚的兴趣引领他对语言学的研究逐渐走向深入。他的科学知识帮助他获得了科学的方法和手段，他的音乐知识帮助他获得了无数的语言学研究的灵感。科学、语言和艺术三门学科的紧密结合促使他开拓了中国现代语言学研究的新天地。

赵元任是最坚定不移的语言文字改革家。他在学生时代就提出要改革中国的语言文字，在选择语言文字研究作为自己的终身职业以后也花费了大量的时间参加语言文字的改革工作。他是《国语罗马字方案》的主要设计者，虽然这个方案后来被《汉语拼音方案》所取代，但是他的研究工作为《汉语拼音方案》所进行的开拓性工作是后人永远不能忘记的。而他退休以后花费最多心思的一件工作是《通字方案》的研究工作，这件工作也是语言文字改革的一项重大工程。虽然这个方案实施起来会有很多困难，也许今后也不可能实施，但是他的那种为语言文字使用者着想，想方设法提高语言文字的交际效率的语言文字改革精神，是值得我们学习和传承的。他之所以认为语言文字可以改革，是因为语言文字是在不断变化的。1961年他在《什么是正确的汉语》一文中鲜明地反对语言文字不变，语言文字不可变的观念，他是这样说的：

只有闭眼不看语言演变的事实才能守住旧传统始终不变的错误观念。语言是在变的：或者通过语音规律有规则地进行，或者通过方言间的借用不规则地进行，或者是因为有意识地立出新的规范，或者是在不知不觉之中因为错误的读法或对文献的误释。演变的最大的社会力量之一是中国人所说的"积非成是"。

赵元任是近代中国最杰出的语文教育家。他把自己的丰富的语言文字知识、语言研究的学术思想和治学方法都传给了下一代。他不仅培养了像王力、丁声树、董同龢、吴宗济、杨时逢等著名的中国语言学家，也培养了一批像罗杰瑞等人的美国汉学家。他的学生遍布世界各地，真正是桃李满天下。

赵元任是公认的中国现代音乐的奠基人。他不仅能谱曲，还能自己写词，甚至自己演唱自己创造的作品。他既是创作者，也是演唱者，还是鉴赏家和批评家。他把自己的音乐才华运用到语言学中的辨音辨调，又把语言学中的知识运用到歌词的咬字吐音。他把中国的民族音乐和西方的音乐融合在一起，创作出中国人喜欢的中国现代新音乐。

赵元任是中华民族共同语和中华文化的最优秀的传播者。赵元任为中华民族共同语和中华文化在世界的传播作出了突出的贡献。他的经验证明：要使中华民族共同语和中华文化让世界更多的人了解，就需要了解世界上其他的语言和文化，只有把中华民族共同语和中华文化放到世界众多语言和文化的大背景下去相互碰撞和相互交融，不断调整中华民族共同语和中华文化自身的外部适用能力，才能真正使中华民族共同语和中华文化让更多的人学习与了解。封闭的心态、自我贬低或自以为是的心态都会导致自身语言文化在世界大家庭中失去发展的良机，导致自身的萎缩。

赵元任具有完美的人格，他那幽默诙谐的性格常给人们带来微笑与快乐。1926年他在《清华周刊》15周年纪念刊上发表的"语条儿"这样写道："笑话笑着说，只有自己发笑。笑话板着脸说，或者人家发笑。""正经话板着脸说，只有自己注意。正经话笑着说，或者人家也注意。"他年轻的时候虽然有一段时间得过忧郁症，但在这同时他也写幽默诙谐的打油诗。后来他经常把工作和游戏联系在一起，在工作中尽情享受人生的乐趣。他在语言研究中写下了多首著名的语言游戏诗，这些游戏诗至今还为人们所熟知。在音乐创作中他为孩子们（包括自己的孩子）和自己本人谱写了一些以游戏为目的的曲子。这些曲子后来也为人们所广泛传唱。

赵元任把各种不同的矛盾统一体完美地结合在一起，向人们展示了各种和谐体，例如科学和艺术的和谐，历史与现实的和谐，自然与社会的和谐，语言与音乐的和谐，感情与理智的和谐，等等。其实做学问的方法，又何尚不是如此？中西方思维方式的和谐，综合与分析方法的和谐，随处都可以从他的著作和处事哲学中找到。如果说他的语言学分析方法是分析的，不是综合的；说他的思维方式是西方的，不是东方的，就难免会有只见树木不见森林之嫌，也实在是冤枉了这位从来不走极端的哲人。

赵元任一生能在科学、语言与艺术三个方面取得如此惊人的成就是与他做事合理安排时间和讲究效率联系在一起的。他在读大学时，曾经选修过效率课。他在《科学》杂志上发表的《说时》中，把合理安排时间看成是一种伦理。他认为无论是对别人还是对自己，都要注意合理安排时间。他说，如果一个人要做许多事，最好在不会相互影响的情况下同时做这些事，例如出门之前可以边扣衣服的扣子边关门。他当学生的时候就有了"教授"的称号，得到这个称号的原因就是因为他经常心不在焉，其实心不在焉的背后是他同时在做另外的一件事。他翻译的名作《阿丽思漫游奇境记》大部分是在洗澡时间完成的。他的女儿猜测，他谱的许多名曲可能是在刮胡子的时候构思出来的。一个人能同时做多件事的习惯，因此造就了一个能在同一时代为科学、语言和艺术做出卓越贡献的巨人。

赵元任是热爱祖国的海外华人优秀群体的代表。他身在海外，心系祖国，无时无刻不在为中华民族在世界大家庭中的崛起奉献自己的智慧和力量。他1914年在康奈尔大学读书的时候创作的《尽力中华》，就表达了海外学子盼望中华民族振兴的热切心情。这首歌曲他自己作词并且编伴奏，在当时海外留学生中广为传唱。歌词写道：

听！
我们同唱中华，

啊！中华，

啊！中华，

听！

君不闻亚东四万万声的中华，

啊！中华，

都同气、同声、同调、同歌中华，

啊！中华，

来三呼万岁中华，

啊！中华，

啊！中华。

听！

君不闻亚东四万万声的中华，

啊！中华，

都同气、同声、同调、同歌中华，

啊！中华，

同心尽力中华。

看！

我们唤醒中华，

啊！中华，

啊！中华，

看！

君不闻亚东四万万声的中华，

啊！中华，

是同种、同胞、同志、同心的中华，

啊！中华，

来发奋尽力中华，

啊！中华，

啊！中华。

看！

君不闻亚东四万万声的中华，
啊！中华，
都振起精神来振作振兴中华，
啊！中华，
同心尽力中华。

年轻时他多次往来于中美之间，在人们对他赴美有着种种猜测时他幽默地说，美国只不过是地球上他去中国的一个中间站。也就是说，中国是他人生旅途的终点站，美国只不过是暂时的栖身之所。

赵元任对爱国有着自己的看法。1920年他在回国的船上与一位留学生闲谈中生发了这样的感想：如果一个留学生仅仅把"我热爱的祖国""爱国主义""民族荣誉"一类的词语挂在嘴边，这个学生对中国或其他国家来说，就可能是个没用的或是个没有效率的人，因为陈词滥调会使人起鸡皮疙瘩。可见赵元任是个讲究实际效果的人，是个不喜欢空谈的人。1926年5月他在发表的《语条儿》上说："肚子不痛的人，不记得有个肚子；国民爱国的国里，不常有爱国运动。"在他看来，要让自己的国家强大，就得实实在在地埋头苦干，拿出真货来。1945年他还没有加入美国国籍，作为中国公民被美国语言学会选为会长，他非常高兴，认为这是"做了一个中国人自然是一件可以特别得意的事情"。

赵元任是中国人的骄傲。他在学术上得到国际社会承认和赞赏的同时，想到的自己是一个中国人，为自己是一个中国人能够得到国际社会的赞赏而感到骄傲。他那赤子之心永远属于中国，尤其是到了晚年，他的思念故乡之情更加真切，他怀念祖国的每一片土地，怀念自己在祖国所做的一切，怀念自己的故交和亲友。他仙逝后国际社会举行了各种各样的悼念活动，祖国大陆、台湾和香港同胞都举行了不同形式的纪念活动。这位中国人民的杰出儿子永远活在祖国人民的心中。

第一章

一生勤求索学惯中西　数度曾领航誉满全球

第一节　有个外号 Prof.

赵元任，号宣重，又号重远。赵元任的"元"是排行字，任是本名。英文名是 Yuen Ren Chao，有时也写成 Y. R. Chao。他的号后来废弃不用，还有一段有趣的故事。在读中小学的时候，同学之间彼此都叫号的，出国留学后就不用这个号了。第一次回国在清华任教的时候，有人请客在邀请函上用他的号，赵元任就当着送信人的面在"赵宣重先生"底下签上"已故"两字，从此再没人用"宣重"这个号了。"重远"这个号是赵元任的祖父取的，源于论语"任重而道远"。

1916 年在哈佛攻读博士学位的赵元任。

他很少用这个号，有一次住在南京中央饭店，为了躲避客人，用了这个号，只有吴稚晖看到黑板上的人名，从论语的句子猜出是赵元任。他在哈佛读博士期间，养成了散步思考问题的习惯。由于边走路边想问题，有时碰到熟人也忘了打招呼，好像是个心不在焉的教授，因此得到一个外号 Prof.（教授）。1973 年回国到上海探望任鸿隽夫人陈衡哲时，陈衡哲一见面就是激动地呼唤他 Prof. 的。

第二节　青果巷里有世家

赵元任，清光绪壬辰（1892）年 11 月 3 日早上 5 点 30 分出生于天津紫竹林。他原籍江苏常州，9岁以后回常州，并在那里学会了常州话。现在常州青果巷仍有赵元任故居，常州市政府还将此处作为古迹加以保护。在青果巷16弄西侧，赵元任小时候在那里住过。说来凑巧，常州青果巷有三位名人，都热衷于搞汉语拼音工作，这三人便是赵元任、瞿秋白和周有光。语言学研究成就最大的当然是赵元任了。1973年5月中旬，赵元任夫妇应邀回国，于5月21日回到常州，这是他自1938年从昆明出国后，首次回乡。他特回故居寻访，激动地说："这口井我还记得"，"这是我小时候念书的房间"，"这儿本来是个月洞门"，"我小时候住在这儿"。1981年第二次回国时，于5月27日，赵元任带着女儿如兰、新那、小中和女婿卞学鐄，回常州寻亲。28日上午，他带着家人又回到故居。休息时，他让女儿新那用风琴弹奏其所谱名曲《教我如何不想他》，自己还轻轻唱了起来。

　　赵元任自称是宋朝（960—1279）始祖赵匡胤的第三十一代孙。赵家是一个崇尚诗书的家族。赵元任的六世祖是清代著名的诗人和史学家赵翼。赵翼（1727—1814），字云崧，号瓯北。"十二岁为制举文，一日能成七艺，人皆奇之。"[1]赵瓯北家境清寒，考取秀才后，在京都为高官子弟当私塾老师，清高宗乾隆二十六年中进士，为翰林院编修，曾任广西镇安和广州知府，晚年居家，讲学著述。赵瓯北著有《瓯北诗钞》《瓯北诗话》《廿二史札记》《陔馀丛考》等。赵瓯北的《论诗》"李杜诗篇万口传，至今已觉不新鲜；江山代有才人出，各领风骚数百年"的后两句是大家都很熟悉的名句。赵瓯北因其文名受到后代子孙的仰慕和敬重，被尊称为瓯北公，子孙们在写他的名字"翼"时，得小心翼翼地把最后一笔省去不写出来。这种平常人们所说的缺笔避讳的方法，到赵元任这一辈，才慢慢放弃。但是他们仍然把瓯北公作为楷模，发奋读书，著书立说，以求流芳百世。

---

[1] 见支伟成著《清代朴学大师列传·下》第四一一页，岳麓书社，1986年。

1981年回常州天宁寺看六世祖赵翼所撰碑文

瓯北的孙辈赵曾向是赵元任的曾祖父，为咸丰进士。赵元任家后来在常州住的祖屋就是赵曾向留下来的。

祖父名执诒，号仲固，是同治举人。在北京、天津、河北一带做官，赵元任小时候一家跟着在这些地方不断搬迁。1893年1岁时全家随祖父由天津迁到北京。1895年3岁时全家随祖父迁往磁州。赵元任自传中说他还记得在磁州的时候，保姆抱着他在祖父的衙门口玩，看到满街摆的都是卖瓷器的摊子。商人卖的有瓷猫、瓷狗、瓷枕头、瓷鼓等各种各样形状的瓷器。

1896年赵元任4岁时一家随祖父又迁到了祁州，这个时候他已经认识1000个汉字，并能背诵许多古文名篇了。1897年5岁时随祖父迁到保定，1898年6岁时全家随祖父迁往冀州，1899年7岁全家又回到保定。1900年8岁时全家又迁回冀州，这一年祖父老人家病故。

赵元任从小受到祖父疼爱，他祖父虽然公务繁忙，但有空闲的时间就教他读书，《大学》和《小学》小时候祖父都教过他。

赵元任的父亲名字叫衡年，号君权，中过举人，为人随和，是个文化人。母亲姓冯，名字叫莱荪，又名妮芬，是个知书识礼的大家闺秀。赵元任的童年是很幸福的，父母给了他许许多多的爱和良好的学前教育，稍稍有点遗憾的是父母的身体不太好，12岁那一年，父母相继病逝，让他较早地失去了父爱和母爱。父母两人都很有才华。母亲能写诗填词，能写一手好字，能唱又能吹，尤其精通昆曲。他 4 岁时母亲就给他开蒙，教他识字。母亲还在他入私塾之后用晚上的时间教他吟诗，但不教他吹唱。母亲还教过他念《唐诗三百首》。父亲教过他《左传》和《尚书》，还教他吹笛子。根据赵元任自己的早年回忆，认为母亲虽然没有教过他昆曲，但他后来喜欢音乐主要是受母亲的影响。

赵元任出身在重诗书礼教的家庭，从小就耳濡目染了许多中国传统文化的内容。他后来虽然远离故土，但却一直孜孜不倦地从事中国语言文化的传播与研究工作，这大概和他小时候良好的家庭教育是分不开的。

第三节　边玩边学走过青春年少

赵元任差不多 4 岁就开蒙，母亲就教他认字。后来祖父教他读《大学》和朱子的《小学》。6 岁随祖父在冀州时就进私塾读书。他的第一个私塾老师叫陆轲轩，常州人，是他大姑婆的大儿子。他祖父之所以要请老家的亲戚来教他读书的一个重要原因是全家读书都用道地的常州音。陆先生用道地的常州音教他读书，教学方法和教学内容大体上与其他私塾学校相同。陆先生对学生的要求很严，方法上与传统的死记硬背有些不同。他先讲书然后再让学生念，内容都是四书五经上的内容。因为入私塾前跟祖父学过《大学》，赵元任跟陆先生学《论语》《孟子》《中庸》和《诗经》的前半部。

祖父去世后全家搬回常州。8 岁时陆先生病故，赵元任在青果巷跟一位姓张的先生学《诗经》的后半部，父亲则教他读《尚书》和《左传》。他还在私塾里学书法，临过柳公权的《玄秘塔》、颜真卿的《家庙碑》和欧阳询的一些帖子。这一阶段他喜欢放风筝，喜欢观察自然现象，天没亮就起来看日出，还喜欢看雷雨、风沙等。他喜欢玩放大镜，在玩耍中发现诸如放大、倒影等有趣现象。11 岁时有一次和同伴玩耍中不小心摔倒，在椅子上撞掉两颗门牙。由于怕人耻笑，赵元任心理上受到负面影响，幼小的心灵上蒙上了一层阴影。后来到美国留学，康奈尔大学的校医给他镶上这两颗门牙，随着年龄的增大和学识的增多就逐渐走出这种阴影。

父母双双病故后的第二年，赵元任就到苏州大姨妈庞夫人家居住，跟大表哥庞恩长继续学习，开始读《古文辞类纂》，并学会苏州话。他与二表哥关系更为密切，还一起学习和使用反切语。在听表兄弟们读英语读物时，开始对英语发生兴趣，还学会用英语骂人。这一年他开始学着用文言文写作文。这一阶段他对当时发生的戊戌变法、义和团运动都有所了解。在自传中认为自己开始以现代的、甚至是革命的看法来看待周围的事物。他认为清朝不久就会灭亡，以兴奋的心情期待着推翻帝制的革命运动的到来。

父母双亡后的一个阶段，赵元任虽然没有很好地接受正规的教育，但是他的课余生活却形式多样并富有意义。他经常放风筝，放洋油纸箱的火飞球，煮煤油做化学实验，把玩具拆了又重新装上（但往往装不上）。他听说过电话，但又没有见过电话，不知道这新鲜玩意儿是什么样的，于是就自己动手做了一个100多英尺远的电话装置。他用两个状如胡琴上用的竹筒作为收听器和传话器，竹筒的一端装上不容易破的纸张，纸的当中用一个细短竹片系上细绳，细绳把两个竹筒连接起来，就这样做成了他自己想象中的电话。这一些活动，培养了他的动手做实验的能力，为他以后的学业打下了很好的基础。

14岁时，赵元任又回到常州青果巷，与大伯母和三个堂兄住在一起，并在局前街溪山的一所私立学校里读书。这个学校是新式学校，名义上是小学，实际上介于中学与小学之间。学校除了教中文和历史之外，还开设许多现代科学知识方面的课程，如代数、几何、化学。另外还有英语、体操等课程。中文教的是《左传》《文选》。教中文和历史的吕思勉（号诚之）先生，是一位学识渊博的老师，后来一直在上海光华大学教历史。他写过两本书，《本国史》和《高中本国史》，是商务印书馆出版的。教英文的沈问梅先生，毕业于上海圣约翰大学。沈先生不管学生听懂听不懂，总是快速地用英文讲课，以此训练学生们的听力。赵元任在夏季的期末考试中，英文得第一名，各科平均得第二名。

在溪山小学学习期间赵元任就开始写日记，此后一直坚持长达76年之久。从他的第一天日记中，我们可以看见年轻的赵元任兴趣广泛，他到"青年励进社"借了八本书：《黑行星》，《科学读本》卷一、卷二、卷三，《家庭教育读本》，《儿童心理学》，《国歌书》卷一，《秘密岛》。这一天他还到书店购买《古文观止》五卷至十卷。1906年9月9日日记记载，所借的书有《新故事集》，《鲁滨逊漂流记》二卷，梁启超主办的《新民丛报》，《儿童心理学》，《家庭卫生》，《教育歌曲》，《音乐教科书》等。可见他涉猎广泛，对音乐也很有兴趣。梁启超的《新民丛报》虽然是用文言文写的，但文章中有许多新事物、新思想，对赵元任当时的思想产生了很大的影响。有关孙中山反清革命的部分内容他也是在这个杂志上看到的。

赵元任日记中所说的"青年励进社"是学生自己组织的一个促进身心发展的团体。社员们自己出钱成立学生图书馆，开展各种各样的课外活动。学生图书馆购买了小说、音乐、自然科学和社会科学以及日常生活方面的书籍供大家借阅。这些图书有不少是从外文翻译过来的，有许多西方的新思想，这些新思想给赵元任增添了精神营养。他们还自己创办杂志，名称叫《课余杂志》，英文名叫 After-school Magazine，用油印机印刷。赵元任是《课余杂志》的科学部分的编辑。

这一时期，赵元任对自然科学开始发生兴趣。他在课外自己做实验。例如将煤油装在废弃的玩具盒内，盒上中间挖一个小孔，然后放在炉灶上加热，当煤油沸腾时，在小孔上端放一根点燃的火柴，观察从小孔里冒出的火焰。他还把镜子四周的框子去掉，将它的棱角放在太阳光下晒，让它在墙上散出七色光来。月蚀使他对天文现象也产生了兴趣，他开始学会观察彗星。

在溪山小学学习只有一年的时间，可是这一年对于赵元任确实太重要了，他开始走出私塾给人们划定的狭窄圈子，不仅学习自然科学知识，系统地学习了英文，还参加了丰富多彩的课余活动。他自己把这一年称为身心发展的转折点。

从15岁到18岁，赵元任第一次离开家乡常州，到南京的江南高等学堂预科学习。江南高等学堂实际上是一所专科学校，其前身是第四师范。预科相当于高中，课程设置有国文、英文、数学、物理、生物、图画、体操等。课程与普通中学差不多，只是程度深多了，如国文课程读的是《古文辞类纂》。江南高等学堂的学习条件优越，老师有不少是从国外聘请的。英文老师先是周先生，后来又请了一位美国老师，是从美国田纳西州（Tennessee）来的，英文名叫 David John Carver，中文名叫嘉化。嘉化的英文发音略带南方口音，教学方法很好，学生都喜欢他。他对赵元任的英语学习帮助很大，不仅纠正了赵元任过去所学的中国式英语的一些毛病，还指导他掌握正确的学习方法。物理课也是从美国请来的查理斯先生（Mr. Charles）担任。图画课的老师是日本人，因为教铅笔画的老师当时本国不容易找到。这位日本来的图画老师不会讲汉语，讲课时需要翻译。当时学校的课程都很强调教学要与实践相结合，在生物课上，赵元任看过死狗的解剖。

这一时期，赵元任除了认真完成功课外，还阅读了大量的课外读物。这些读物有英文的，也有中文的；有小说，也有专业书。广泛的阅读不仅丰富了知识，还陶冶了性情，更重要的是为年轻的赵元任构拟了一幅未来的美好蓝图。读过《富兰克林自传》之后，赵元任决心做一个完人；看迈尔的世界通史（Philip Van Ness Myers' General History），书中说将来应该有一个世界国，他就决定要做一名世界国的公民。

这一时期，赵元任学习勤奋，兴趣也更加广泛。他的学业在不断地进步，逐渐游向更深的知识海洋。马建忠撰写的中国第一部语法著作《马氏文通》，赵元任就是在这一时期阅读的。他的英语水平也有了大幅度的提高，达到能写诗的程度，并跟嘉化夫人学唱英文歌和学弹钢琴。他经常自己做科学实验，如在管子里安装两个或三个透镜，试造望远镜和显微镜；用盐和冰块做冷冻混合物。在天文学方面，他的知识也不断得到丰富，他对观察彗星越发感兴趣。他选修德文作为第二外语，这对以后出国留学选修第二外语很有帮助。他对中国的方言从小就产生了浓厚的兴趣，在南京学习期间，跟住同一宿舍的同学互学方言，又学会了福州话。年轻的赵元任已经逐渐显露出他的语言天赋。

凭着中小学时期的勤奋学习和赵元任自身的天赋，他三年预科没有完全读完，就到北京住了一个春天，边学习边准备报考清华的留美官费生。1909年清华举行了第一批留美考试，赵元任参加的是第二批。为了应付考试，他在考试前几个星期自修了拉丁文。这次考试是利用美国退还的庚子赔款作为留美的清华奖学金。考试的科目总共有十七门，中文、英文考试及格以后再考其他科目。其他科目有德文（法文和德文任选）、拉丁文、代数、平面几何、三角、立体几何、希腊史、罗马史、英国史、世界地理、物理学、植物学、动物学、生理学、化学等。1910年7月21日，他参加了在北京举行的留美考试。上午考国文，作文题目出自《孟子》的第四章"不以规矩，不能成方圆"。赵元任写了五百多字。下午考英文作文，题目是"借外债兴建国内铁路之利弊说"。这两门考试合格后过五天再继续参加其他科目的考试。7月27日考代数、平面几何、希腊历史、罗马历史、德文或法文（任选，赵元任选德文）。7月28日考物理学、植物学、动物学、生理学、化学和三角。29日考立体几何、英国史、世界地理与拉丁文（选考）。这一批共录取了70名留美学生，赵元任以平均73.4分的优秀成绩名列第二。同榜中第一名是杨锡仁，竺可桢是第二十八名，胡适是第五十五名。

第四节 从康奈尔到哈佛

1910年7月赵元任参加考试，以优异的成绩取得了官费留学美国的资格，同年8月就动身到美国。8月上旬赵元任就到达上海，剪掉辫子换上西装准备出发。8月16日乘坐"中国号"（S.S. China）轮船从上海起程。这批留学生是由著名教育家，当时游美学务处教务长胡敦复护送的。经过长期的海上颠簸，于9月初到达旧金山。稍加休整，他们就分别被送往各大学。赵元任等14人被送到纽约州绮色佳（Ithaca）的康奈尔大学（Cornell University），胡适也是其中的一位。

康奈尔大学建立于1865年，是美国独立战争后创办的。自学校成立后，其创始人就期待将康大办成一所全科型的新式大学，教授内容从文学名著至自然科学，从理论研究到实际应用，无所不包。此理念

1910年出国前"剪掉辫子，换着西装"

最终发展成为康奈尔的校训："我将建立一座任何人在此都能找到所有学科教育的机构（I would found an institution where any person can find instruction in any study）。"该大学经过四十多年的努力，已经成为国际上负有盛名的高等学府。

到美国留学的第二年，中国就发生了辛亥革命，成立了中华民国。赵元任和同学们都十分兴奋，为革命的成功而欢呼。他们决心以自己的实际行动来为建设一个中华民族的强大国家贡献力量。

赵元任本来想学电机工程，在去美国的路上，胡敦复跟他讲了理论科学和应用科学的关系，帮助他弄清楚了工科与理科的差别与关系，于是他决定学理论科学。他在康奈尔大学主修数学。经过四年的努力学习，1914年夏天以优异的成绩毕业，获得理学学士学位。赵元任在这一段学习期间，数学和物理是他的主攻科目。他的数学和天文学成绩特别优秀。数学得了两个一百分和一个九十九分，天文学得的是一百分。据说，他的这两门功课的成绩在康奈尔大学历史上保持了好几年的平均成绩的最高纪录。他还学习了哲学、逻辑、美国史、心理学、语音学、德文等课程。在物理课方面，他选修过"机械之设计与建造""实验物理最近之进展""机械学与热力学"等课程。在读大学初期，他的兴趣已经扩大到语言学、哲学和音乐。

在语言学方面，他除了继续保持对中国方言的浓厚兴趣，与同宿舍的胡明复互学方言外，还主动在宾夕法尼亚州的国际函授学校学习法文。当时正是世界语运动的初期，赵元任是"世界语俱乐部"的积极分子。他在学校里选修了戴维森教授（Prof. Hermann Davidsen）的语音学课程，学习了国际音标和比较系统的现代语音学理论知识，这给他后来的方言调查和语言学研究，打下了良好的基础。

赵元任在康奈尔学习的第一年，虽然主修数学，但对哲学也发生了兴趣。1912年他不但学习很多物理学课程，还开始学习哲学和语言学课程。1912年5月29日日记记载，他选修的课程有：现代哲学发展史、逻辑学与形而上学课堂讨论、仪器的设计与制备、实验物理的近代发展、力学与热力学、有限群理论、系统心理学、语音学。当时给他上哲学课的客座讲师席佛（Visiting Lecturer Henry M. Sheffer）给他留下了十分深刻的印象。用赵元任自己的话说，就是他从席佛所讲的内容里得到了"彻底享受"。后来赵元任在哈佛大学写的博士论文，就是席佛指导的。他喜欢罗素，课外读了罗素的许多著作，在日记里曾说罗素的《哲学论文集》极符合他的想法。柏拉图的《共和国》和休谟的《论文集》，他也认真阅读过。

赵元任一直对音乐保持着兴趣。为了满足这种兴趣经常节衣缩食，1911 年就从每月 60 元的奖学金（包括学费）中挤出钱来买了一架旧钢琴。这架钢琴共花了 220 元，分期付款，每月交三元五角。他还经常去听音乐会和私人演奏会。为了买到每年一度的"庆典音乐会"季票，凌晨两点就到售票处排队买票。他经常去听风琴演奏会，并向风琴演奏家姜斯东（Edward Johnstone）学谱曲。他跟括尔斯（James T. Quarles）教授学钢琴与和声。他还跟数学老师路易·席佛曼（Louis Silverman）的太太宋雅·席佛曼（Sonya Paeff Silverman）学钢琴。赵元任在大学三年级时对音乐的兴趣与日俱增，正式选修了音乐课程。

大学四年级时他选修了物理学、哲学、和声学、教育心理学、生物实验、语音学等课程。赵元任这一时期对戏剧也产生了兴趣。他参加了留学生组织的戏剧活动，演出过邓桑尼爵士写的《失掉的帽子》。自己也写过一个名叫《挂号信》的剧本，剧本反映了留学生在美国讲英语的苦恼。

赵元任在学生时代积极参加各种项目的体育锻炼。例如，长达二三十英里的长途散步，溜冰，冬天在一英尺深的雪里跋涉，等等。1913 年 8 月 25 日他在中国学生联盟运动会上以 10 分 4 秒的成绩获得一英里竞走冠军，那时的世界纪录是 9 分钟。1915 年他又以 9 分 51 秒的成绩再次获得胜利。赵元任的课外活动很多，其中很重要的一件工作是创建中国科学社和办《科学》杂志，这些活动我们将另文叙述，这里就不赘述。

1914 年 6 月 16 日，赵元任在数学系毕业，获得学士学位。同年 9 月入康奈尔大学研究院学哲学。1915 年 4 月，赵元任获得了哈佛大学乔治与马莎·德贝哲学奖学金（George and Martha Derby Scholar）。同年 9 月，赵元任离开康奈尔大学，到美国最著名的哈佛大学研究院开始攻读哲学博士学位。

哈佛大学与世界上第一条地下铁、第一条电话线生活在同一个地方！哈佛大学成立于 1836 年，美国独立战争以来几乎所有的革命先驱都出自于这所大学，被誉为美国政府的思想库。许多知名的教授是诺贝尔奖和各种奖项的得主。哈佛的燕京学社（Harvard-Yenching Institute）致力于中美文化交流，赵元任 1941—1947 年接受母校的聘请，又回到母校工作了六年。

在哈佛研究院学习期间，他的哲学老师有裴瑞（Ralph Barton Perry）、若伊思（Josiah Royce）、侯尔特（E. B. Holt）、侯恩雷（R.F.A. Hoernlé）等教授。他阅读了罗素、裴瑞和若伊思等人的哲学著作，并深受这些西方哲学大师的影响。他还跟韩德森（L. J. Henderson）教授和沙顿（George Sarton）学科学史。他的博士论文指导老师就是我们上面提到的席佛。席佛因发明斜线对形式逻辑做出的贡献而著名。所谓斜线，就是"既不又不"的意思。赵元任的博士论文题目是《连续：方法论之研究》（Continuity：a Study in Methodology）。这是一篇有关数理逻辑和方法论的论文，文章主要内容是讨论品类和程度的区别，什么样的差别属于品类上的或者程度上的，品类上的不同能否减低转变为程度上的区别。

在哈佛研究院的岁月里，赵元任继续研究语言学。他选修了葛然简（Charles H. Grandgent）教授的《言语学入门》，钻研普通语言学理论。他选修了梵语，学习东方的神秘语言。他对汉语方言的兴趣也与日俱增，经常去麻省理工学院听中国的老乡讲方言，进一步了解汉语方言的奥妙。这一阶段他已经开始意识到自己在语言学、音乐和数学方面的天赋。1916年1月的日记里说："我想我大概是个生来的语言学家、数学家和音乐家。"他已经把从事语言学研究放到了第一位。他开始与胡适探讨如何改革中国的语言，考虑如何在中国进行科学的语言研究。他虽然没有成为著名的数学家，但却如愿以偿，成了著名的语言学家和音乐家。

赵元任的课余生活仍然和以前一样丰富多彩。他花了许多时间编辑《科学》杂志，继续钻研天文学，学会根据观察仙后座的位置来判断时间。他选修更多的函授课程，个人效率课就是其中的一门。他是哲学会社、数学会社、世界会社、中国学生会社等团体的活跃分子。他甚至到教堂去听牧师讲道。他结识了许多美国学界的朋友，因创立控制论闻名于世的诺伯特·维纳（Norbert Wiener）就是在那段时间认识的。以搞"基本英语"闻名的理查德（Ivor A. Richards）也是他在哈佛的最后一年认识的，后来成了他在清华大学做教师时的同事。

在音乐方面，赵元任的热情也不断高涨，他选修了一门高级的和声学课程。在哈佛期间的音乐教授有希尔（E. B. Hill）和斯帕尔丁（W. R. Spaulding）。他在《科学》杂志上发表了三四篇作品。他酷爱柴可夫斯基和贝多芬的作品，尤其是贝多芬第九交响曲。在去听音乐会之前，他总是连续几天弹奏贝多芬的第九交响曲。他喜欢西方的古典音乐，这种爱好一直保持下来。

1918年赵元任获得哈佛大学哲学博士学位以后，又获得哈佛谢尔登博士后旅行研究奖学金（Sheldon Traveling Fellowship）。于是他选择到芝加哥和加州的柏克莱继续学习和研究。他的研究题目是"科学的哲学"。在芝加哥大学，由于兴趣广泛，他竟然不知道要学习什么好，以致学习无法专一。他写了若干学期报告，其中有《颜色与声音的逻辑》。他跟史蒂芬（Stevens）先生学习对位法，浏览了《哈佛名著》。

他在芝加哥待了一个学期后，由于曾感染西班牙流行感冒，身体不适，于是决定转到气候温和的加利福尼亚进行短时间的疗养，疗养的同时也在加州柏克莱大学进行研究工作。到柏克莱以后，有较好的学习工作条件，他身体逐渐转好。他听了亚当斯（George Adams）教授的哲学史，盖久瑞（Cajori）教授的数学史，物理教授卢昇士（E.P. Lewis）的光谱学，化学教授卢昇士（G.N. Lewis）的化学课，哲学教授卢昇士（C.I. Lewis）的哲学课。赵元任研究了颜色代数（algebra of colors），并写了一篇温度逻辑的报告。在斯坦福召开的盖久瑞教授做主席的美国数学学会上，赵元任宣读了一篇题为《连续数学归纳》（Continuous Mathematical Induction）的论文，该论文后来刊在1919年美国数学学会公报第24期第395页上。

在柏克莱大学，他虽然不是教授，但享受了礼遇会员（Courtesy Member）的待遇，因此有机会加入该校教职员俱乐部（一般只允许教授或领导人参加）。他常在俱乐部里用餐，弹钢琴，同时也认识了许多著名教授，其中有人类学大师克罗伯（Alfred Kroeber），哲学教授杜威和罗文伯（Lowenburg），数学教授伯恩斯坦（Bernstein）。杜威当时正在访问加州大学，他跟赵元任谈到了对得意门生胡适的一些印象，他们还讨论了杜威即将到中国讲学的一些细节。杜威和罗素差不多同时到中国讲学，杜威的演讲主要由胡适充当翻译，胡适没空担任时赵元任也帮助他翻译过。

当赵元任即将结束博士后研究时，他面临着多种工作选择。哈佛大学侯雷恩教授给他去信邀他继续做谢尔登哲学研究员一年，当时北大校长蔡元培和康奈尔以前的同学胡适和任鸿隽则要求他到北京大学教哲学，南京东南大学校长郭秉文邀请他到东南大学任教，母校康奈尔大学尼柯斯教授希望他回去担任物理讲师。这么多令人诱惑的职位让还没有确定自己终身职业的赵元任举棋不定，以至于在社区合唱团唱歌时，音乐对他失去了意义。经过反复思考，他终于决定回母校教物理。

赵元任在留美期间的出色表现，不仅得到学校老师的好评，也深为留美同学羡慕。胡适在他的留美日记里，有关赵元任的记载共有七处，其中有五处胡适在日记里对才华横溢的赵元任给予了很高的评价，历史也逐渐证明胡适这些评价是有远见的，是正确的。下面引用的材料，均出自上海书店根据1937年商务印书馆出版的《胡适留学日记》的影印本，该书被列为《民国丛书第二篇·83》。

（1）1914年5月12日"藏晖室札记"[①]卷四第231页上记"赵元任胡达同时得两种荣誉学会会员，全文如下：

> Sigma Xi 名誉学会，乃大学中之科学荣誉学会。此次六十七人，吾国学生四人得与焉。此四人者：黄伯芹（地学）；赵元任（物理）；胡达（数学）；金邦正（农科）。此四人中之胡赵二君，均曾得 Phi Beta Kappa 会之荣誉。此二种荣誉，虽在美国学生亦不易同时得之，二君成绩之优，诚足为吾国学生界光宠也。

（2）1914年5月22日"藏晖室札记"卷四第236页上记"赵元任作曲"：

> 赵君元任谱笛调一曲，以西乐谐声和之，大学琴师亟称之，为奏于大风琴之上，余往听之，犹清越似笛声也。

（3）1914年6月29日"藏晖室札记"卷四第263页上记"科学社之发起"：

> 此间同学赵元任、周仁、胡达、秉志、章元善、过探先、金邦正、杨铨、任鸿隽等，一日聚谈于一室，有倡议发刊一月报，名之曰"科学"，

[①] 胡适的留学日记原来叫藏晖室札记。

以"提倡科学,鼓吹实业,审定名词,传播知识为宗旨",其用心至可嘉许。此发起诸君如赵君之数学物理心理,胡君之物理数学,秉金过三君之农学,皆有所成就。美留学界之大病在于无有国文杂志,不能出所学以饷国人,得此可救其失也,不可不记之。(以下记"科学社招股章程")

(4)1916年1月26日"藏晖室札记"卷十二第834页记"赵元任":

每与人评论留美人物,辄推常州赵君元任为第一。此君与余同为赔款学生之第二次遣送来美者,毕业于康南耳,今居哈佛,治哲学、物理、算数,皆精。以其余力旁及语学,音乐,皆有所成就。其人深思好学,心细密而行笃实,和蔼可亲以学以行,两无其俦,他日所成,未可限量也。余以去冬十二月廿七至康桥(Cambridge)居于其室。卅一日,将别,与君深谈竟日。居康桥数日,以此日为乐矣。君现有志于中国语学者(Philology),研求语言之通则,群言之关系,及文言之历史之学也。君之所专治尤在汉语音韵之学。其辨别字音细入微妙。以君具分析的心思,辅以科学的方术,宜其所得大异凡众也。别时承君以小影相赠,附粘于此而识之。

(5)1917年3月20日"藏晖室札记"卷十五第1108页记"赵元任辨音"。记述了赵元任1916年10月23日来信同他讨论音韵学的具体内容,感慨"元任辨音最精细,吾万不能及也"。

第五节　从痴迷语言到语言学大师

如上所述,青少年时代的赵元任就与科学、语言和艺术这三个方面结下了不解之缘,他读大学期间就把自己定位为"数学家""语言学家"和"音乐家"。他一生在科学、语言和艺术这三个领域付出了大量的心血,最终也在这三个领域取得了令人注目的成就。他成家立业以后,把自己的主要精力转向语言学的研究，尤其是中国的语言和方言的调查研究，从而把自己推向国际语言学研究的顶峰。

赵元任在涉猎众多学科之后选择语言学作为自己的终身职业，这与他本人从小所处的语言环境、具有学习语言的浓厚兴趣、高超的语音分辨能力是分不开的。回顾一下他的学习语言和汉语方言的历史，不难看到这位语言大师一生对语言和方言的钟爱。这种钟爱自然也就决定了他最终选择以语言为研究对象的语言学为职业。

他祖父和父亲都说常州话，教他读书用的是常州音，所以他读书的时候也是用常州音来念的。他从小学会的第一种话虽然不是常州话，但每天耳濡目染，语感自然很丰富。他本人从小讲一种带有南方口音的北京话，大概是受母亲的影响。他母亲讲的是比较纯正的北京话，这对他学习北京话当然有很大的影响。由于小时候他生活在一个多方言接触的语言环境中，这使得他对中国的方言产生了浓厚的兴趣。他家的保姆是保定人，讲的是保定话，他就跟保姆学说保定话，并且差不多都学会了。他姑母嫁到常熟杨家，带着孩子回娘家探亲，赵元任为了跟两个表弟玩就学会了常熟话。他常熟话学得这么快，是因为他有常州话的语感。后来他回常州读书，很快就学会了道地的常州话。父亲去世后他到大姨妈家跟大表哥读了一年书，在这期间又学会了苏州话。

从苏州回到常州以后，他伯母从远处到常州来照顾他们家，伯母能说福州话，他便跟她学习福州话。在南京江南高等学堂读预科时，他不仅学会了南京话，还和同一个宿舍的讲福州话的同学互教自己的方言，从而提高了自己的福州话水平。

出国留学后他对中国方言的兴趣仍然不减，在康奈尔时他向同宿舍的胡明复学习了无锡话。赵元任在出国留学之前学了英文和拉丁文，在康奈尔读大学时又选修了德文，在一个国际函授学校里学了法文，在哈佛读博士阶段又选修了梵文。

结婚以后赵元任的语言生活也随之更加丰富多彩。赵太太除了能说国语外，还能说好几种方言。因此两人约定，今天说国语，明天说湖北话，后天说上海话。

在陪同罗素去长沙的路上，他学了湖南话，给罗素翻译时用湖南话翻译，听众竟以为他是湖南人，问他是湖南哪一个县的人。

后来到两广调查粤语，边调查边学习，尽量跟被调查人讲粤语，慢慢地粤语也学会了，后来他到美国，还编了教材《粤语入门》，教外国人学粤语呢。他在哈佛开了两班远东语言的速成科，开始教的就是粤语。他到皖南调查方言，学会了徽州话的典型代表西乡话。

他对汉语方言和各种语言的痴迷不仅让他学会了多种汉语方言和语言，让他感悟到语言的奇妙，也造就了一位国际上知名的语言学家。

第六节　六十年桃李遍天下

1919年6月，赵元任到康奈尔任教，开始了长达将近六十年的教学生涯。1920年，赵元任回清华教物理和心理学。1921—1924年，在哈佛大学哲学系教哲学和中国语言课。1925—1929年，任清华国学研究院导师兼哲学系教授。1929—1938年，被聘为中央研究院历史语言研究所研究员兼语言组主任，虽然主要工作是研究，但也培养了一批人才，丁声树、董同龢、杨时逢、吴宗济等就是史语所训练出来的人才，他们后来都成为中国语言学界的重要人物。1938—1939年在美国夏威夷大学东方研究所任访问教授一年，除了教中文阅读和中国语言学研讨课外，还教"中国音乐史"等课程。1939—1941年，任美国耶鲁大学访问教授。1940年在耶鲁大学开设两门课，中文阅读和中国音韵学课。中文阅读课讲孟子等内容，音韵学课讲北京、苏州、常州助词和助词的语调问题，几种拼音文字的比较，古音和今音的比较等内容。不久，他还在耶鲁开设粤语课。1941年离开耶鲁大学之前，应邀到美国语言学会语言学暑期讲习班讲学。他在讲习班上共讲了8次，内容主要涉及汉语的结构、国语音位、中国古音等。离开耶鲁大学后他到哈佛大学工作，在哈佛燕京学社任汉英大词典编辑。1943—1944年任哈佛大学的美国海外语言特训班中文主任。1946—1947年任密西根大学语言研究所教授。1946年应邀到密西根州暑期语言学讲习班讲学，主要讲授国语音位系统、汉语句子结构、汉语造句法等内容。1947年再次到暑期语言学讲习班讲学，主要讲授汉语语音学、音位学、福州方言和粤语等内容。1947年起任美国加州大学教授，一直到退休。在加州大学，主要讲授汉语音韵学、汉语语法、汉语方言等课程。1966年夏，美国中部十一个大学联合起来办了一个远东语言学暑期班，简称CIC，每年轮流到一个大学开课，请各校有名的学者去教十个星期的课。赵元任应邀去教了十个星期。1967年，赵元任除了去CIC讲课外，还应邀到密西根大学语言学讲习班授课，密西根大学授予赵元任语言学会的讲座教授称号。1981年回国，北京大学授予他名誉教授称号。除了在大学里任教之外，赵元任还多次在世界各地讲学。"桃李遍天下"这一句话用来形容赵元任的学生遍布世界各地是最确切的了。

赵元任第一次在康奈尔大学教物理时，讲的是电磁现象，竟然可以不带讲稿，可见他对电学的熟悉程度以及英文表达的流利程度有多好。而不带讲稿讲课后来还成了一种习惯，尽管他自己也承认看讲稿可以讲得更好。他还指导学生做物理实验，与同事做无线电的试验。在洛克菲勒大厦（Rockefeller Hall）的三楼与二楼用无线电话通话。从三楼到二楼无线电话如果能畅通也意味着从亚洲到美洲的电话也可以开通。无线电通信虽是1895年发明的，但无线电话却是到20世纪初发明了真空三极管之后才出现的。1915年首次成功地实现了跨越大西洋的无线电话通信，1927年在美国和英国之间开通了商用无线电话。1919年赵元任与同事进行的这项试验在当时还是很前沿的。

康奈尔大学和哈佛大学都是赵元任的母校，赵元任对这两所母校都有着极其深厚的感情，这是因为他在那里完成了大学和博士研究生的学业，后来又到那里去教书或做研究工作，都有着"三进三出"的经历。赵元任三进三出康奈尔大学：第一次是1910年到1915年，在那里读大学；第二次是1919年到1920年，在那里当物理课讲师；第三次是1969年2月到6月，以客座教授的名义在康奈尔任教，讲授与交叉学科有关的题目以及汉语的结构、吴语、中国语言问题等。说来也很凑巧，哈佛大学他也三进三出：第一次是1915年到1918年，他在那里读博士并获得博士后的奖学金；第二次是1921年到1924年，在哈佛大学哲学系教哲学和开设中文课；第三次是1941年到1946年，回哈佛教书和从事汉英大辞典的编纂工作。

赵元任在六十年的教学生涯中，为中国和美国培养了一大批国际型的人才。为中国培养了像王力、丁声树、董同龢、吴宗济等语言学的顶尖人才，也为美国培养了像罗杰瑞、易家乐等著名的汉学家。ASTP（Army Special Training Program，美国陆军特殊训练班）是美国对日宣战后，美军陆军委托一些大学举办的中文和日文训练班。哈佛大学从 1943 年 8 月到 1944 年 12 月共办了两批训练班，赵元任主持了中文班的工作。第一班第一名的弗雷德里克·莫特（Frederick W. Mote，1922–2005，普林斯顿历史学教授，主要研究明史和元史），第二班第一名的詹姆斯·克朗普（James Crump）后来都成了名教授，当过"美国之音"广播主任的杰拉尔德·史崔克（Gerald Stryker）也是他当时的学生。

第七节　他们是神仙伴侣

赵元任早年在常州的时候，父母去世后家中长辈就为他安排了一门亲事，与江阴远亲一个叫作陈仪庄的女子订了婚。这件婚事没有得到赵元任本人的同意，他与未婚妻从来没有见过面，没有任何感情基础。他在日记中写道："婚姻不自由，我至为伤心"，说明这件事一直是他的思想负担。随着年龄的增长和思想的成熟，赵元任决定退亲，由自己来选择终身伴侣。1916 年 1 月，他曾经花两个多小时给舅舅冯聃生写信请求退婚，没有得到明确的答复。1917 年 5 月，他又给在上海的远方叔祖赵竹君写信，说明自己要求退婚的理由。赵竹君是一位新思想较多的长辈，同情赵元任的处境，也理解他的想法。由于长期在外求学，赵元任一直没有找到合适时机彻底解决这个棘手的个人问题。1920 年在担任罗素英文翻译期间他认识了当时森仁医院院长杨步伟女士。不久两人热恋，准备结婚。赵元任最后下决心托亲戚在中间周旋，请舅父冯聃生和叔祖赵竹君两人做中间人，正式与家中原来安排的未婚妻退婚。赵元任专门回到老家办理退婚事宜，经过周旋，最后双方同意男方付给女方 2000 元教育费作为退婚的条件。赵元任筹措资金交付对方后正式解除了婚约，终于获得自己选择终身伴侣的机会。可见旧式家庭由家长或长辈主婚的习俗，实在害苦了希望婚姻自主的年轻人。这一番周折也让赵元任更加坚定了对新思想热烈追求和向旧势力大胆挑战的决心。

杨步伟，安徽石埭（今石台）人，清光绪十五年（1889年）出生在南京一个皖南望族后裔的家庭里，祖父杨文会，是有名的佛学家。杨步伟是生父的第九个孩子，因叔父没有任何子女，祖父决定将长子的第九个孩子过继给次子。过继后还没出世，父母便同大姑妈指腹为婚，因此她在母亲的肚子里就许配给了表弟。这样她在婚姻方面有着与赵元任类似的父母包办的经历。她十六岁时，姑妈就要她同十五岁的表弟结婚，她坚决不同意。读中学时在祖父的支持下亲自写信给未婚夫退了婚。她从小接受良好的家庭教育，后来进入南京旅宁学堂学习。她当过女子学校（学生都是参加过北阀的）校长。战乱时决定到日本求学，申请到官费在日本东京帝国大学学医，学成后获医学博士学位。回国后在北京开办森仁医院，并亲自出任院长。

赵元任留美第一次回国期间，有机会认识了表哥庞敦敏夫妇在日本留学的同学杨步伟医生。后来赵元任很快就和杨步伟相恋，半年多以后，两人准备结婚。他们的婚礼很有自己的特色，简单但富有意义。他们没有举行什么仪式，只是给亲友寄结婚照片和通知书。在结婚照片上，背景刻着如下格言："阳明之言曰知是行之始行是知之成"；"丹书之言曰敬胜怠者吉怠胜敬者灭"。在通知书上说，他们将在1921年6月1日下午三点钟东经一百二十度平均太阳标准时结婚。为了破除"新旧界中俗陋的虚文和无为的繁费的习气"，除了两项例外，绝对不收贺礼。一项是"抽象的好意，例如表示于书信、诗文或音乐等，由送礼者自创的非物质的贺礼"；另一项是给中国科学

1921年"新人物的新式结婚"

社的捐款。胡适和朱徵是他们的证婚人。胡适送给他们的结婚礼物是一部他自己注解的《红楼梦》。这一对新式人物的新式婚礼轰动了当时的新闻界。第二天《晨报》便以特号大标题"新式人物的新式结婚"作了报道。后来不少青年人都模仿这两个新式人物的婚礼。赵元任和杨步伟敢于改革社会陋俗的做法也给不理解他们的人（包括亲人）带来不必要的误会。他们严格遵守通知书上不收贺礼的做法，甚至连赵元任最喜欢的姑妈给他们送了一个花篮，也被退了回去。

此后这一对新式人物在人生的道路上一起生活了将近六十年。他们两人都有良好的家庭教育背景，都有丰富的生活阅历，都接受了新思想的影响，敢于向旧的习惯势力挑战。赵元任是个学人，沉默寡言，风趣幽默，杨步伟是个能人，豪爽善辩，言辞锋利。两人相互补充，真是天生的一对。赵元任一生在科学、语言与艺术方面著述宏富，为后人留下了一笔宝贵的精神财富。杨步伟也著有《杂记赵家》《一个女人的自传》和《中国食谱》（How to Cook and Eat in Chinese）等书。《杂记赵家》全面记录了他们婚后的生活和赵元任的许多社会活动，是研究赵元任的一部重要的参考资料。

杨步伟很早就关注计划生育问题，20世纪20年代就在自己开办的诊所里推动计划生育，指导人们采取避孕措施。周恩来总理1973年在接见他们时希望她为国家的计划生育工作贡献力量。回美国后，赵元任协助夫人进一步向美国的医生请教，并多方面查阅资料，最后赵元任把所收集的有关计划生育的资料进行整理和翻译，制作成两套分别寄送周总理和周培源教授。

两人育有四女。大女儿赵如兰，二女儿赵新那，三女儿赵来思，四女儿赵小中。赵如兰是音乐教育家，哈佛大学教授，台湾"中央研究院"院

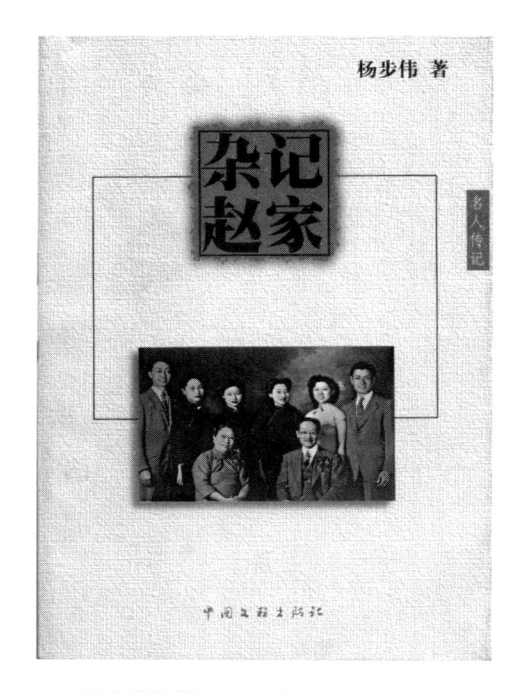

杨步伟著《杂记赵家》

士；二女儿是化学家，中南大学教授，曾任化学系分析化学教研室主任，全国青年委员会委员；三女儿原来学数学，后来专门从事写作，是著名的作家；四女儿长期从事天文物理学的研究。她们每人各自从某一个方面都接受了父亲的影响，并学有所成。大女婿卞学鐄，是国际著名的计算力学专家，美国工程科学院院士。二女婿黄培云，是我国粉末冶金的奠基人，中国工程学院资深院士，中国共产党第十二次全国代表大会代表。三女婿波冈维作，主要从事数学的教学和研究，美国华盛顿大学教授。

第八节　伟大心灵中蕴藏着巨大的能量

赵元任是中国现代语言学和中国现代音乐的先驱，是国际著名的语言学家，科学普及的先行者和业余的摄影家。

赵元任一生成就非凡，学术荣誉众多：1918 年获得哈佛大学哲学博士学位；1919 年任康奈尔大学物理讲师；1925 年任清华国学研究院导师；1929 年任中央研究院历史语言研究所语言组组长；1935 年被聘为中央研究院人文组首届评议会评议员；1945 年任美国语言学会会长；1948 年当选为中央研究院院士；1959 年任日本东京大学研究员；1960 年任美国东方学会会长；1963 年被聘为香港中文大学人文组主席顾问；1966 年获加州大学 1967 年度最高荣誉称号"教授研究"（荣誉）讲师（Faculty Research Lecturer）。他是美国科学艺术研究院院士。他先后获得美国一些大学授予的名誉博士学位，这些大学是：普林斯顿大学（文学博士，1946 年），加州大学（法律博士，1962 年），俄亥俄州立大学（人文博士，1970 年）。1981 年北京大学授予赵元任名誉教授称号。

1946 年 10 月 19 日，在普林斯顿大学建校 200 周年纪念会上，赵元任与丹麦原子物理学家玻尔（Niels Bohr）和联合国第一任秘书长特里格韦·哈尔夫丹·赖伊（Trygve Halvdan Lie）等 23 人被授予荣誉文学博士学位。赵元任的荣誉学位颂词是这样写的：

1970年，俄亥俄州立大学 Robinson 副校长授予赵元任人文学科荣誉博士学位证书

中国科学社创始人之一，并对中国国家科学院（Chinese National Academy，这里应该指的是中央研究院）做出了突出的贡献。他是自己国家研究多种方言的学者和历史学家。他的研究成果为西方人能更好地了解中国语言和中国人民的思想与理念铺平了道路。

1970年6月24日，美国俄亥俄州立大学授予赵元任荣誉人文学科博士学位时是这样介绍赵元任的：

一位博学的汉学家，天才的语言学家，出色的教师。他思想上的创造性和学术上的严谨性为后人探索真理开辟了新的途径。
半个多世纪以来赵元任在很多领域里都处在领先地位，特别是在中国语言学方面。生长在中国，他青年时代来到美国，在康奈尔大学完成大学学业，在哈佛大学研究生院获得哲学博士学位。
过去几十年内他在中国和美国最著名的几个大学里任教，如哈佛大学、清华大学、加州大学伯克莱等。他曾任美国语言学会和美国东方学会的会长。为了表彰他的出色成就，他曾获得若干最高荣誉，包括普林斯顿大学的荣誉博士学位，加州大学的荣誉法学博士学位。

赵教授创造性地和精巧地运用现代语言学方法系统地研究现代和经典的中国语言。他的著作《现代吴语的研究》为赵教授领导的中央研究院语言学专家们进行系统调查研究中国的方言打下了基础。他的国语和粤语的研究成果得到赞许并被广泛地应用。他最近出版的《中国话的文法》一书是数十年勤奋工作的结晶，可以说是中国语言学研究的一个巨大的里程碑。

赵教授不仅是一位语言学家，也是哲学家、逻辑学家、数学家、作曲家、翻译家和作家。他如此大量的著述充分说明他的伟大心灵中蕴藏着巨大的能量。最后，赵教授还是一个伟大的教师，他的许多学生成为中国和美国当代的著名学者，这足以证明他的教学工作获得了巨大的成功。

俄亥俄州立大学因能把荣誉给予这样一位一生具有如此光辉业绩的教师和学者而感到骄傲。

上面这段介绍比较全面地概括了赵元任一生所取得的成就。赵元任平生崇尚学术，勤奋耕耘，著述宏富，给知识界留下了一笔巨大的精神财富。根据赵元任二女儿赵新那的粗略统计，他一生语言学论著、音乐作品、科学论文、译作近300种。甚至他写的一些本来不是用来发表用的文字材料后来也被人广为引用，甚至收入百科全书或其他书中，例如他写的《语言游戏》中的"石室诗士食狮史"和"记饥鸡集机脊"，就被《大英百科全书》录用发表。摄影是他的业余爱好，他一生拍下了大量的摄影作品，保存下来的就有四千多张。这些摄影作品不仅具有艺术欣赏价值，也具有重要的历史价值。

1999年11月，北京商务印书馆组建了《赵元任全集》编辑委员会，启动了全集的出版工作。《赵元任全集》尽量收集所有作品，全面反映赵元任的学术成果、学术思想以及他的人文精神。全集估计达20卷，前10卷包括他的语言学著作和翻译的论著，后10卷主要收录他的博士论文、音乐作品、文学译作、科学作品、自传、书信、日记和音像制品等。赵元任的女儿和女婿都积极支持和参与了全集的编辑工作。本传作者也有幸参与了全集的编辑工作。下面的两张图片一张是1999年11月13日至14日在北京召开的《赵元任全集》第一次编委会会议与会编委的合影，另一张是会议期间本人与赵家部分亲属的合影。

北京商务印书馆出版《赵元任全集》

《赵元任全集》编委会合影

苏金智与赵元任女儿女婿合影

第九节 梦里的乡国

赵元任 1982 年仙逝，享年 89 岁，一生主要在中国和美国度过。大略算一下，在中国一共生活了将近三十四年，其余时间主要在美国度过。出生在中国，18 岁离开祖国到美国留学，其后两次回国工作，加起来大约有十七年，其中有一年受中国政府派遣到美国工作。在南京工作期间，他已经盖了房子，做出永久在中国工作的计划。可恨的是 1937 年抗日战争爆发后，日本飞机狂轰乱炸南京时房子中弹烧掉了。1938 年赵元任因战乱全家被迫离开祖国，本来他只是向中央研究院请假短暂出国，没想到这次他一去就再也没有回到史语所工作。后来南京中央大学多次邀请他回来当校长，他因为不愿意从事行政工作而没有答应。在战乱中离开祖国以后，他时刻想念国内的亲友，关心国内战事的发展。在紧张繁忙的工作之余，经常在深夜通过电台收听国内的消息。他的这种中国情结一直保持到最后的日子。

他在祖国工作的时间，正是美好年华。他的语言学和音乐成就主要是在这十七年中奠定的，尤其是创作的音乐作品。他一生创作、改编和编配的歌曲一共有140多首，1938年离开中国以后的作品只有10多首。在语言学研究方面，《现代吴语的研究》(1928)奠定了他在中国现代语言学，尤其是方言研究的学术地位，《音位标音法的多能性》(1934)则奠定了他在国际语言学界的地位。他之所以被称为中国现代语言学和中国现代音乐的先驱，也正是这些理由。他1954年正式加入美国籍，当时已经62岁。实际上他一生有六十二年是中国公民，只有二十七年是美国公民。他一生从事的工作，主要与中国有关。他在美国的教学和研究工作，主要是有关汉语和中国文化方面的。可以说，他是位把一生献给中国语言学、中国音乐和中国科学事业的学者。

他加入美国籍后以美国人的身份多次回国探亲。1959年他第一次回国是到祖国的宝岛台湾。他在台湾参加了"中央研究院"历史语言研究所和音乐界为他举办的一系列活动，并在台湾大学作《语言问题》的系列演讲。演讲稿后来在台湾和大陆先后出版，成为中国语言学研究者必备的重要参考书。在台湾期间，他拜会了于佑任，蒋介石也接见了他们夫妇。

1973年第一次回到祖国大陆，国务院周恩来总理接见了他。有关方面还

1973年5月周恩来总理在人民大会堂接见赵元任

为他的访问安排了一些座谈会。回美国后他非常高兴,他在给学生吴宗济的信中表达了这种心情并希望能再次回国访问:

宗济兄鉴:

　　这次回国,得机会见面又在座谈会从各位同行得到许多启示,真是高兴的很,只可惜时间太匆促,没工夫坐下来从从容容的叙旧,转眼就是一个月就离开了。好久没写信,因为回来了杂事忙乱,又加之内人临走时扭了腿,不良于行(现在差不多好了),所以对好些朋友们都没写信,抱歉的很。听说以后交通比以前更加方便,没准儿不久又可以回国一趟了。此上即颂

近祺!

赵元任、杨步伟

仝启

1973 年 7 月 18 日

七年后的 1981 年,赵元任已经是 89 岁高龄,刚刚失去六十年相伴的神仙伴侣不到三个月,他仍然不辞旅途的劳累,在女儿赵如兰等的陪同下再次回到祖国。回国后邓小平接见了他。在两次回国期间,除了与语言学界、音

1981 年 6 月邓小平与赵元任亲切交谈

乐界和科学文化界的同仁进行交流外，还寻访了自己在北京、南京和常州等地住过的地方，会见了亲朋好友。

赵元任对家乡常州青果巷的印象很深，他自己在《早年自传》[1]曾经是这样深情地回忆的：

> 我们常州的房子在城里中间儿的青果巷，是从我曾祖下来三房一块儿住的一所大房子。不算顶外头一排门房儿，有五进房子，五个院子。顶外头是轿厅，是存轿子的——那时候儿连洋车都没有，除了拿脚走只有坐轿子——里头是客厅，两边儿有书房，是先生教书的地方。再里头一进是前进，是大房住的。然后是中进，本来是给二房住的，我祖父就是行二，可是因为我们一家在北边多年，所以给三房住着。我们回来了就住后进。这几进大厅跟住的三进房子的旁边儿有一条又长又窄又黑的过道儿，差不多两个胳臂一撑开就摸得着两边的墙似的。我们每房的人各有各家的厨房，在过道的反边儿，就是东边儿。各家也有各家的井。我们住的后进没楼，就是一排平房。顶里头，就是西边儿的一间，有一个单独的院子，里头一棵独核儿枇杷树。当间儿四间前头有个长院子。隔一道月门又有两间做书房，在那条长过道儿的东边儿。厨房跟下房儿在书房院子的南对面儿。我为什么给这房子说的这么详细呐？因为我在这个家住了这么久，过了多少年还常常儿做梦梦见

赵元任给吴宗济信函复印件

---

[1] 赵元任：《赵元任全集·赵元任早年自传》第15卷下册，北京：商务印书馆，2007年，第822-823页。

在那长黑过道儿里跑，或是睡得后进第二间屋子里的床上听外头下雨的声音。我在常州这个家住的其实并不是住的最长的：我在麻省剑桥的行者街 27 号住了也差不多有在常州那么长——要是刨掉了到苏州跟南京念书的几年的话，最近在加州柏克莱的岩石道 1059 号住了已经二十年了，更像个家了；可是一个人小时候经过的事情、住过的地方印在心里头比什么都深。醒的时候觉着从前的事情好像远得不得了，可是做起梦来旧地方又活像在眼前了。

1982 年 2 月 24 日，在夫人杨步伟去世即将一周年时，赵元任因心脏病在美国马萨诸塞州剑桥黄山医院病逝。赵元任平日总是把一本《唐诗三百首》放在床头上。就在他去世的前一天晚上，他还用常州话轻声吟颂着杜甫《旅夜书怀》"星垂平野阔，月涌大江流"的诗句。根据赵元任夫妇的遗愿，去世后把二人的骨灰一同撒在太平洋，既表示他们属于全世界，也希望自己的灵魂随着太平洋的海水飘回故里。

赵元任仙逝后，亲属一共收到唁电和慰问信将近四百件。这些信件主要来自旧金山中华人民共和国总领事馆、中国科学院、中国社会科学院、清华大学、北京大学、吉林工业大学、华中理工大学、北京工业大学、中央音乐学院、上海音乐学院、中南矿冶学院、中国佛教协会、台湾"中央研究院"史语所、台湾清华大学、香港中文大学等部门。台湾的领导人蒋经国也发去了唁电。美国、日本、新加坡等国家以及香港、台湾地区的学者都以不同的形式悼念这位语言学大师。大陆一些重要报纸，如《人民日报》《华侨日报》《北京晚报》，语言学主要刊物《中国语文》《中国语言学报》《方言》等都刊登了悼念文章，台湾《"中央研究院"历史语言研究所集刊》第五十三本作为纪念赵元任的专集出版，台湾《传记文学》1982 年第 40 卷第 4 期出版了赵元任先生逝世纪念特辑，发表了赵如兰、毛子水、杨时逢、李壬癸等人的纪念文章。美国语言学学会的会刊《语言》1983 年第 3 期刊登了著名美国华裔语言学家王士元的纪念论文。香港《语文杂志》1983 年也出版了赵元任先生纪念专号。

1987 年 12 月，常州市人民政府公布赵元任故居为常州市文物保护单位，2006 年 6 月，江苏省人民政府公布赵元任故居为第六批江苏省文物保护单位。

2019年，常州市晋陵集团和青果巷历史文化研究院依托青果巷赵氏故居湛贻堂创建了"赵元任艺术中心"。该中心由"赵元任生平事迹陈列展厅"、"赵元任音乐厅"、"赵迷部落"和"赵家花园"等组成，是了解赵元任传奇人生并感受其语言和音乐魅力的文化空间。

作者参观"赵元任艺术中心"

为了纪念赵元任先生诞辰110周年，江苏常州在常州工学院建成赵元任半身塑像，置于学院中心地带。2002年11月2日至4日，常州工学院与常州市语言学会、江苏省语言学会联合举办了"纪念赵元任诞辰110周年学术讨论会暨江苏省语言学会第十五届学术年会"，这次会议邀请了国内外著名的语言学家和教育家参加，并举行了赵元任先生塑像的揭幕仪式。赵元任的女儿赵如兰和赵新那也参加了会议和揭幕仪式。

第二章
科学救国学子梦　学术至上哲人心

第一节　科学救国之路

1894年中日甲午战争失败以后，许多有志之士开始了反思，努力探寻一条自强的道路，而留学海外就是其中的一条艰难的探索道路。19世纪末以学习政法和师范为主的留日热潮和20世纪初的留学欧美浪潮便是一种以自强自救为目的的积极实践。达尔文进化论思想在世界范围内广泛传播，其结果是在中国形成了"科学救国"的社会思潮。清政府的教育政策也鼓励海外留学的学子以学习务实的技能为主，学成后回国效力。政府规定百分之八十的人应该学习农、工、商、矿等科目，百分之二十的人学习理财或师范等学科，因而留学生大多选择自然科学为主修科目。

赵元任决定到美国留学，有两方面的影响：一是他的美国老师嘉化，二是他对科学的浓厚兴趣，他想实现科学救国的梦想。他本来想学习电机工程方面的专业，因为他觉得当时的中国最需要这些方面的建设人才，学习电机工程可以为国家的电气化出力。后来胡敦复在他去留学的船上给他详细解释了理论科学与应用科学的区别，他才决定学习理论科学。初到美国，他选择数学作为主修专业，但也选修了许多物理的课程。怀着"科学救国"思想来到美国的赵元任和他的同学们一样，目睹了美国科学技术的进步给社会文明带来的作用，也就更加坚定了科学救国的决心。

第二节　中国科学社的创建者和前期组织者

科学要发展，需要集体的努力，不能只靠个人的力量，这一条道理中外的先贤早在16世纪就已经认识到了。16世纪中叶差不多同时，西方的意大利和东方的中国都成立了第一个自然科学团体。世界公认的最早建立的自然科学团体是1560年到1569年间在意大利那不勒斯成立的"自然秘密学会"。中国最早的自然科学团体是"一体堂宅仁医会",是一个医学组织,由徐春甫发起于明穆宗隆庆二年(1568年)在顺天府(今北京)成立。戊戌维新时期中国出现了一批科学技术团体,这些团体促进了民国时期科学技术团体的诞生。据不完全统计,民国时期成立的科学技术团体有150多个[1],而历史时间较长、影响较大的只有五个:1912年詹天佑在广州创立的"中华工程师学会";1915年留美学生成立的"中国科学社";1916年由留学日本帝国大学、早稻田大学、高等工业大学、高等师范学校等留学生47人在日本东京成立的"丙辰学社",该社1923年改名为"中华学艺社";1927年在南京前中央大学成立的华西自然科学社,该社1928年改名为自然科学社;1939年春在周恩来、潘梓年领导下成立的"自然科学座谈会",1945年在此基础上于重庆沙坪中央大学成立的"中国科学工作者协会"。在这五个科学社团中,留学生社团占了两个,说明当时留学生们科学救国的热情是值得后人学习的。中国科学社在这五个社团中,也是影响较大的一个。老一辈科学家,如李四光、竺可桢、茅以升等都是中国科学社的骨干成员。

1914年夏天的一天,晚餐后美国康奈尔大学的中国留学生聚集在大同俱乐部廊檐上闲谈。这些风华正茂的海外学子,谈到世界风云变幻,谈到中国的危难局势和未来,便不能不想起自己身上所担负的重任。当大家谈到应该怎样为国家出力时,有人提议,祖国所缺乏的莫过于科学,可以办一个杂志向祖国人民介绍海外的科学发展情况以及最新的科学成果,让国家的科学事业也发展起来。这个提议马上得到大家的一致响应。年轻人说干就干,很快就动手草拟了一个"缘起",决定创办《科学》月刊,并且开始募集资金,为发行《科学》杂志做好准备。胡明复与赵元任在"缘起"上最先签名,紧跟着签名的还有周仁、秉志、章元善、过探先、金邦正、杨铨(杨杏佛)、任鸿隽等七人。赵元任与胡明复两位的学习成绩很好,在康奈尔大学名列前茅。赵元任不仅学业优秀,也是出色的社会活动分子。他被选为美国大学生联谊会会员,美国科学学术联谊会会员。赵元任和胡明复作为《科学》的主要发起人,实在是众望所归。

---

[1] 何至平、尹恭成、张小梅编:《中国科学技术团体》,上海:上海科学普及出版社,1990年,第78页。

1914年夏，中国科学社在康奈尔大学成立。

因为要发行《科学》杂志，留学生们才组织科学社。据赵元任1914年6月10日日记记载，那天晚上赵元任到任鸿隽宿舍与同学们进行热烈而严肃的讨论，准备成立科学社。参与发起的人还有胡适、胡明复、秉志、周仁、章元善、过探先、金邦正、杨铨等人。开始时科学社并不是个正式的组织，只是一种公司的形式。入社的要交5元股金，作为刊行《科学》的资本。《科学》杂志1915年1月在上海出版，正式与国人见面。这个杂志发行后不久，科学社的社员便感觉到中国的科学要发展，单靠发行一份杂志是不够的，因此提出改组科学社的建议。1915年春，董事会拿这个建议征求社员的意见，得到多数人的支持，于是指定胡明复、邹秉文、任鸿隽三人起草社章，提交大家讨论。10月25日的会议上表决通过章程，"科学社"改为"中国科学社"，中国科学社便正式成立。会上还推举任鸿隽为社长，赵元任为书记，胡明复为会计，连同秉志、周仁共5人为董事会董事，杨铨为编辑部部长，并确定10月25日为中国科学社的成立纪念日。

中国科学社1915年秋天改组后不久，以赵元任为首的董事即向留美学生发出"致留美同学书"，全文如下：

同学诸君足下：

科学为近世文化之特形，西方富强之泉源。事实俱在，无待缕陈。吾侪负笈异域，将欲取彼有用之学术，救我垂绝之国命，舍图科学之发达，其道莫由，故欲科学之发达，不特赖个人之研精，亦有待于团体之扶翼。试览他国科学发达之历史，莫不以学社之组织为之经纬。盖为学如作工，结社如立肆。肆之不立，而欲工成事，不可得也。同仁窃不自量，欲于宗邦科学前途有所贡献，是以有中国科学社之组织。造端于1914年之夏，改组于1915年之秋。其宗旨在输入世界新知，并图吾国科学之发达，其事业在发刊杂志，译著书籍，建设图书馆，编订词典。科学杂志之发行，迄今将及两载，颇蒙海内外达者称许。书籍词典图书馆等事，亦正依次进行。自本社创设以来，海内外同志，翕然相应。不及两年，而社员之在本国及美欧东亚各国者已达一百八十余人。发达之速迥出预料。众见所同，于斯可征。虽然，兹事体大，所期甚遥，自非鸠集大群，并力合德以趋所向之地。其曷有济。是用不辞冒昧，谨书本社原起，现在情形，及现行总章邮呈左右，倘本大贤为图求学之素志，鉴同仁以蚊负山之愚忱，惠然肯来，共襄盛业，则岂特本社之幸，其中国学界前途实嘉赖之。临楮无任神驰。通信请交 Mr. Y. R. Chao 85 Perkins Hall Cambridge, Mass, U.S.A.。

中国科学社董事 赵元任 任鸿隽 胡复明 秉志 周仁
民国五年八月九日

在这封信中，赵元任等留学生明确提出科学救国的思想，用科学来"救我垂绝之国命"，同时也提出要依靠团体的力量来实现这一理想。

创建科学社后，赵元任与同伴一起努力工作，解决各种困难。据统计，《科学》每月所需费用约为370银元，而收入只有150元左右，每月大约要赔220元。为了解决经费不足的困境，赵元任等人从自己奖学金中拿出一部分钱来支持科学社日常工作的运作。为筹备足够的资金，组织者绞尽脑汁，终于想出用发行股票的办法。科学社发行了40份股票，每份10美元，其中约20份由发起人负担，另外的20份发售。为了节省日常开支，拿出钱来支持科学社，赵元任曾经与一位同学进行吃经济饭比赛。他们餐费的最低纪录是每天两毛三分。由于过分节省，后来得了营养不良症，两个人全都得了感冒而病倒。

为了办好《科学》杂志，中国科学社与国际上一些著名科学家建立了联系。赵元任曾经以中国科学社书记的身份，向美国大发明家爱迪生写了一封信，并送他两本《科学》月刊。半个月以后，爱迪生给赵元任寄来回信，该信用影印的形式发表在《科学》1916年第1期的扉页上。该文的标题是《美国大发明家爱迪生君来书》，并附有赵元任的译文，译文全文如下：

> 以数千年沉睡之支那大国，瞿然而觉，知开明教育为国家势力与进步之基础，得非一极可惊叹之事，而方今世界实共瞻之。斯意也，吾怀之有日，昨读贵社来书，及所发行之科学第五六期，然后信吾见之不谬也。
>
> 贵国学子关于教育上之致力，实令远方识时之士闻而倾佩，贵国之有此，发达之征也。贵社同人择途既得，进步尤著，异日科学知识，普及全国，发荣滋长，永永无敝，可操券候也，谨本书以贺。

不久，中国科学社又聘请爱迪生担任名誉社员。1932年10月，爱迪生逝世一周年，《科学》杂志编辑人员编辑了"纪念爱迪生专号"，发表了大量评介文章。后来还出版《爱迪生》单行本，用以纪念这位科学技术巨匠。中国科学社选择像爱迪生这样的科学家作为重点联络对象，并把他的成果介绍给中国人民，是出于看重科学的应用技术成果对社会发展的强大推动作用。这与《科学》的办刊宗旨相符："一为学之道，求真致用两方面当同时并重，本杂志专述科学，归以效实。玄谈虽佳不录，而科学原理之作必取，工械之小亦载，而社会政治之大不书，断以科学，不及其他"（《科学发刊例言》）。

中国科学社领导层人员一直都控制在一定的数量里，是一个精干的领导班子。第一届董事会只有5人：任鸿隽（社长），赵元任（书记），胡明复（会计），秉志，周仁。第一届常年会上增加竺可桢和钱治澜两人。1918年增加到11人。1922年设立新的董事会，原来的董事会改为理事会，由11人组成，负责社里的主要工作。理事会1922年底成立，1923年正式工作。1931年理事增加到15人。1944年中国科学社又将董事会改为监事会，由9人组成，规定理事 26 人，加上总干事（常任理事）总共 27 人。理事任期 3 年，每年改选三分之一，可连选连任，但以一次为限。下面我们看一下赵元任历年在中国科学社担任职务的情况：

1915—1918 年：任董事会书记

1918—1922 年：任董事

1923—1937 年：任理事

1941—1942 年：任理事

1947—1949 年：任理事

其中 1937—1941 因故未选。

中国科学社 1923 年还有了社歌。胡适作词，名为《拟中国科学社社歌》，赵元任作曲，全文如下：

> 我们不崇拜自然，
> 他是个刁钻古怪。
> 我们要捶他煮他，
> 要使他听我们指派。
> 我们叫电气推车，
> 我们叫以太送信，
> 把自然的秘密揭开，
> 好叫他来服侍我们人。
> 我们唱天行有常，
> 我们唱致知穷理。
> 不怕他真理无穷，
> 进一寸有一寸的欢喜。

中国科学社作为一个民间学术团体，开始是以英国的皇家学会为楷模的。也就是除介绍科学以外还注重进行科学研究，并为民众公益事业服务。社章第二条规定该社的宗旨是"联络同志，研究学术，以共图中国之发达"。

中国科学社在海外成立，三年后社址迁回国内。该社成立以后做了十件大事：一是出版了五种刊物，《科学》月刊，《科学画报》，《论文专刊》，《科学丛书》《科学译丛》；二是建立了图书馆；三是成立了"生物研究所"；四是每年组织一次年会；五是为传播科学新知和应用组织演讲活动；六是举行展览活动；七是设立各种科学奖金；八是积极参加国内教育活动；九是参加国际科学会议；十是设立科学图书仪器公司。到20世纪40年代末，在长达30多年的时间里，中国科学社成为中国科学共同体的核心，社员也从70多人发展到3776人。1949年以后，中国科学社参与发起建立全国自然科学专门学会联合会（简称科联）和全国科学技术普及协会来发展科学工作。由于此后国家重视科学的发展工作，科学社的工作逐渐纳入政府的轨道，到1960年5月4日与上海科协办完一切交接事宜，该社结束了半个多世纪的光荣任务。赵元任在科学社的主要作用大致可以用两句话来概括：中国科学社的主要创建者和前期活动的组织者；《科学》月刊的主要创办者和前期的主要撰稿人。

第三节 《科学》杂志的创办人之一

在留学阶段，赵元任与他的同伴都具有启蒙时期科学家的许多精神特质：热爱科学，学习科学，并且尽自己最大的努力传播科学。他们感兴趣的不是作为工具的实用科学，而是一种普遍的科学精神，并希望通过自己的努力在自己的祖国建立起一种全新的科学文化。《科学》是由一批留学生们创办起来的，他们就是要实践这样的一种理念。为了实现这一崇高的理念，需要一边学习一边办杂志。为了维持正常的运作，其困难程度可想而知。刚创办阶段，由于编辑写稿人手不够，赵元任、胡明复、杨铨等人真的是忙得不亦乐乎。赵元任和胡明复转到哈佛大学后，杨铨（时任《科学》编辑部部长）经常向他们催稿，1916年6月杨铨曾经写过一首打油诗给胡明复。他写道：

自从老胡去，这城天气凉。新屋有风阁，清福过帝王。境闲心不闲，手忙脚更忙。为我告夫子，科学要文章。

赵元任看到这首打油诗，也顺手来一首戏答曰：

自从老胡来，此地暖如汤。科学稿已去，夫子不敢当。才完又要做，忙似阎罗王。幸有辟克匿（英文 picnic 的音译词，即野餐），那时波斯顿肯白里奇的社友还可大大的乐一场①！

1914年至1922年赵元任在杂志上发表的文章主要是音乐作品、译文和与心理学、物理学、数学、天文学、生物学、哲学和语言学有关的论文。译文的内容主要也是介绍自然科学的。赵元任最早发表的论文是登在1914年《科学》杂志上的《心理学与物质学之区别》，音乐作品是中国最早的钢琴曲《和平进行曲》《八板湘江浪合调》等。心理学的论文除了论述学科性质的论文《心理学与物质学之区别》外，还有《催眠学解惑》等论文。物理学的论文主要有《能力》《永动机》《飞行机黑夜落地法》等。数学论文有《用数》《纸连环》、A Note on Continuous Mathematical Induction（《连续数学归纳法札记》）等。天文学的论文有《地球圆乎？地球动乎？》《大陵变星》《中西星名考》。生物学的论文主要有《睡眠之卫生》《瞳孔翕张之试验》《生物界物质与能力代谢之比较》等。

这一阶段发表在《科学》杂志上的文章偏重于普及科学知识，有些文章是为了破除迷信而写，如《催眠学解惑》和《纸坑学跳之迷信》等。作者认为催眠术在历史上虽与迷信及幻术有关，但催眠学不是奇幻之术，所以要知道那些仅借催眠作用而产生的各种奇幻现象。演戏术就是利用观众的暗示感受性而让他们注意不相干的事物，转移他们的注意力，从而掩盖真相，在观众心中直接引起错觉与妄觉。宗教上的镇定风雨、化水为酒等现象，也主要是利用群众的暗示感受性。作者还讨论了"关亡术"②"天眼通"③"隔地传心"④等现象。作者最后衡量利弊，认为催眠术弊大于利，除医学上可以利用外，其他用法应该加以禁止。作者在谈到写作目的时说：

---

① 见《科学》第13卷第6期第831-832页《回忆明复》一文。
② 能与死去的人通话的一种巫术。
③ 眼睛蒙起来进入催眠状态以后可以看见东西在什么地方。
④ 即心灵感应，住在不同地方的人心灵彼此相通。

吾国正在渐识催眠术之时代。旧俗中之迷信已重压愚民脑上。岂可再任东洋西洋或洋奴之贪心滥用催眠术以惑脑伤身哉！吾作此篇之目的重在解惑，而不在授术，故重理论与事实而未详述手续或细道故事，以引起人心中神秘奥妙之感觉。①

《纸坑学跳之迷信》，应用统计学的观点，批评用铺设草纸的办法练习跳高，可达到惊人效果的说法是违反科学的。《睡眠之时间》与译文《烟煤之四害》也属于普及科学知识的文章。

《中西星名考》，发表在《科学》1917年第3卷第1期和第3期。该文把中国古代天文学对恒星和星座的命名与西方天文学的命名相互比较、考证，并绘制了星图，标出星座的位置及中西方使用的星名。为撰写这篇文章，赵元任查阅了大量的中外文献，例如瑞格（Wm. F. Rigge）的《两个世纪前的中国星图》和史格雷（Gustav Schlegel）的《中国天体学》。为了写这篇文章，他一共花费了近130个小时。由于还有大量学习任务，身体出现过度疲劳的现象，以致他的老师写信提醒他务必减少课外活动。由于杂志社经费紧张，给杂志撰写文章的撰稿人并没有稿费，投稿是科学社社员应尽的义务。赵元任作为发起人和开路先锋的角色，编辑稿件不但没有报酬，还经常自己掏腰包补贴办杂志经费的不足。身心的劳累，锻炼了他们的意志和能力。

1981年5月参观紫金山天文台

---

① 见《科学》第3卷第11期第1174页。

赵元任手迹：论农历名称之谬及其来历。

赵元任为了向国人普及科学知识，笔耕不辍，撰写了大量的科普作品。这些科普作品涉及数学、物理学、天文学、生物学、地理学、心理学等多种学科。文章把这些学科的重大发明、基本理论和研究方法介绍给读者。他在1915年第7期、第8期和第9期上连载的文章《地球圆乎？地球动乎？》就是这些科普文章中的精品。1916年第6期、第10期和第11期连载的《说时》，则是一篇洋洋洒洒的论说性文章，可以说是他的代表作。全文从语言文字、哲学、心理学、数学、物理学、天文学、地理学、音乐、伦理学等多种角度论述"时"这一概念。在"伦理时"里，作者认为伦理学是研究人类行为是非善恶的学问，人们的行动与时间是紧密联系在一起的，判断人们行为的价值事实上可以根据他们运用时间是否得当，所以广义的伦理包括人生对时间的安排。作者在文章中只对运用时间应该抱什么态度和感情进行了论述。伦理常分对己和对人两方面。对人应考虑对别人正确运用时间，不妨碍别人为准则，在与他人交际中要按时行事。对己，当以爱惜光阴为先。作者指出，用时之道不精,其结果就是"无时做"和"无事做"。要避免"无时做",必须:(1)尽用所有之光阴;(2)同作一事,当以至速之法为之;(3)依事之大小轻重而规定用时之多少与迟早。为了克服"无事做",作者提出四个建议:(1)卫生,讲究时间的效率要根据精神与体力状态,应该注意休息和锻炼;(2)养成良好习惯;(3)自修(包括业务和道德);(4)立意、远虑、计划。这篇文章对于人们正确运用时间进行人生规划具有启发作用。《留美学生季报》转载了该文的第十部分,胡适加编者按大加赞扬,认为是留学界的一篇杰作,他是这样写的:

> 此篇乃吾友赵君所著《说时》之第十章,全文散见《科学》杂志中,分论时间于人生各方面的关系,其书为今日留学界一大杰作,其中"伦理时"一篇尤切于人生日用。

他还把一些用英文撰写的精彩的科普文章翻译成中文在《科学》上发表。赵元任的译文语言准确生动,幽默风趣。例如1918年第4期上的《七天中三个礼拜日》,题目就十分引人注目,让人有急于阅读全文的感觉。文章通过描述一次奇特的航海旅行,把时差的概念生活化,让人们在引人入胜的描写中获取天文学和地理学方面的深奥知识。

赵元任还在《科学》上发表了语言学与音乐方面的文章。1922年赵元任在哈佛大学开设中国语言课程后,他的研究工作逐渐转向语言学。从1922年到1928年,他在《科学》上一共发表了8篇语言学方面的论文。语言学属于自然科学还是社会科学,长期以来人们持有不同的看法。可以说,赵元任在走进语言学大门阶段,他和他的同伴们是把语言学更多地当成自然科学看待的。

1921年以后,赵元任开始在《科学》上发表一批语言学论文,真正实践了他在《中国语言的问题》上提出的要对语言学进行"科学的研究"的想法。他的《官话字母译音法》(1921)、《中国言语字调的实验研究法》(1922)、《再论注音字母译音法》(1923)、《电信号码根本改良的根本讨论》(1923)、《语音的物理成素》(1924)、《符号学大纲》(1926)等文章,既是他早年对语言学思考的一个继续,也是他的科学知识背景真正发挥作用的领域。在中国现代语言学尚未成型时期,他所作的科学的语言学研究,为中国现代语言学的形成与发展，开拓了一条全新的道路。

总之，赵元任在《科学月刊》上积极撰文，发表了33篇作品，其中论文25篇，音乐作品3篇，译作5篇。《中西星名考》是《科学丛书》的一种。

1918年，《科学》在美国的编辑部从康奈尔大学转到哈佛大学。9月杨铨回上海总部工作，行前将在美国的编辑部部长的工作移交给赵元任负责。赵元任一边完成博士论文的写作，一边做杂志的编辑工作。

《科学》杂志从1915年创刊到1950年停刊，历经35年，赵元任和他的同仁为在中国传播科学知识，推进科学研究，做出了贡献。

第四节　开中国语言科学研究的先河

赵元任用科学的思想方法指导自己的语言学研究，形成了自己的科学语言观，开了中国语言科学研究的先河。他的科学语言观大概可以归纳为以下三个重要方面：（1）把语言学看成是科学研究的重要组成部分；（2）用自然科学的基本概念解释语言问题和用自然科学的方法研究语言；（3）在语言研究中逐渐形成一套科学的分析方法。

赵元任曾摘译铁岂纳（E.B. Titchener）所著心理教科书，取名为《科学与经历》，发表在1915年《科学》第1卷第2期上。文章认为科学是"集多数有关系的定律配置之事实而成也"。"各种教科书无论其为物理，化学，生物学，心理学，方言学，经济学，皆属于上述之通式。"文章把方言学看成是众多科学门类中的一种。语言学是科学研究的重要组成部分，这是崇尚科学的赵元任选择语言学研究作为终身事业的重要原因之一。

五四以后，随着科学知识在中国的传播和普及，"科学"与"民主"这两个重要概念是中国话语体系中不可或缺的。用科学的眼光看，中国传统语言学中"只可意会，不可言传"的因素太多，对一些重要概念的表述也不甚清楚，往往是主观臆测多于客观描述，既无法重复操作，也谈不上检验论证。其结果是，一些语言学的重要领域，如音韵学，竟有陷入"绝学"的危险处境，这显然不符合科学精神，亟待改革。语言学发展的落后状态还直接影响了科学的发展。语言是思维的重要工具，没有精确的概念体系，要发展科学是相当困难的。为了做到科学的规范化，建立精确的概念体系，中国科学社于1916年正式成立名词讨论会，负责名词的审订工作。名词讨论会设委员5人：周铭、胡复刚、顾维精、张准、赵元任。赵元任不仅在名词讨论会中做了一些工作，更重要的是在自己的语言研究的实践中，十分注意概念的准确性和名词术语的规范性。

赵元任用自然科学的基本概念解释语言问题，主要表现在语音的研究上。赵元任最早的语言研究工作主要集中在实验语音学上，这正是语言学的诸多分支中与自然科学最为接近的领域。早在1916年，他就提出，中国语音学的研究必须放在科学的基础上，并认为其中重要的一点，就是使语音变得可分析，而要做到这一点，就"应该熟悉一般生理的和实验的语音学，要运用能准确描写所命名的概念的术语"。概念的重要性自不待言，科学移植中出现最早的往往就是概念的借用，事实上，许多复杂的难以言说的语言学问题，如果借用自然科学，特别是声学或生理学的术语来描述，就会变得简单明了。在《语音的物理成素》中，赵元任用时间的长度、强度、基本音高、陪音（附音）、噪音这些声学术语，来分析语音的物理成素，用实验说明了声调的高低是声带振动频率的变化现象。由于语音的生理作用已经不是当时语音学研究的前沿，赵元任只是具体地描述了m音的产生过程。他说："发生m音所用的生理作用，就是把唇闭起来，把咽头垂下，让鼻腔通气，把声带的口缩小，让肺中气出来鼓动声带成乐音。"

赵元任在《说清浊》（1960）一文中解释语音的清浊特征时，曾经使用国际上著名的丹麦物理学家玻尔（Niels Bohr）的对补原则（principle of complementarity）。这个概念本来是讲质子的动量与地位之间的相互关系，可是玻尔把它推广到其他的问题上去。20世纪二三十年代量子物理学界的海森堡（Heisengberg）发现了测不准关系，意思是说因为微观粒子具有波粒两象性，所以人们无法同时准确地测定粒子的位置和动量，两者总是存在着不确定性——如果决定粒子的坐标越准确，那么决定粒子在该坐标方向上的动量分量的准确性就越差；反之亦然。于是玻尔据此发明了"对补性"这一逻辑工具。所谓对补性，是说概念之间存在着新型的逻辑关系：它们既是互相排斥的，又是不可或缺的。赵元任把这一概念用来解释语音不同特征间的关系。

在《汉语语法结构的化学类推》(1967)一文中，他使用了化学的一些概念来解释汉语的语法现象，例如"化合""聚合""离子化""同位素"等。

一门科学在多大程度上称得上科学，取决于它所包含的数学成分的多寡，而赵元任的努力正是在于要使语言学成为如科学一般的学科。因此在语言研究中，他大量运用数学的统计手段，尽量用定量的数字来说明问题，这一思想在《国语罗马字的研究》中体现得尤为集中。例如，当时很多人反对推行国语罗马字，一个重要原因就是认为中国话中的同音字太多。于是赵元任进行了认真的统计，发现"一个单字词的词汇其中每字音不过派到1.3个字，在两字词，三字词同音自然更少，所以通扯起来，我想中国言语里的同音词和法国言语里的总差不离多少"。赵元任还认为，统计固然重要，但"须拿实用的例为标准"，决不要做无意义的统计。他在文中举了这么一个例子，"假如一种写法有九个弊只有一个利，但是这一个利是说三句话写几个字都预见的，那十个弊在使用上都是很少遇见的，那就宁可为了这一个好处带累出来九样坏处，也是值得的"。因此，在确定以哪个音为不加符号的原始音时，赵元任也是动了一番脑筋，尽管字典中的平声多于上声和去声，但统计数据表明，上声和去声在熟悉的字中所占的比例较大，比例分别是：去声30%，上声20%，阴平14%，入声14%，阳平12%，轻声10%。于是，权衡利弊，赵元任还是选取了去声为不加符号的原始音，并在此基础上构建了一套独特的标调方式。

赵元任在语言学研究过程中逐渐形成的研究方法的特色是把西方结构主义语言学的描写方法同中国传统语文学的方法结合起来，把综合的方法和分析的方法结合起来，把归纳的方法和演绎的方法结合起来，把定性分析和定量分析结合起来。1916年他在《中国语言问题》一文中提出研究语音学的方法就是这种思路。他认为科学研究的具体做法应该是：(1)科学的研究必须是历史的研究。要把中国语文学和西方语文学结合起来，通过类推追溯历史关系。(2)科学研究应该是经验的研究。观察和统计实际用法必须成为判断和评论传统概念的基础。(3)科学研究应该是分析的研究。要从生理学和实验语音学的角度去分析语音，用准确的术语描述指定的思想，要使用最适于语音研究的一套概念系统。

第五节　仿佛是一个女人对男人的爱

赵元任主攻语言学后仍然保持着对数学和物理学等学科的兴趣。1933年6月12日至26日，他以清华留美学生监督处主任的身份，从华盛顿开车到芝加哥看望在美国中部的清华留学生，同时携带全家参观了芝加哥博览会。6月22日，在博览会听丹麦物理学家玻尔（Niels Bohr）讲"空间与时间"，23日参加美国物理学会会议，并与物理学家阿瑟（Arthur Compton）会晤。1937年2月8日，赵元任在中央广播电台作有关数学函数问题的广播演讲。1937年5月26日，玻尔到中国访问，中央研究院和中央大学联合接待，赵元任夫妇应邀作陪，听玻尔教授演讲。

1944年至1947年，赵元任与美国纽约贝尔电话公司实验室（Bell Telephone Co. Lab.）签订合同，兼任该室声学语言学顾问。贝尔电话实验室或贝尔实验室，最初是贝尔系统内从事包括电话交换机、电话电缆、半导体等与电信相关的研究开发机构。当时该实验室的总裁邀请他参与人类说话基本特征的研究。这个实验室有一个语音可视化的计划。还有一个聋子科学家，这个科学家要先观察别人说话时产生的声波变化，然后根据变化的图形学着跟别人交谈。赵元任每月有两天去贝尔实验室参加研究工作，主要研究声学语言学。他参与了音高分析图（sound spectrograph）的研制工作。这项研究工作对于录音和言语传输具有重要意义。他还参与研究了如何用统计的方法分析密码。语言在语流中有不同频率的某些特点关系。这些频率不是声学上的频率，而是各种声音的共现频率。对这些频率进行统计，可以发现这些声音的语言特征。用统计法分析密码在军事上大有用处，它可以破译电台的密码，据说后来有一位不懂日文的专家靠统计频率破译了某种日文的密码。

赵元任与研究中国科学史的英国专家李约瑟（Joseph Needham）也有过一段学术交往。1950年3月，李约瑟到加州大学作系列学术报告，内容是中西思想发展过程的对比，中国古代工程技术的发展，中国历代科学的发展，有关朱熹哲学等。赵元任听了所有的报告并参加了讨论。他还主持了部分报告会，并向听众介绍李约瑟。在加州大学期间，李约瑟曾多次到赵元任家中做客，欣赏赵元任夫人高超的烹饪艺术。1954年8月，赵元任到英国参加学术会议期间，李约瑟也热情地招待了他。

赵元任对爱因斯坦的相对论很感兴趣。爱因斯坦在普林斯顿高级研究所的物理实验室工作，1946年10月19日下午，赵元任在普林斯顿大学授予他名誉博士学位以后，参观了爱因斯坦工作的实验室，并与爱因斯坦进行了短暂的交谈。由于爱因斯坦可能准备到中国来，他向赵元任请教了有关学习汉语的方法问题，而没有时间同赵元任谈论物理学方面的问题。

赵元任与许多中国著名的科学家也保持着广泛的联系。任鸿隽、竺可桢、周仁、萨本栋、陈省身等老一辈科学家都是他的好朋友。钱学森、钱三强、钱伟长等新一辈科学家也都与他有过交往。

第三章

文学革命为大众 白话新诗写新章

第一节　文学革命与白话文运动

五四文学革命是五四时期新文化运动的重要组成部分，它揭开了中国近代思想革命的序幕。1916年底，在美国留学的胡适，将其《文学改良刍议》的文稿寄给了陈独秀主编的《新青年》，发表在第2卷第5期上。接着，陈独秀在下一期刊出了自己撰写的《文学革命论》进行声援。1919年5月，鲁迅又在该刊第4卷第5期上发表了《狂人日记》。于是，一场轰轰烈烈的文学革命就这样开始了。

胡适的《文学改良刍议》的构思是如何形成的呢？其中之原委，胡适在自传性著作《逼上梁山》中有比较详细的记述。1915年夏天，在美国留学的东部中国留学生成立了一个"文学与科学研究部"（Institute of Arts and Sciences），并召开了年会。赵元任与胡适两人都在会上发了言。赵元任发言的题目是"吾国文字能否采用字母制及其进行方法"，胡适的题目是"如何可使吾国文言易于教授"。赵元任就汉语是否能实行拼音化的可能性作了评说，胡适则就文言文的教学问题作了论述。胡文发言的大意我们从其《留学日记》中，可归纳为如下几点：（1）现阶段文言文是全国唯一通用的书面语，还不可废除；（2）汉字是视觉文字，单凭朗诵不能全面理解它的意思；（3）教授文言文等于是教授半死的文字，应该废除以朗读为中心的方法，先把文言文译为白话文，再进行教授。

当时，将北京语音作为中华民族共同语的标准音，还没有被大多数人所认同，国语用的是老国音，老国音实际上是一种日常交际中没有人使用的标准音。赵元任在会议之后，就埋头进行以北京语音为基础的汉语拼音化的研究工作，也就是后来他所进行的国语罗马字的研究。从当时两人在会上的发言情况看，赵元任的文学革命的思想，尤其是写作的口语化要比胡适更加彻底。当时留学生们用汉语进行交流并不那么顺畅，因为那时中华民族共同语的推广还很有限，大家讲的国语都是带有乡音的，甚至有的只能讲汉语方言，为了让对方理解自己所要表达的意思，经常不得不借助英语。当年他们在会议上发言，常用的就是英语。赵元任看到了全国语音统一的重要性，看到了文字改革的重要性，也看到了书面语言与口头语言统一的重要性。胡适关注语音的统一问题，开始于留学时代，应该说受赵元任的影响很多。他虽然对赵元任的主张深表敬意，但还没有想到汉语拼音化问题。那一时期，胡适还没有意识到白话文对大众文学的重要作用，并没有提倡写白话文，还充分肯定了文言文存在的意义，还应该进行教授，只是说文言文应该翻译成白话文来进行教学。那么，究竟是何原因，使他后来突然转变态度，提倡起白话文的呢？

　　胡适的转变，是从他把文言说成是"半死的文字"开始的。那个夏天，胡适同其他同学在绮色佳度假，谈论中，他成了朋友们攻击的对象。不过这时胡适已承认白话是活文字，古文是半死的文字。他们常常讨论中国语言文字的问题，从中国语言文字问题转到中国文学问题。他们越争论越激烈。胡适那时常提到中国文学必须经过一场革命，"文学革命"的口号，就是那个夏天在争论中逐渐形成的。胡适是在那时第一次使用"文学革命"一词，而正是这个词，给后来的中国文化发展道路带来了历史的大转折。

　　胡适何以称文言为"半死的文字"，而称白话为"活文字"呢？在汉语中，每一音节都有相对应的汉字，汉字总量超过五万，即使常用汉字也要超过三千字。汉语有限的音节造成了有些汉字存在着大量的同音词。赵元任后来曾用"shi"音的数十个汉字连成一段绕口令，如果用眼睛看，是很容易明白它的意思的，如果用耳朵听，则是一连串的"shi"音，听不出是什么意思。这种矛盾，在以单音词为主的文言中，表现得更加突出，读者听不懂，也不容易看懂。文言文能够保存下来，靠的全是汉字。胡适把充满弊端的文言称作"半死的文字"，理由就在这里。本来，他未必曾非常在意新旧或雅俗的区别，更不用说执意追求废除文言，强迫他人守旧或革新了。但是他的朋友却不这样看他，在朋友的眼中，他是个赶时髦的传统破坏者，是个媚俗斥雅的俗物崇拜者。结果，使他出乎意料地成为了众矢之的。如果争论仅仅停留在语言方面，情势还会和缓得多，虽然在此问题上，较之主张用音标拼音的赵元任，他算是保守的，不过正如他自己所说，他们常常讨论中国文学问题，把争论的焦点从文字转到文学上来，情况就大不相同了。争论使胡适更深刻地认识到文言的特异性、守旧性和作为一般语言的缺陷。后来他主张写白话诗，白话诗通过朗诵就能听懂。胡适回国后，曾出版过白话诗集《尝试集》。他还常有"文文字""诗文字"的议论。此处的"文"指散文；"诗"指韵文。他主张"要须作诗如作文"，即以写散文的格调去写诗。他认为这也是为现代白话诗奠基。他的这些关于白话诗的主张，也被朋友们视作向传统文化的挑战。

胡适在《文学改良刍议》中提出写文章的八条标准，也就是所谓"八事"：一须言之有物；二不模仿古人；三须讲求文法；四不作无病之呻吟；五务去烂调套语；六不用典；七不讲对仗；八不避俗字俗语。

继胡适文章之后，陈独秀在《新青年》上发表了《文学革命论》，提出了三大主义：（1）推倒雕琢的、阿谀的贵族文学；建设平易的、抒情的国民文学。（2）推倒陈腐的、铺张的古典文学；建设新鲜的、立诚的写实文学。（3）推倒迂晦的、艰涩的山林文学；建设明了的、通俗的社会文学。

胡适后来又提出"建设新文学论"，其宗旨只有十个大字："国语的文学，文学的国语"。他认为所谓文学革命，是要在中国创造出一种国语的文学。有了国语的文学，才会有文学的国语。有了文学的国语，国语才可算得是真正的国语。国语没有文学，便没有生命，便没有价值，便不能成立，便不能发达。

胡适文学革命的思想，是在吸收了留美同学的思想上形成的，尤其受到了赵元任语言改革思想的影响。

第二节　与胡适一起帮助陈独秀

胡适生于1891年，比赵元任大一岁。1910年两人同时考上清华学校的公费留学生。两人在去美国的"中国"号轮船上相互认识，从此开始了半个多世纪的友谊。两人同时在康奈尔大学读书，共同创办科学社。胡适到哥伦比亚大学学哲学，赵元任则到哈佛大学学哲学。两人从美国学成归国后，赵元任在清华大学执教，胡适在北京大学执教。赵元任为罗素当翻译时，胡适为自己的老师杜威当翻译。胡适有事时赵元任还替他当过翻译。赵元任与杨步伟恋爱，结婚时胡适和朱徵当了他们的证婚人。

赵元任、胡适和陈独秀三人在新文化运动中都有共同的兴趣，都反封建，提倡科学民主，写白话文。赵元任与胡适始终保持个人的友谊，胡适与陈独秀则由于信仰上的不同和性格的差别，曾经有一阶段分道扬镳，颇有戏剧色彩。不过两人的私交还是不错。1932 年，陈独秀被国民党政府逮捕，待审期间，胡适发表演说《陈独秀与文学革命》，赞扬陈独秀在新文化运动中的巨大功劳和他一往无前的精神，还对他结合文学革命从事政治革命的实绩作出了肯定评价。胡适主编的《独立评论》刊出傅斯年的《陈独秀案》，公开为陈独秀辩护。老朋友的一腔热情和拔刀相助的精神，感动了狱中的陈独秀。于是陈独秀坦然地给胡适写信，言辞之间洋溢着朋友间的情谊，并且请求胡适替他办两件事。第一件事是帮助李季完成翻译《资本论》，因为翻译时间很长，如果没有经济资助，生活上就会遇到困难。陈独秀希望胡适能找商务印书馆或庚子赔款的翻译机关商量，在经济上给予帮助。第二件事是请求替他本人到商务印书馆敦促出版《拼音文字》书稿，希望文稿能早日付印，拿到稿费，解决经济上的困难。

狱中的陈独秀哪里知道，商务印书馆碍于政治原因已经不想出版他的《拼音文字》，更没有稿费可言。胡适看到陈独秀这样穷困潦倒，就与好友赵元任商量，没有把书稿不能出版的事情告诉他，免得他伤心，就与赵元任私下里与那些热心文学革命的同人筹集了 1000 元，当成稿费送给陈独秀，供他生活之需，渡过难关。

赵元任与陈独秀虽然没有过多的交往，但是他还是在陈独秀落魄的时候与胡适一起无私地帮助了他。

第三节　适之说不要过生日

从文学革命的形成过程来看，语言文字的问题是文学革命形成中的一个重要问题，而赵元任的一些有关语言文字的思想，也深深影响了文学革命口号提出者胡适。当然，纵观赵元任的语言研究活动和音乐创造活动，他也一直在实践五四时期所提出来的文学革命的主张。这主要表现在以下五个方面：（1）自己创作新诗；（2）为别人创作的新诗谱曲；（3）自己写文章、翻译文章尽量做到通俗易懂，尽量口语化；（4）积极参加其他的有关活动，如戏剧活动；（5）积极参与国语规范化、国语推广、汉字改革等活动。第五部分的内容在其他章节已经有了专门的论述，这里就不再重复。

赵元任善于用口语或会话写成幽默的新诗，例如他写的祝贺胡适四十岁生日的一首诗，就被朱自清当成范文引用，诗是这样写的：

适之说不要过生日
生日偏偏到了
我们一班爱起哄的
又来跟你闹了

今年你有四十岁了都
我们有的要叫你老前辈了都
天天儿听见你提倡这样提倡那样
觉得你真是有点儿对了都

你是提倡物质文明的咯
所以我们就来吃你的面
你是提倡整理国故的咯
所以我们就都进了研究院
你是提倡白话文学的咯
所以我们就罗罗嗦嗦的写上了一大片

我们且别说带笑带吵的话
我们也别说胡闹胡搞的话
我们并不会说很妙很巧的话
我们更不会说"倚少卖老"的话
但说些祝颂你们健康美好的话

　　　　这就是送给你们一大家大大小小的话

　　　　适之老大哥嫂夫人四十双寿

　　　　拜寿的是谁呢？
　　　　一个叫刘复☆一个叫丁山☆
　　　　一个叫李济☆一个叫裘善元☆
　　　　一个叫容庚☆一个叫商承祚☆
　　　　一个叫赵元任☆一个叫陈寅恪☆
　　　　一个叫徐中舒☆一个叫傅斯年
　　　　一个叫赵万里☆一个叫罗莘田☆
　　　　一个叫顾颉刚☆一个叫唐擘黄☆
　　　　一个叫毛子水一个叫李方桂

　　　　有星儿的夫妇同贺
　　　　没星儿的"非常惭愧"

　　诗中"倚少卖老"指胡适的话；"非常惭愧"是毛子水说的，赵元任起草的这首诗请毛子水书写成寿屏八幅，送给胡适挂在胡宅的寿堂里。写字时问毛子水有没有太太，毛说"非常惭愧"。此诗第二天（1930年12月18日）刊载在《北平晨报》上。朱自清评此诗为一首具有游戏味但又不失庄重的白话诗[①]。

　　下图是赵元任亲笔书写的贺胡适四十岁生日诗。

　　赵元任与许多新诗歌的作者有着密切的交往。在他配曲的新诗中，大约有一半与诗人商谈过，或者是赵元任本人提出要给新诗配曲，或者是诗人自己要求给他的新诗配曲。现代著名诗人徐志摩就自己要求赵元任给他的新诗配曲。赵元任与中国著名现代诗人徐志摩有过许多交往。赵元任与徐志摩相识于美国留学期间，以后关系渐渐密切。1926年10月3日下午3时至

---

① 朱自清：《新诗杂话》，香港太平书局，1963年，第30-31页。

赵元任亲笔书写的贺胡适四十岁生日诗

5时，徐志摩与陆小曼在北海公园举行婚礼，赵元任携夫人杨步伟和同事陈寅恪一同进城到北海参加徐志摩婚礼。徐陆结婚照片就是赵元任为他们拍摄的。1927年7月6日至15日赵元任用十天工夫为徐志摩写的诗歌《海韵》谱曲，这是他本年度规模较大的音乐作品。徐志摩的《海韵》也被收入《新诗歌集》，赵元任对《海韵》的注是"1927年作。徐志摩作词。见《翡冷翠的一夜》第二集。这个歌词因为要使听者容易听懂的缘故，三处略有改动"。后来，著名音乐家贺绿汀在《音乐全集序》里对《海韵》评价道："赵元任先生的合唱曲《海韵》实在值得后代音乐工作者细心研究分析，从中可以学到很多东西。这首合唱曲表现了复杂的感情变化和戏剧性的发展，表现了诗人的疑惧、忧虑、劝告、恐怖和女郎不可捉摸的飘逸情绪。这部音乐作品用合唱和钢琴伴奏来描写诗人情绪的变化和黄昏中的大海从宁静发展到狂风大浪，与女郎婀娜的歌声形成鲜明的对照，一直到女郎被大海吞没，最后剩下诗人的悲伤和大海的宁静。这一切都是在一首合唱曲中表现出来的。"1931年11月19日徐志摩乘飞机失事，20日晚赵元任心情沉重地把20日《大公报》刊登飞机失事的消息剪下来，加上注，贴在日记里。他写道："晚听说徐志摩坐飞机上死了!!!，可惜徐志摩没能听到《海韵》的演出。"

第四节　你的白话文不够白

　　白话文原本是一种民间文学体裁，它和古代正统的古文文体——文言文相对立。白话文起源于唐宋年间的"俗文"，也就是用大众口语记录的"变文""唱本""杂曲"之类。晚唐佛教禅宗的"语录"，也是用白话文写的。宋代出现了白话文小说，例如《五代史平话》《京本通俗小说》。元代的元曲也是用白话文写的。元末明初出现的《水浒传》和《西游记》就是白话文的长篇小说。清代的《红楼梦》也是白话文的巨著。尽管白话文在民间不断发展壮大，但是仍然不能打破文言文的正统地位。五四运动以后，白话文文艺作品迅猛增多。在报社杂志增加使用白话文的同时，教育界改革语文教材的呼声也随之到来。1919年，国语统一筹备会召开第一次大会，刘半农、周作人、胡适、钱玄同等人提出《国语统一进行方法》议案，提出"改编小学课本"，主张把小学的"国文读本"改为"国语读本"，"国民学校全用国语，不杂文言"。在呼声不断高涨的情况下，1920年1月，教育部训令全国各国民学校先将一二年级国文改为语体文（白话文）。同年4月，教育部又发文明令国民学校除一二年级国文科改为语体文外，其他各科教科书，也相应改用语体文。

　　白话文运动是五四新文化运动的一项重要的成果，这项语言文字使用的革新至今已经坚持了一个世纪。可以说，它对中国普及基础教育，提高语言的社会交际功能，起到了重要的作用。赵元任一生著作等身，小到语条儿，大到学术著作，无论是文艺作品还是书信大都用通俗易懂的口语化的语言材料写作。他的要求，比起提倡白话文的先锋胡适还要严格。据胡适回忆，赵元任常对他说："适之呀！你的白话文不够白，你要不相信，我可以给你录音，你自己再听一遍。"他录了音之后，再放给胡适听，胡适觉得真的还不够白。他给胡适改文章，改得胡适五体投地，佩服得不得了。这就是胡适当初提倡白话文时候的情形，虽然提倡有心，但是贯彻起这个主张来并不那么容易①。赵元任后来在他同别人口述自己历史时，深情地回忆了白话文运动，曾提到最有趣的一件事就是1917年胡适提倡白话文，但自己却用文言文写作。

第五节　没有人敢动的《阿丽思》

19世纪英国作家路易斯·加乐尔（Lewis Carroll，1832—1898）写的一本脍炙人口的儿童文学名著《阿丽思漫游奇境记》（*Alice in Wonderland*，以下简称《阿丽思》），由于作者妙趣横生的文笔、对上流社会的尖锐讽刺和深刻的哲理性以及丰富的逻辑性博得广大读者的青睐。1865年初版后，这部名著不仅在英国广受儿童喜爱，甚至成人们也十分喜爱。据20世纪40年代的统计，该书已译成20多种文字。有评论家认为这本书的文学价值达到了除莎士比亚作品和《圣经》之外的高度。《阿丽思》第一种中文全译本出自赵元任手笔，1922年1月商务印书馆初版。20世纪30年代中国有许多女孩都知道阿丽思这个童话人物，其中不少人一定看过赵元任的译本。

赵元任在大学读书的时候，他的老师赫维茨（Hurwitz）博士介绍他看路易斯·加乐尔的著名儿童文学著作《阿丽思漫游奇境记》和《走到镜子里》（*Through the Looking Glass*）。赵元任一看就完全着了迷。他自从康奈尔求学时就对加乐尔的"阿丽思系列""看上了瘾"，并对这些作品保持了终身的热爱，直到逝世前还饶有兴致，打算参加美国加乐尔研究会的年会。《阿丽思》是赵元任在1921年上半年翻译的。其时，英国哲学家罗素正在中国讲学，赵元任担任翻译。同时，他还与杨步伟在热恋中。1921年3月罗素忽然大病，

---

① 胡适：《提倡白话文的起因》（1952年），见侯健主编《胡适名作欣赏》，北京：中国和平出版社，1998年，第535页。

因此赵元任有空，就开始翻译《阿丽思》。《阿丽思漫游奇境记》的书名是由胡适帮他取的，1922年在上海出版。《阿丽思》书前有赵元任的长篇译序。这篇序写得幽默风趣，开宗明义就告诉读者，《阿丽思》本是"一部写给小孩子看的书"，正因为如此，"原书没有正式的序，小孩子看了序横竖不懂的，所以这个序顶好不做"。话虽这么说，赵元任还是写了译者序，他在介绍作者生平、《阿丽思》创作和改编经过的同时，特别提醒读者此书不但是一部给小孩子看的书，还是一部纯艺术的妙在"不通"的"笑话书"，是一部"哲学的和伦理学的参考书"，罗素就多次引用过此书来阐述深奥的哲学问题，因此，就是成年人，如未读过也很有一读《阿丽思》的必要。

关于《阿丽思》的中译，赵元任指出，虽然庄士敦曾把全书口译给末代皇帝爱新觉罗·溥仪听过，却一直未见有中译本问世。其原因是"书里头顽（玩）字的笑话太多，本来已经是似通的不通，再翻译了变成不通的不通了，所以没有人敢动它"（见《译者序》）。但赵元任相信《阿丽思》的"文学的价值，比起莎士比亚最正经的书亦比得上，不过又是一派罢了"。他因十分喜爱这部书，就甘愿"冒这个不通的险""来做个"试验"，即在"语体文"（白话文），新的"代名词"（如他、她、它）和语体诗式（白话诗体）三大方面进行试验。他敢于选择这本充满了"似通的不通"，50多年里"没有人敢动"的名著做试验，说明他的深厚功力与远见。他把自己的译本作为评判白话文成败的材料，如果他的白话文翻译获得成功，就可以证明白话文具有新鲜的活力和广泛的群众基础。

作为五四初期外国文学白话文翻译的重要成果之一，赵元任译的这部《阿丽思》是成功的，可谓名著名译，生动晓畅，适合青少年阅读。此书的叙事（包括书中的10多首诗）全用白话文翻译，但为使书中的对话活灵活现，他又恰到好处地运用了一些道地的北京话。赵译《阿丽思》顺应了新文学白话文运动的时代潮流，是对现代文学语言和语言规范的一次大胆探索。

在凡例中译者交待了该书的翻译方法：

> 本书的翻译法子是先看一句，想想这句的大意在中国话要怎么说，才说得自然；把这个写下来，再对对原文；再尽力照"字字准译"的标准修改，到改到再改就怕像外国话的时候算危险极度。但是有时候译得

太准了就会把似通的不通变成不通的不通。或是把双关的笑话变成不相干的笑话,或是把押韵的诗变成不押韵的不诗,或是把一句成语变成不成语,在这些例里,那就因为要达到原书原来要达到的目的起见,只可以稍微牺牲点准确的标准。例如第七章里 in the well 和 well in 能译作"井里头""尽尽里头"这种双关的翻译是很难得这么碰巧做得到的。

《阿丽思漫游奇境记》1931 年版封面

对书中的童谣和打油诗,翻译时赵元任格外注重韵律。在"凡例"中他强调这是"诗式的试验"而非"诗的试验",因为"这书里的都是滑稽诗,只有诗的形式而没有诗文的意味",便于试用白话文的"双字韵法"。可实行起来却不容易,歌谣内容并不能完全忽略,还要兼顾形式上的押韵和节奏,让小读者们朗读译文也抑扬顿挫、有声有色。赵译在歌谣上下了极深的功夫,几乎每首歌谣都可以成为中国儿童自己的歌谣,如第二章中阿丽思背的小诗:

小鳄鱼,
尼罗河上晒尾巴。

片片金光鳞，
洒点清水罢。

笑眯眯，
爪子摆得开又开。
一口温和气，
欢迎小鱼儿来。

原诗是模仿当时流行的一首说教诗而写的打油诗，带有讽刺意味。译出后，这层意思没法显现出来，但译诗诵读起来，既保留了原诗的押韵方式，又符合汉语童谣的韵律，完全可以看作一首新的童谣。

第十章《龙虾的四对舞》中，赵元任翻译了素甲鱼唱的一首歌：

体面汤，浓又黄，
盛在锅里不会凉！
说什么山珍海味，哪儿有这么样儿香。
半夜起来喝面汤，体面汤！
半夜起来喝面汤，体面汤！
涕洟糜餍汤！
涕洟糜餍汤！
半夜起来喝面汤，体面汤！
涕漓涂卤汤！

体面汤，黄又烫，
鱼翅燕窝比不上！
谁不肯为了这味儿弄到破家荡——
破家荡产叫碗汤，俩子儿汤！
破家荡产俩子儿汤，体面汤！
涕洟糜餍汤！
涕洟糜餍汤！

天亮起来喝面汤，体面汤！
啼哩吐噜啼哩呼噜汤！

赵元任将"Beautiful Soup"译作"体面汤"，"Beau—ootiful Soo—oop"译作"涕洟糜餍汤"，连拖腔的处理都考虑到了，实在是绝译，难怪丁西林称《阿丽思漫游奇境记》的译文是"魂译"。

《阿丽思》的流行，促成了中国两部模仿作品的诞生。1928年沈从文发表了《阿丽思中国游记》，1931年陈伯吹发表了《阿丽思小姐》。像这样直接把外国作品的人物直接拿来创作，在中国现代文学史上似乎很少见，这同时说明了赵译《阿丽思漫游奇境记》不仅是一本成功的儿童文学译作，还为中国作家提供了文学创作的新思路。

《阿丽思中国游记》是沈从文创作的第一部长篇小说，1928年3月至10月连载于《新月》杂志，并由新月书店分卷出版了单行本。小说以原书的阿丽思和兔子（沈从文给它取名叫"傩喜"）为主人公，沿用"梦中漫游"的形式，让她们结伴在灾难深重的中国漫游。主人公本以为可以在漫游中领略东方古国的神秘情调，但看到的却是饥饿、愚昧、迷信弥漫的悲惨世界：奴仆们欺软怕硬、卑鄙猥琐，绅士们崇洋媚外、相互倾轧。当阿丽思来到湘西苗人居住区，体验了山区淳厚率直而又怪异古旧的民俗生活，目睹惨无人道的原始奴隶买卖后，她带着重重疑惑，结束了这场"怪梦"。全书充满了尖锐的讽刺和挖苦，阿丽思与兔子傩喜与其说是在游历探险，不如说是成了来自"文明世界"的参照物，从每日的见闻里揭示中国都市与乡村中种种可怕、可恨和可笑的社会现实。

沈从文对自己的作品并不满意。他原意是想写一点类乎《阿丽思漫游奇境记》的东西，给他的小妹看，让她看了好去给病中的母亲说说，使老人开开心。由于他的社会生活经验与加乐尔不同，他没能保留原作的荒诞滑稽的艺术特色，书中的语言也完全不像赵译的通俗浅近，结果并不那么适宜于儿童阅读，因此也不太像是道地的儿童文学作品。

1931年春，《小学生》半月刊以连载形式刊登了陈伯吹创作的童话《阿丽思小姐》。这是中国作家对于"阿丽思式漫游"的再度创造。这部童话以中国儿童为读者，除了以阿丽思梦中漫游的主线进行组织叙事外，还在场景、语言等方面着力借鉴《阿丽思》的成功经验。与沈从文的《阿丽思中国游记》相比，陈伯吹更加重视儿童心理的刻画。阿丽思不再是一个畸形社会的旁观者，她"恢复"了加乐尔笔下的活泼、好奇、正直和礼貌，包括粗心、性急的小毛病。在场景设置方面，陈伯吹模仿了加乐尔的原著，让阿丽思碰上许多奇怪的动物，并同它们讨论、聚会、参与它们的法庭审判等一系列活动。在语言风格方面，尽量口语化，并插进去了一些童谣。总体上看，这部童话具有一定的可读性。不过，它与加乐尔原著还存在着明显的区别，这种区别的最大特点就是没有原著的荒诞不通的风格。这与陈伯吹的文学创造观有关系，他主张童话不能是荒诞式的天真滑稽，而应该反映时代精神，以便给儿童带来一些是非鲜明的教育和熏陶。他在回顾创作动机时表示[①]：

> 我一口气读完了《阿丽思漫游奇境记》后，为这个天真烂漫、喜怒无常、却又聪明活泼、机智勇敢的十分可爱的姑娘所吸引并激动了，才想到让她来半封建、半殖民地的中国看看，通过她的所见所闻，反映给中国的孩子们，让他们从艺术形象的折光中，认识自己的祖国面貌，该爱的爱，该憎的憎，什么是是，什么是非，然后考虑到何去何从，走自己应该走的道路（《阿丽思小姐·后记》）。

陈伯吹的写作年代正逢1931年"九·一八"事变，因此阿丽思便被描写成了一个反抗强暴的大无畏的小战士了。该书从第十八章起描写了一场益虫与害虫之间的神圣战争，阿丽思带领益虫们英勇反抗害虫军队的侵略，还抵制了内部投降派的绥靖行动，决心抗战到底。在抗日救亡的浪潮中，童话成为宣传其实也是顺理成章的。加乐尔式的"荒诞"儿童文学暂时让位于中国的救亡儿童文学，这在那个年代也是可以理解的，但这并不能取代赵译《阿丽思漫游奇境记》。历史也证明赵译《阿丽思漫游奇境记》在中国儿童文学中至今仍然占有一席之地，仍然拥有广泛的读者。

赵译《阿丽思》出版之后，20世纪三四十年代还出版过不少《阿丽思》中译本，如1933年6月商务印书馆徐应昶节译本，1936年5月启明书局何

---

① 陈伯吹：《陈伯吹童话》，长沙：湖南少年儿童出版社，1981年，第142页。

君莲节译本，1948年8月永祥印书馆缩写本等。但这些译本的影响都远不如赵元任这部全译本。赵译《阿丽思》后来还编入商务印书馆"新中学文库"。1988年商务印书馆又重印该书，并且把赵元任翻译的加乐尔在1871年发表的另一部类似作品《阿丽思漫游镜中世界》(*Through the Looking Glass*)放在一起出版。《阿丽思漫游镜中世界》原文充满了对儿童心理的细腻刻画，且文字简洁、明快、朴实。赵元任的译文也同样幽默生动，尤其是地方方言的运用，更令人拍案叫绝。因序跋都是用诗歌体裁写的，译文也同样用诗歌进行了翻译。

《阿丽思漫游镜中世界》（又名《走到镜子里》）的译稿经过了一番曲折的过程。1929年8月就开始翻译，1931年全部译完，全文还配有国语罗马字课文。译稿已送商务印书馆出版，并校对了校样。1932年3月2日，当时社址在上海的商务印书馆在火灾中被毁，赵元任花费了一年多心血的译稿也被熊熊大火所吞没，只留下残缺不全的手稿。1937年在战争动乱中赵元任还进一步做补译和修改工作。36年后，这部译稿1968年才在美国安排在《中国话的读物》第二卷中正式出版。1988年商务印书馆重印《阿丽思》时也把它与《阿丽思漫游奇境记》放在一起重新出版。

赵元任女儿赵如兰和赵新那在回忆她们的父亲与这两本童话的写作背景时明确提到了用白话翻译的特别目的，她们是这样写的[①]：

> 父亲开始翻译这两部著作的时候正是中国新文化运动风起云涌的时代。父亲用的白话文，就是当时最准确的汉语口语。父亲的翻译既让中国读者有机会读这两部名著，又是他在推动白话运动方面进行的尝试，在语言上有特别的目的，因此他下了很大的功夫。
>
> 回忆我们小时候，父亲把他的译著一遍又一遍，一章又一章地读给我们听，这些事好像就在眼前。为了使我们听得懂书中的一些情节，父亲还教我们下国际象棋的规矩，这样我们才知道黑皇后、白皇后什么的。书里的诗我们跟着一块儿背，有时候好像我们也生活在里面。父亲母亲有时候还把我们也打扮成书里的人物，比方老大如兰和老二新那

[①] 见《赵元任和〈走到镜子里〉》，2009年5月29日《检察日报·绿海副刊》。

在北京还没满十岁时扮演成"腿得儿敦跟腿得儿弟"（Tweedledum and Tweedledee）。1933年，老三来思才四岁，扮演"昏弟敦弟"（Humpty Dumpty），新那扮演"阿丽思"。

1981年父亲最后一次回国，在宾馆里休息，他跟二女儿新那、女婿培云一块儿用英文和中文背：

"斜阳照着小划船儿，慢慢儿漂着慢慢儿玩儿，在一个七月晚半天儿，

小孩儿三个靠着枕，眼睛愿意耳朵肯，

想听故事想得很——"（《走到镜子里·跋》）

是呀！我们是多么想听父亲跟我们一块儿讲故事，一块儿背诗呀！

第六节　译作《最后五分钟》和《软体动物》的排演

赵元任在读大学期间参加了留学生组织的戏剧活动，演出过邓桑尼爵士写的《失掉的帽子》，自己也写过一个名叫《挂号信》的剧本。1929年，中国现代戏剧家熊佛西和余上沅一起组织了"北平小剧院"，熊佛西任副院长，赵元任任董事会董事，经常参加剧院活动。1914年他写的独幕喜剧《挂号信》，也拿到小剧院来演出。该剧故事情节比较简单，讲的是一位来自北京的留学生，用英文在旅馆给国内寄了一封挂号信，由于发音出了些差错，出了好多笑话。赵元任与熊佛西为了演《挂号信》，两人决定亲自登台演出。熊扮演傻学生，赵扮演教授。彩排时赵上台前临时决定在自己的金框眼镜上再套一副黑框眼镜，熊突然发现赵戴着两副眼镜走到台上，忍不住大笑起来，戏因而没有办法继续演下去。

赵元任翻译的剧本《最后五分钟》也在清华大学里进行排练演出。《最后五分钟》是根据英国著名剧作家米尔恩（A.A.Milne）的剧本 The Camberley Triangle 翻译成北京口语，同时把剧中的主角，由第一次世界大战归来的士兵，改编为留学归来的中国学生。这是一个三角恋爱的故事。剧情讲一个叫陈丹里的年轻人离开刚结婚不久的妻子恺林到美国留学，五年以后归来时恺

林却与一个叫鲁季流的年轻人产生了感情。陈丹里的归来给三人的思想感情带来了戏剧性的冲突。面对这种尴尬局面，陈丹里让恺林自己在情人和丈夫之间用五分钟时间做出最后的抉择。恺林最终选择了大度且能够包容自己的丈夫，与久别重逢的丈夫重归于好。赵元任翻译这个戏，用国语罗马字写出剧本，自称是基于三种"兴趣"——三重"好玩"。第一种是对国语罗马字的兴趣，即宣传（国语罗马字）的兴趣；第二种是对中国语调的兴趣，即研究学术的兴趣；最后一种是对于话剧的兴趣，那就是艺术的兴趣。他是这样描写这三种兴趣的：

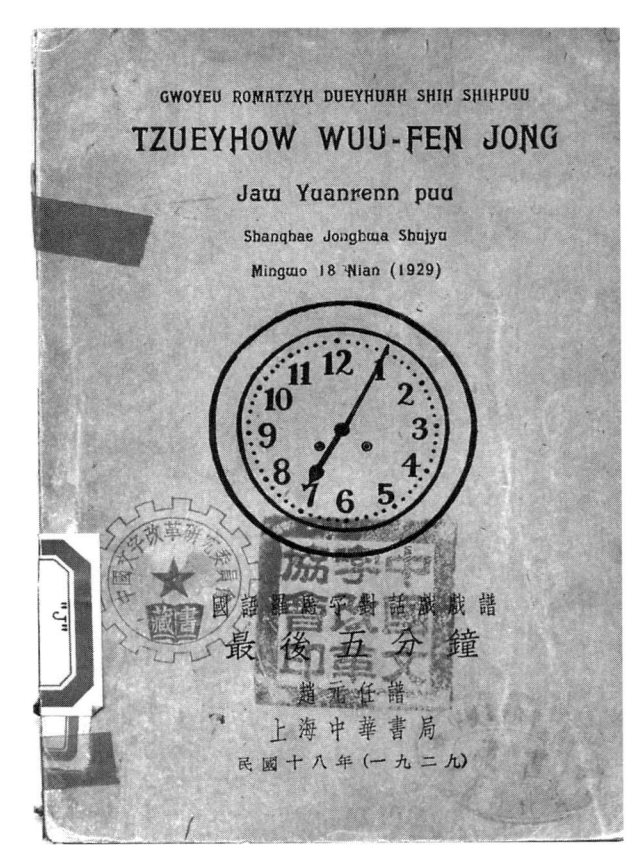

赵元任译《最后五分钟》封面

> 我对于罗马字的兴趣仿佛是一个人对朋友的爱似的。一个人不能没有朋友，有了朋友，非但有实际的帮助，在精神的生活上也非有朋友不能有相当的发展。现在的新文学不能没有新文字，有了新文字非但在实际上有多少的便利，在中国将来的精神文明上也开了一条新路，——天天听见的"中西沟通"的老话，也就要等这末一来才起头儿有办法。我对于学术的兴趣仿佛是一个女人对男人的爱，总是极深极浓，虽然不容易有很强烈的狂情，可是总是喜欢永久忠心不变的；就是一时迷得别的里头去了，到后来还是回到他身上，——就像恺林又回头爱丹里似的。我对于艺术的兴趣仿佛是男人对女人的爱，热就热到火苗儿的程度。可

是热度减了的时候儿，好像就是离开了伊也能过似的，回头又想念伊起来，可是又觉得没有伊，我的生活全没有光彩似的了。

从上面这段话里可以发现，赵元任搞罗马字研究的目的是为新文学运动服务，也就是他把新文字运动看成是新文学运动的一个重要组成部分，说具体些，新文字可以为中国精神文明建设和中西文化交流服务。学术兴趣是他的至爱，新文字的兴趣和艺术的兴趣是他生活不可缺少的重要部分。

《最后五分钟》由清华大学学生担任主角演出，1927年4月16日在清华大学的大礼堂第一次公演，观众主要是清华本校师生。《最后五分钟》的书名全称是"国语罗马字对话戏戏谱最后五分钟一出独折戏附北平语调的研究"。赵元任在序中自己解嘲说这是个笨而累赘的书名。

赵元任对戏剧的兴趣，主要是对话剧的兴趣。赵元任一直都喜欢看话剧。有一次在巴黎看一个专门演萧伯纳剧本的英国话剧团演出，一口气看了十二场。在看戏的过程中，他却没有忘记琢磨把他的音乐、语音学知识运用到话剧的演出当中去。他认为话剧演员都应该会讲标准语，用方言发音是不可原谅的。所以他主张对白的字音都用国际音标标出来，语调全部用五线谱谱出来，再加上 andante（缓慢地）、crescendo（渐强）、mf（中强）、pp（很轻地）

20世纪30年代初赵元任用白话翻译的《最后五分钟》在清华演出

等符号。话剧是一门语言的艺术，而语言与音乐又有着千丝万缕的联系。赵元任对话剧剧本创作的精辟论述，给我们留下了宝贵的财富。

1931年，赵元任还翻译并改编了英国剧作家哈伯特·亨利·戴维斯（H. H. Davies）的剧本 The Mollusc，取名为《软体动物》，并与熊佛西再度合作，导演排练这出戏，于1931年7月10日正式公演。1931年7月10日和11日，北平小剧院借用王府井大街帅府园南面的协和医院礼堂，连续两个晚上上演了喜剧《软体动物》。这是推行小剧院运动的又一部作品。赵元任翻译编剧，熊佛西导演，余上沅和陈治册进行舞台设计。剧情很简单，写的是有闲、有钱阶层的懒惰。白太太是一位聪明美丽的富家小姐，有才干，自嫁给白先生后，白先生因为爱她，事事唯命是从，致使白太太处处偷巧装懒，连陪丈夫下棋、散步、逛公园都认为是一种负担，她被彻底地懒惰化（软体化）了。剧本的内容与当时北平市民的生活联系紧密，公演后引起社会的广泛关注与评论。1931年7月12日，在熊佛西主编的《剧刊》第29期上发表了赵元任的《注音注调的〈软体动物〉》。文章主要介绍了翻译过程。所谓"注音注调"，就是每句台词都注了音调。7月19日，《剧刊》第30期发表了胡适的《〈软体动物〉的公演》，该文认为《软体动物》的公演是小剧院运动的最大成功，也是新剧运动的一大成功，称赞主演白太太的马静蕴是位"天才的演员"，"元任先生的翻译，都可以给我们做模范的"。而更有意思的是，林徽因因患肺病在香山疗养，并没到现场观看演出，在《剧刊》上看了余上沅和陈治册自爆了舞台设计中出现的一些问题，竟然愤愤不平，与两个舞台设计者进行了激烈的争论，双方笔战持续了一个半月。

赵元任不太喜欢歌剧，这是因为他认为音乐会干扰词语的听懂度，词语会干扰音乐的自由演奏，喜欢歌剧的人跟他意见不一样，认为词语和音乐两者可以相互加强。由于这个原因他对京剧的兴趣不大，但喜欢看"空城计"。

赵元任在文学艺术界有许多朋友。他除了与熊佛西经常来往外，与京剧名旦梅兰芳也有过私人交往。赵元任在北京的时候，梅兰芳曾经到他家请教有关发音的问题。京剧的发音讲究尖团音，梅兰芳是北京人，北京话里不分尖团音，有时候搞不清楚。梅兰芳的老师齐如山是保定人，尖团音分得清，经常帮他正音。1959年赵元任到台湾讲学期间，4月1日曾由大女儿如兰陪同拜访已经 82 岁高龄的这位戏剧界老前辈齐如山。

赵元任与著名作家老舍也有过比较深的交往。他在波斯顿、纽约和旧金山等处与老舍多次聚会，并在一起探讨语言与戏剧等问题。

第四章

吹拉弹唱多才艺　谱曲填词创新声

第一节　仿佛是男人对女人的爱

音乐虽然不是赵元任的专业，但却成了他的终生爱好，也成了他艺术生活中的最重要的组成部分。他一生欣赏了无数的音乐作品，自己也创作了许多音乐作品。他自己创作的音乐作品已经收入《赵元任全集》第 11 卷，共有声乐、器乐作品（包括未出版的手稿）共 148 首。另有 10 首作品由于各种原因，没有收入全集，这些作品包括抗战前后谱写过的《国旗歌》（戴季陶词）、《国民党党歌》（根据孙中山遗训谱曲）等歌曲。

赵元任的母亲精通昆曲，父亲能吹笛子，从小受到父母的影响，对音乐有浓厚的兴趣。小时候赵元任的父亲教他读《左传》，就是很强调念的，用的是吟诵的方法。赵元任 1907 年入南京江南高等学堂预科时，深得美籍英语教师嘉化（David John Carver）的喜爱。嘉化常邀赵元任去他家作客。嘉化夫人善于弹钢琴和唱歌，赵元任跟嘉化夫人学唱过《可爱的家庭》（Home, Sweet Home）和《离别歌》（Auld Lang Syne，也译作《天长地久》）等歌曲，西方音乐从此给他留下了深刻的印象。

到美国留学以后，他对音乐的兴趣就越来越浓厚。在康奈尔大学读书的时候，他用 220 元买了一架旧钢琴。这用去了他将近 4 个月的清华奖学金，那时一个月的奖学金是 60 元。只要有交响乐队表演，他都尽量争取去听。碰到特别精彩的节目，为了买到票，他就和朋友一起排长队，有时从深夜站到大清早。有一次为了买季票，他与同学邹秉文换班排队。他凌晨两点就去排队，邹秉文换班，他才回家睡觉，六点半又去接着排，让邹秉文回家休息。在康奈尔大学读书时，他加入过学校的歌咏团，并指挥过中国留学生的合唱团。在加州大学伯克莱做研究工作期间，参加过学生表演的威尔第歌剧《阿伊达》的演出。他在大学和研究生学习阶段，选修过和声学、对位学、作曲等课程，课外也学过声乐和钢琴。他在大学读书时期就开始作曲，他早期发表在《科学》杂志上的几首钢琴曲就是学生时代的作品。他所创作的歌曲大部分已经收集在北京商务印书馆出版的《赵元任全集》第 11 卷。

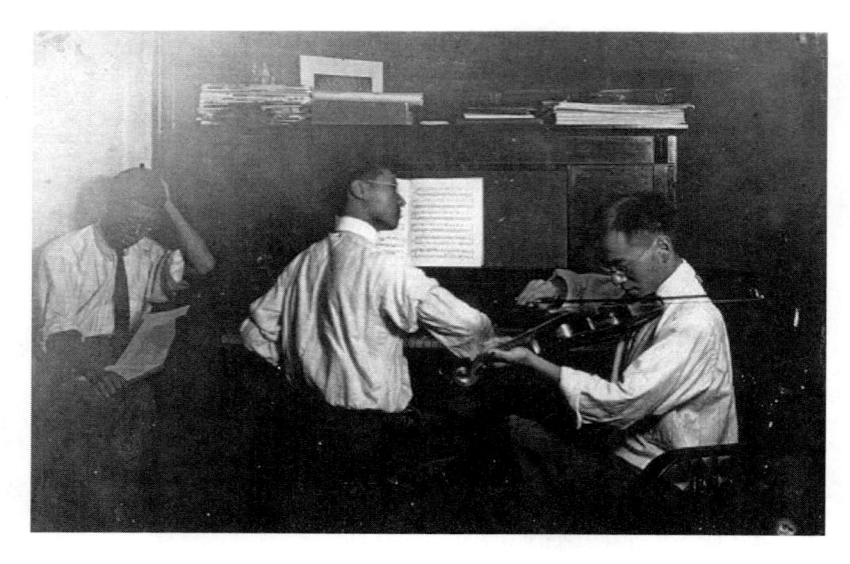

1911年赵元任买了一部旧钢琴

由于工作的关系，他没有时间专门从事音乐创作，但是他的许多作品却成为音乐院校的经典教材。而他自己对音乐的兴趣也与日俱增，丝毫没有减弱。1962年他创作的《有个小兔子》，据说是在梦中完成的。

赵元任虽然不是演唱家，但是自己也喜欢演唱，经常自己一个人在工作之余唱，领着女儿们唱，在朋友聚会和各种会议上唱。赵元任1973年第一次回到祖国大陆，这次回国他非常高兴，在参观一个幼儿园后，他给小朋友演唱了陶行知作词、他自己谱曲的儿童歌曲《小孩儿不小歌》。1981年第二次回到祖国大陆，中国音乐协会和中央音乐学院为他举办了演出招待会。音协主席吕骥和中央音乐学院院长赵枫主持了这个演唱会。演出的节目中有他作曲的《卖布谣》《老天爷》《教我如何不想他》等歌曲。89岁高龄的赵元任自己也兴致勃勃地站起来用无锡话演唱《卖布谣》《江上撑船歌》。上海音乐学院院长贺绿汀也特意为他安排了一个小型音乐会。声乐系的学生演唱了赵元任创作的《海韵》《教我如何不想他》《听雨》《卖布谣》和《也是微云》等作品。一位女同学分别用普通话和无锡话唱了一遍《卖布谣》，赵元任也走到舞台上用无锡话唱了一遍《卖布谣》。在北京大学授予他名誉教授的仪式上，他高兴地朗诵了自己翻译的《走到镜子里》的一首诗，并用无锡话演唱了《卖布谣》。1935年，百代—哥伦比亚公司为赵元任录制了一张唱片，他亲自演唱了两首自己创作的歌曲。他的歌声，同样给人们带来了快乐和享受。

1992年11月3日是赵元任100岁诞辰，赵元任的家乡江苏常州市组织了一个学术讨论会，用来纪念这位文化巨人。接着，北京的清华大学，上海音乐学院也都先后开了纪念会。1994年1月，台湾"行政院文化建设委员会"举行了纪念赵元任101岁诞辰的活动。该项活动委托"中华民国声乐家协会"承办，专门就赵元任的音乐成就进行研讨。纪念活动以音乐会及学术研讨会的方式进行，让与会者在现场欣赏赵元任的音乐作品之后，从"创造的时代背景""歌词的处理""作曲之技法"等方面，进一步了解赵元任的成就。赵元任的大女儿，美国哈佛大学音乐系和远东系教授赵如兰也参加了系列活动，并向台湾音乐界介绍了她父亲的音乐。在系列音乐会和研讨会之后，台湾"行政院文化建设委员会"还策划出版了"赵元任纪念专刊"。台湾"国立艺术学院"音乐系教授、"中华民国声乐家协会"理事长刘塞云从六个方面概括了赵元任的音乐成就：

其一，赵元任是我国第一位能成熟运用西方和声和转调技巧的作曲家，黄自比赵元任晚十年才回到国内执教而桃李满天下；民国二十年他在教和声学时，经常拿赵元任的作品来作范例。

其二，赵元任也是第一位赋予钢琴伴奏表现功能的作曲家，伴奏不再是伴奏而已，钢琴部分也代表了很多歌曲的意象。例如：他的歌曲《织布》，伴奏里就会有织布机的声音。他曾指明这首歌不要唱得太慢，因为速度太慢钢琴伴奏的织布声就显不出来。《听雨》的钢琴部分也会有雨声出现。而《秋钟》据说是中国第一首最成熟的艺术歌曲，钢琴部分利用踏板技巧做出了钟声，等等。

其三，赵元任是国际著名的语言学专家，他曾经担任美国语言学会会长及东方语言学学会会长。他是第一位特别重视声韵、词曲密切结合的作曲家。他熟悉中国语言的四声与西方语言轻重音的法则，以两种可能性来处理词曲：一是根据国音的阴阳上去而定高扬起降的范围，二是根据旧式音韵，把字分做平仄，平声倾向于高音与变度音，这样很有科学根据地灵活运用。

其四，赵元任也是第一位用新诗来谱歌的人。那时正值五四运动，他曾用很多友人如胡适之、刘半农、刘大白、徐志摩等人的诗来入歌。因为是白话文，所以听起来特别易懂。

其五，赵元任提倡歌曲要有"国性"，也就是说中国的民族风格。他说："中国没有和声，尽管要用西洋的和声，我们也得把它好好的消化，把它学好，当成自己的第二天性，再来把中国的感情、中国的思想摆到歌曲里面去，一定要有中国味。"

最后，他赵元任也是第一位实际深入民间去采风，运用民间素材来创造的人。他到江边去听拉纤夫及船夫哼唱的号子，或到寺庙里去听念经，这些材料后来都采入到他的歌曲里。他的代表作《教我如何不想他》，那几个过门的地方，原来是用平剧里的西门慢板。赵元任应该是很早就以中国素材和西方手法结合在一起的作曲家。

国务院原副总理李岚清退休后发表了三本与音乐有关的论著《李岚清音乐笔谈——欧洲经典音乐部分》（2004年，高等教育出版社）、《音乐·艺术·人生——关于〈音乐笔谈〉的讲座》（2006年，高等教育出版社）、《李岚清中国近现代音乐笔谈》（2009年，高等教育出版社），其中后两本论著都有章节介绍赵元任的音乐。《李岚清中国近现代音乐笔谈》一书有专章介绍赵元任。全书介绍中国现代音乐史上成绩突出的音乐家18人：沈心工、曾志斋、李叔同、萧友梅、黎锦晖、赵元任、王光祈、阿炳、青主、刘天华、吕文成、贺绿汀、黄自、冼星海、吕骥、江文也、聂耳、马思聪。李岚清是这样评价赵元任的音乐成就的[①]：

> 我认为，成为一位有造诣的音乐家，需要具备四个条件：一是天赋，二是勤奋，三是环境，四是机遇，四者缺一不可。赵元任就是这样一位四项条件具备的人。从他在语言、音韵方面的天赋来看，毋庸置疑，他具备第一个条件。我想补充的是，他像柴科夫斯基一样，脑子里不仅有丰富的乐感和美妙的旋律，音乐创作方面的功底也较深厚。另外，他还与柴科夫斯基类似，有亮丽的歌喉，这是很多作曲家所不具备的。1935

---

① 李岚清：《李岚清中国近现代音乐笔谈》，北京：高等教育出版社，2009年，第106-107页。

年，上海百代唱片公司曾灌制了赵元任演唱自创的歌曲《教我如何不想他》和《江上撑船歌》。说到"环境"，赵元任从小就受到传统文化和音乐的熏陶，对音乐产生了浓厚兴趣。在美国学习期间，他不仅有机会选修和声、对位、作曲等课程，学习钢琴，广泛涉猎西欧古典音乐和现代音乐，还亲身参加很多音乐活动，并开始从事音乐创作。可见，音乐虽然不是他的"专业"，可他在音乐方面下的工夫，并不亚于科班学音乐的人。赵元任善于抓紧和利用时间高效率学习和写作。他有一个习惯，口袋里总是装着个小本子，上面并排插着四支笔，随时用来记录一些灵感和创意。他的许多歌曲创作灵感都是记录在这样的小本子上的，这些细节可以反映出他的好学和勤奋。至于"机遇"，主要来自时代的赐予。那时，我国正处在国危思变的时期，人们已经认识到闭关锁国的危害，认识到必须学习西方先进的文化和科技，音乐也不例外。赵元任积极投身时代的潮流中，抓住了时代给与的诸多机遇。

李岚清还在《光明日报》和《新华日报》等报刊上介绍赵元任。他还多次亲自演唱赵元任谱曲的《教我如何不想他》，2006年3月27日在湖南长沙中南大学为大学生作讲座时与赵元任女儿赵新那教授等一起合唱这首歌曲，2007年12月23日，国家大剧院"打开艺术之门"活动正式启动，李副总理举行了"音乐·艺术·人生"的讲座，同时当场为听众演唱了这首广为传唱的歌曲。

赵元任在音乐上的贡献是多方面的，他在歌曲创作、音乐教育、音乐鉴赏和评论等方面都做出了许多有益的贡献。他与中国音乐界一直都保持着联系，并与一些著名的音乐家结下了深厚的友谊。

第二节　被誉为"五个第一人"

《赵元任全集》第11卷收录了赵元任创作的所有声乐、器乐作品（包括未出版的手稿）总共148首，其中声乐作品141首，器乐作品7首。这些作品《全集》按四大部分编排，《新诗歌集》14首，《儿童节歌曲集》6

首,《民众教育歌曲》8 首,其他作品 120 首。其他作品涉及民歌、校歌、爱国歌曲、家庭歌曲、社团歌曲、运动会歌曲以及一些直接批判社会现实的歌曲等。

他的歌曲创造成就,被刘塞云誉为"五个第一人":是我国第一位能成熟运用西方和声和转调技巧的作曲家;是第一位赋予钢琴伴奏特殊表现功能的作曲家;是第一位特别重视声韵、词曲密切配合的作曲家;是第一位用新诗来谱歌的人;是第一位实际深入民间采风,运用民间素材进行歌曲创作的人。其实,他还有别的第一,例如,1915 年创作的《和平进行曲》成为钢琴曲创作的第一人;1928 年出版的新诗歌集,成为中国出版个人创作艺术歌曲集的第一人。

事实上人们发现赵元任音乐作品中有七个"中国第一":《花八板与湘江浪》是第一首民间音乐改编的风琴曲;《和平进行曲》是第一首钢琴创作曲;《卖布谣》是第一首五拍子的乐曲;《手脑相长歌》是第一首七拍子的歌曲;《海韵》是第一首清唱剧式的合唱曲;《西洋镜歌》是我国最早最成熟的电影歌曲;《小中,小中!如兰新那莱思在叫你》等歌曲则是他为自己的孩子们创作的第一批家庭娱乐音乐作品。

赵元任大学读书时就开始作曲。赵元任创作的第一首曲子是 1913 年写的《花八板与湘江浪》,这是一首风琴曲,在《老八板》和《湘江浪》这两首中国传统的曲调基础上加上和声创作而成,也就是中国民间音乐的旋律加上西方音乐的和声。曾经用《八板湘江浪合调》的标题发表在《科学》1915 年第 1 卷第 1 期上。1914 年 5 月曾在他的母校康奈尔大学首次公演,那时他上大学四年级,曲子写完后交给老师,老师看完就在管风琴演奏会上演奏了出来。这首曲子被称为中国第一首民间音乐改编的风琴曲。

1914 年创作发表的《和平进行曲》结构短小,形象单一,带有较强的歌曲特征,风格上明显有模仿西方音乐的特点,是中国钢琴音乐创作的滥觞,因此也被称为中国第一首钢琴创作曲。《偶成》的主旋律带有典型的中国民间小调的风格,由于旋律中加上了许多装饰性的倚音和颤音,让作品带有诙谐幽默的特点,可以见到赵元任正在寻求如何在音乐中体现中国的民族风格。

赵元任创作的歌曲早期结集出版的共有三个:《新诗歌集》《儿童节歌曲集》和《民众教育歌曲》。

《新诗歌集》收入赵元任创作歌曲14首，歌词是胡适、刘半农、刘大白、徐志摩等写的新诗。这些新诗的作者都是五四时期新文化运动和文学革命的鼓吹者和实践者，因此可以说，这些词曲作品都是五四时期新文化运动和文学革命的产物。《新诗歌集》所选的作品都是赵元任20年代的作品，代表了他前期的音乐创作风格。歌集编有谱头语、目录、序、曲谱目录、正谱、简谱、歌词读音、歌词字音、歌注等内容。

《儿童节歌曲集》，由著名教育家陶知行作词，赵元任谱曲，1935年由商务印书馆出版，为中华儿童教育社丛书之一种，共收六首儿童歌曲：《儿童节歌》《小先生歌》《春天不是读书天》《手脑相长歌》《儿童工歌》和《小孩儿不小歌》。

《民众教育歌曲》，由教育部社会教育司编，1939年商务印书馆出版，共收8首歌曲：《注音符号歌》《读书好》《干、干、干》《背着枪》《长城和运河》《糊涂老》《抵抗》《好家庭》。

民歌也是赵元任音乐作品的一个重要部分。《老渔翁》《五更调》《一更里（格）相思》《十杯酒》《孟姜女》《九连环》和《纱窗外》是他创作的七首民歌，赵元任为许多民歌谱写了钢琴伴奏曲。《听！听！听！听我唱》是赵元任在青年时代学的中国民歌，后来他自己又加了对位声部的旋律，编成二部合唱曲。《孟姜女》是在苏州民歌基础上配伴奏，《九连环》是在无锡民歌基础上配伴奏。《江

《新诗歌集》1928年版

上撑船歌》是20世纪20年代赵元任在长江一带调查方言时听到的，后来他根据其中两个江川号子改编成曲子。这首曲子前后有两个不同的调子，说明原来的两支江川号子的旋律并没有做太大的改变，只是加上钢琴的伴奏，而钢琴的伴奏也是模仿撑船用力的声音。他自己曾经为百代公司录音时演唱过这首曲子。

校歌对于鼓励师生奋进有着不可低估的作用。赵元任为许多学校的校歌谱曲，小学、中学、大学都有。如《广明小学校校歌》《南京逸仙桥小学校校歌》《平民学校校歌》《艺文中学校校歌》《清华大学校歌》《云南大学校歌》《厦门大学校歌》《台湾大学校歌》等。他还写过系歌，如《北平女子学院1931级体育系歌》。

爱国歌曲是赵元任歌曲创作的一个闪光部分。这些歌曲包括两大部分：一小部分是早期留学国外创作的爱国歌曲，另一大部分是抗日战争中鼓励民众抗日的爱国歌曲。前期的歌曲如《尽力中华》《中华，我中华》，抗日的歌曲如《我们不买日本货》《长城和运河》《中国人》《葱岭头歌》《山河绵远歌》《大启我中华》《义勇军进行曲》《苏州河北岸上的大国旗》《看醒狮怒吼》《爱国歌》等。

批判黑暗社会现实的歌曲也是赵元任歌曲创作的一个重要部分，如《呜呼！三月一十八》《老天爷你年纪大》《西洋镜歌》《车水歌》和《牧童歌》等。《呜呼！三月一十八》是抨击段祺瑞政府残暴杀人的歌曲，《老天爷你年纪大》的歌词来自明朝末年的民歌，是胡适建议赵元任给这首民歌谱曲的。歌词表达了老百姓对老天爷的不满："老天爷，你年纪大，耳又聋来眼又花。老天爷，你年纪大，你看不见人来听不见话……"《西洋镜歌》是赵元任根据民间曲调为电影《都市风光》谱写的主题歌。由于歌词表现了对社会现实的极度不满，每一段唱词都被有关当局删去，造成了电影里唱一半，删去的部分只能用"啦啦啦"的法子把另一半唱完。

家庭歌曲是赵元任写着和女儿们玩着唱的歌曲，一方面可以放松自己的工作压力，融洽家庭气氛；另一方面给女儿们输送音乐知识，培养她们的音乐欣赏能力。这方面的歌曲如《给"妹"》，是为女儿莱思过八岁生日而作，《小中，小中！如兰新那莱思在叫你》是写给自己与四个女儿一起唱的。

社团歌曲也是赵元任歌曲创作的一个小部分，如《拟中国科学社社歌》

《明德华光团团歌》《中华儿童教育社社歌》《国民党党歌》等。他还谱写过《全国运动大会会歌》。

第三节　爱国歌曲与娱亲谣

赵元任的音乐作品在思想上具有突出的时代特色，在艺术上既具有鲜明的中国民族特色又大胆地吸收了西方音乐的精华。其思想性主要体现在民主精神和爱国情怀，其艺术特色则主要体现在中西的有机融合上。

赵元任音乐创作的民主精神我们可以从《说时·音乐时》里找到。在这篇文章里，他认为古乐只不过是为封建统治者服务的，"古乐惟用于宗庙大典而已"，"士大夫犹以礼乐自侉，也可悲也"。他认为音乐关系到国家民族的兴亡，应该反映民众的感情。中国音乐的出路在于发展中国派的音乐。他的这些思想反映在自己谱曲的实践中。他创作的《打夯歌》《劳动歌》《卖布谣》等歌曲就是反映普通老百姓思想感情的作品。

另外，他谱写了一些反映民主精神的歌曲，如刘半农作词的《呜呼三月一十八》揭露了军阀的残暴嘴脸。电影《都市风光》主题曲《西洋镜歌》（孙毅词）揭露了大上海黑暗的社会现实，提醒老百姓只有通过自己的斗争才能够达到改造社会的目的。《老天爷》则利用民间歌谣来表达对上层社会的不满与批判。这些作品都充分表现了这位新式人物的民主思想。

赵元任谱写了大量爱国歌曲，如《我们不买日本货》《背着枪》《抵抗》《看醒狮怒吼》等。《教我如何不想他》是这方面最重要的代表作。1937年，他把田汉填词、聂耳谱曲的《义勇军进行曲》改编为二部合唱。赵元任谱的曲子大部分是别人写的歌词，但有小部分是他自己写的词。他自己写词大体上有两种情况，一种是自己写给女儿们唱着玩的，没有任何政治思想色彩，如《唱唱唱》《给"妹"》《小中，小中！如兰新那莱思在叫你》等。另一种就是爱国歌曲。他自己写了四首爱国歌曲的歌词。1914年写了《尽力中华》，1918年写了《中华，我中华》，1937年写了《我是个北方人》和《苏州河北岸上的大国旗》。

《尽力中华》旋律是佛教放焰口的调子,赵元任自己写了歌词并配上钢琴伴奏的曲子。1920年曾经发表在美国中国同学会的一本小册子上。歌词反映了身在海外、心在祖国的年轻赵元任的爱国情怀,在国家备受欺凌的时代,向同胞们喊出了"尽力中华""振兴中华"的口号。

1932年10月,赵元任给一首《我是个勇敢的北欧勇士》谱曲并配和声。这首歌曲的歌词原来是赵如兰小学老师写的有关欧洲北方古代战士的诗。1937年8月他把歌词改成中文,以《我是个北方人——致献给北方前线将士及后方工作人员们》为题,在《音乐教育》月刊第5卷第5期上发表。《我是个北方人》是一个鼓舞前方将士英勇杀敌,保家卫国的作品,歌词充满了爱国情怀:

> 我是个北方人,
> 我能武也能文,
> 正直忠勇不让人。
> 能耐劳也能吃苦,
> 我最爱在冰雪里去上征途。
> 我不怕枪与炮,
> 我生来胆量好,
> 我愿上前方来把国家保,
> 再造完整的中华民国。
> 我愿尽我的分,
> 我最肯负责任,
> 因为我是个北方人,
> 我能武又能文,
> 正直忠勇不让人。

1937年10月29日,赵元任听到上海八百壮士坚守闸北区四行仓库,顽强抵抗日军,仓库上还飘扬中国国旗的消息,当晚就自己写词创作了一首歌曲。这首歌曲用了美国国歌的调子,这是因为上海壮士抵抗日军的故事和美国国歌所歌颂的美国独立战争时期的动人故事很类似。于是他把这首歌曲取名为《苏州河北岸上的大国旗》，用来激励和号召全国军民抗战到底：

> 君不见北岸上飘扬在烟云里，
> 昨夜黄昏挂起，
> 黎明仍高悬空中，
> 鲜明青天白日红光照满地，
> 孤军坚守不移，
> 愿与它同始同终，
> 管他炮火轰炸，
> 如雨枪弹不怕，
> 保国保国旗，
> 国旗在处就是家，
> 愿同胞跟随那团壮士，
> 不问你我他，
> 一齐上前把敌杀，
> 保我自由中华。

1937年11月，在中国人民面临生死存亡的时刻，赵元任根据欧洲的传统民歌写了《中华，我中华》的歌词，并改编成三部合唱和四部合唱。用来鼓励全国人民的抗战决心：

> 中华，
> 我中华，
> 五族为一家，
> 西昆仑东黄海，
> 物博土地大，
> 五千年光荣史，
> 灿烂文化我能夸。
> 万岁，我中华！

中华，
我中华，
一国如一家，
团结如手如足，
侵略无须怕，
谁犯我土我疆，
终必让我消灭他。
万岁，我中华！

中华，
我中华，
重建新国家，
共有共治共享，
不分你与他，
谁愿效大国风，
请看我们新国家。
万岁，我中华！
万万岁，我中华！

赵元任音乐创造的艺术特色主要表现在两个方面，一个是具有浓厚的中国民族音乐的特色，另一个是大胆吸收西方音乐的创作手法，形成中西融合的艺术特色。

他在创作中注意从中国民间音乐语言中吸取营养。《听雨》和《瓶花》前半部的旋律是按照常州人吟唱七绝的音调进行创作的。前者采用仄声韵七绝的吟诵调，后者则采用平声韵七绝的吟诵调。《卖布谣》则是一首以无锡方音为基础，并以五声音阶为主的歌曲。《尽力中华》是在"焰口调"的基础上推陈出新的，《春朝秋朝》吸收了昆曲的一些音调，《教我如何不想他》采用了京剧西皮原板过门的音调，《西洋镜歌》则用民间拉片小调作素材，而《老天爷》显然具有北方民间说唱音乐的风格。

赵元任在西方所接受的音乐教育主要是19世纪浪漫派为主的音乐风格和创作技巧。他基本上是从功能和声、转调等主音音乐的作曲法出发创作歌曲。但他又主张音乐要民族化和个性化，因此他的创作在中西融合的道路上做出了大胆的尝试。

第四节　春天，春天，什么天？

音乐是教育的一个重要组成部分。它不仅承担着对民众和下一代的审美情趣教育，同时也承担着培养人们具有高尚道德情操的重要任务。赵元任创作的音乐教育作品大体上可以分为两类，儿童教育歌曲和民众教育歌曲。

1934年赵元任担任教育部音乐教育委员会委员，参加修订小学、中学、大学音乐教育课程，出版了《儿童节歌曲集》。赵元任用著名教育家陶行知的诗作歌词，共谱写了14首儿童教育歌曲，从而大大支持了陶行知所进行的教育改革。这些儿童歌曲鲜明地表现了陶行知倡导的"手脑并用""行知合一"的教育思想，如《手脑相长歌》和《春天不是读书天》。

陶行知（1891—1946），伟大的人民教育家、中国近代科普的先行者。1891年生于安徽歙县，23岁毕业于金陵大学，后赴美留学。1917年回国，积极投入以民主和科学为旗帜的新文化运动，大力推行平民教育，特别是乡村教育，创办了晓庄师范。1931年陶行知开展了著名的"科学下嫁运动"，提出"把科学下嫁给儿童""下嫁给大众"，向人民大众普及科学知识。《手脑相长歌》是1931年谱的曲。歌词是这样写的：

> 人生两个宝：
> 双手与大脑。
> 用脑不用手，
> 快要被打倒；
> 用手不用脑，
> 饭也吃不饱。

> 手脑都会用,
> 才算是开天辟地的大好老。

《手脑相长歌》告诉学生这样一个道理：只有手脑并用才有可能成才。赵元任自己的成长过程也是实践了这样一个道理。《春天不是读书天》则强调了让儿童接触自然，参加课外丰富多彩的活动比关在教室里读书更为有益于儿童的身心健康和智力的发展。陶行知的歌词写道：

> 春天不是读书天：
> 关在堂前,
> 闷短寿源。

> 春天不是读书天：
> 掀开门帘,
> 投奔自然。

> 春天不是读书天：
> 鸟语树尖,
> 花笑西园。

> 春天不是读书天：
> 宁梦蝴蝶,
> 与花同眠。

> 春天不是读书天：
> 放个纸鸢,
> 飞上半天。

> 春天不是读书天：
> 舞雩风前,

恍若神仙。

春天不是读书天：
攀上山巅，
如登九天。

春天不是读书天：
放牛塘边，
赤脚种田。

春天不是读书天：
工罢游园，
苦中有甜。

春天不是读书天：
之乎者也，
太讨人嫌！

春天不是读书天：
书里流连，
非呆即癫。

歌曲编于1934年10月24日，刊载在1934年11月16日的《生活教育半月刊》上。编曲时赵元任还在结尾加上了一段歌词，可参见发表时所附的赵元任给陶行知的一封信，下面是这封信的具体内容：

知行我兄：
　　因为"春天不是读书天"，所以今年春天我都顽掉了，没有把歌儿编起来（因为写音乐是我工作的一部分）。"夏日炎炎正好眠"，今年夏日可是够炎炎了。"待到秋来冬已近"，

——那么"不如赶快把歌编"！

所以现在编好了寄给您了，赶明年可以用。因为这歌儿很长，照原来句法好像煞不住脚，所以我加了一个"春天，春天，什么天？不是读书天！"作为尾声，您看怎么样？

还有别的歌等那天有烟士披里纯再搞它几个出来。此上顺颂秋安！

弟元任上
二三，十，二五
南京延龄巷四十九号

赵元任为什么在这里称陶行知为"知行我兄"呢？原来陶行知有过两次改名经历，曾经用过"知行"这个名字。陶行知本名陶文濬，后因欣赏王阳明先生的"知行合一""知之真切笃实处便是行，行之明觉精察处便是知""知是行的主意，行是知的功夫。知是行之始，行是知之成"等主观唯心主义观念，改名为知行。后来，陶行知在社会实践中发现主观唯心主义的不足，觉得有好多主观的意见都是错的，于是提出了"行是知之始，知是行之成"的主张。因此有人称他为"行知先生"，最后他自己就改名为陶行知。

上面信中的"烟士披里纯"是英文 inspiration 的译音，是"灵感"的意思。赵元任对《春天不是读书天》情有独钟，1938 年他又把 1934 年《儿童节歌曲集》上的独唱曲改编成四部合唱曲。1939 年 8 月 14 日赵元任驾驶汽车带着夫人和四个女儿从美国西海岸横穿大陆到东岸，一路上全家人边观赏路边的风光边唱着这首新改编的合唱曲。1940 年，赵元任又把这首曲子改编成二部合唱曲。赵元任的音乐教育思想贯穿于对自己女儿们的教育中。他主张孩子们在课堂外应多了解自然界，参观展览馆、博物馆和博览会等。他的有些曲子是专门为自己的孩子们写的，如 1930 年 8 月初为女儿编写了一首轮唱歌曲《唱唱唱》，后改为二声部卡农，1931 年又改编为三部轮唱卡农。赵元任与大女儿如兰和二女儿新那经常唱着玩。《赵元任全集》编委会召开第一次会议时，我有幸听了赵如兰和赵新那给大家演唱这首赵元任自己写词作曲的儿童教育歌曲。

唱，唱，唱，
我先唱，
你后唱，
咱们调儿是一样，
就是你总跟不上，
再来起头唱，唱，唱，
我先唱，
你后唱，
好好儿学会，
一定不会忘。
不要慌，
不要忘，
这个歌儿并不长，
并不长，
并不长。
来换跟我转，
转个调儿转来转去转不完，
转不完，
转不完，
转个大圆圈。
拍子不要变，
"一，二，一，二，三！"
声音不要乱，
慢慢一字一字唱，唱，唱，
我先唱，
你后唱，
咱们调儿是一样，就是你总跟不上……

1937年作的三部合唱《小中，小中！如兰新那莱思在叫你》也是赵元任自己填词，自己作曲的。赵元任还创作了一些民众教育歌曲，如《注音符号歌》《读书好》《好家庭》等，这些歌曲旨在通过歌曲的传唱提高国民的文化素质。

第五节　听熟曲像坐在敞篷车里似的

赵元任平常喜欢听西方音乐，晚饭前后有弹钢琴的习惯。他喜欢弹的曲子大都是奥地利的海顿、莫扎特，德国的贝多芬、巴赫、舒伯特、瓦格纳和波兰的肖邦等人的作品。他酷爱贝多芬的作品，尤其是贝多芬第九交响曲。在去听音乐会之前，他总是连续几天弹奏贝多芬的第九交响曲。他也喜欢俄国柴科夫斯基、斯特拉文斯基，苏联的普罗科菲耶夫、肖斯塔科维奇等人的作品。肖斯塔科维奇的第九交响曲刚刚问世，他在收音机上听到，就兴奋地把全家人都叫到书房里去一起听。美国的罗伊哈里斯和捷克的德伏夏克等人创作的曲子，他也很喜欢。1925年，他在清华大学开过一门音乐课，叫"西洋音乐欣赏课"，在课上与同学们共同欣赏中外名曲。

他在第四封绿信中用非常形象的语言告诉朋友们说，听熟悉的乐曲就像坐在敞篷车里似的，既可以看得见刚走过的路，又能预料前面要走的路。听新的乐曲好像站在火车最后一节车厢的后台上似的，只能看见自己已经走过的路。因此他觉得这就难怪人们总是喜欢听自己熟悉的乐曲。

在音乐的批评理论方面，赵元任主要的贡献有两个：第一个是他详细地论证了语言与音乐的关系，第二个是提出了中国民族音乐与西方音乐如何相结合的一些理论问题。在语言与音乐的关系上，赵元任主要强调了三个重要的方面：一是要注意处理好语言的声音高低及吟诵方式与音乐的关系；二是要注意词曲的相互配合；三是要注意歌词中语言的读音。在如何把中国民族音乐同西方音乐结合的问题上，赵元任不仅在实际创作中作出了努力，也在理论上提出了自己的看法。他认为音乐是有共性的，不应该把两者对立起来，对于西方音乐中有益的成分，对于共性的东西，我们要努力去掌握它，然后在此基础上创作富有特点的中国民族音乐。

第六节 吟与唱

赵元任一生参加过许多学术团体和社会团体的创建活动，如"中国科学社""联合国教科文组织"等。他还参与了美国的"中国演唱文艺研讨会"（Chinese Oral and Performing Literature，CHNOPERL）的创建活动，并多次参加活动。1971年4月，该会在明尼苏达大学举行了一次活动，赵元任在这次活动中介绍了古诗文的吟诵，该校刘君若教授为赵元任的演讲录了音。

吟诵，亦称吟唱，是中国传统的诗文审美方式，为历代文人所重视。它不仅是一种审美活动，还是一种强身健体，甚至可以治病的有益于身心健康的活动。唐人李欣在《圣善阁送斐迪入京》一文中说"清吟可愈疾"，苏轼《安州老人食蜜歌》一文中说"一笑看诗百忧失"，陆游《闲吟》中也写到"闲吟可是治愁药"。吟诵可以治病的记载在宋代计有功所著的《唐诗纪事》中也有记载，文章讲述了杜甫的诗治疟疾的事。有疟疾患者向杜甫求医，杜甫说"吾诗可以疗之"。杜甫告诉那人诵读"夜阑更秉烛，相对如梦寐"，不见效。后来又改换了两句，告诉那人反复吟诵"子章髑髅血模糊，手提掷还崔大夫"，果然见效，终于治好那人的病。

吟诵，与唱歌近似，都是以优美的旋律给予听众最美的享受。不过两者同中有异，唱歌是依谱运声，吟唱是无谱可依，自由灵活。同一首诗，或同一篇文，因吟诵者不同而旋律不同，声腔各异，因此吟诵最能充分显示吟诵者的创作个性。吟诵与现在的朗诵也有相通之处，都是以抑扬顿挫、高低疾徐的声音达意传情，感染听众，然而同中有别。朗诵是通过定音节与疾徐，以声传情达意的方法，适宜于读现代诗文，因为它所重视的是语言的节奏，以吐字清晰为主；吟诵则不同，它重视音乐的音奏，声腔复杂，以旋律优美为主，所以声音拉得较长，听之如唱歌。虽无谱可依，但将每人的吟诵声腔记录下来，便是感人的乐谱。因此，吟诵方法最适合读古典诗文。

吟诵之风由来已久，萌发于先秦，发展于魏晋六朝，辉煌于唐代，发扬光大于宋元明清，五四新文化运动之后一落千丈，至今几乎已成绝学。可见赵元任曾经为保留此绝学做过许多工作。

在《新诗歌集·序》的第一节里，赵元任专门讨论了吟与唱的关系。他认为，在中国，吟调儿大概有吟律诗、吟词、吟古诗、吟文等。吟律诗与吟词在调儿方面相近；吟文与吟古诗调儿相近。如果从中国不同地区观察，吟律诗与吟词各地变化不大，但吟古诗、吟文各地的调儿变化就很大。就吟与唱的关系而言，赵元任说，从一段诗文上看，吟诗没有唱歌那么固定；从诗歌的全体看，唱歌没有吟诗那么固定。事实上，两者还是有千丝万缕的联系，他从戏曲的唱腔、民歌的小调等方面来说明这种联系。

第七节　与萧友梅和黄自的友谊

萧友梅（1884—1940）是我国著名的音乐教育家和作曲家。他1901年赴日本入东京帝国大学学习教育学，同时在东京音乐学校学习音乐，1909年回国，1912年赴德国入莱比锡音乐学院学习作曲理论，1916年以论文《十七世纪以前中国管弦乐队的历史研究》获得博士学位。1920年回国，在北京大学音乐传习所和北京艺术专门学校音乐系任教。1927年与蔡元培等人在上海创办中国第一所专业音乐学院——上海国立音乐院，任教务主任，1929年上海国立音乐院改建为上海国立音乐专科学校，由他主持校政。

萧友梅1920年3月从德国归来。赵元任刚到清华不久，于9月16日就去拜访萧友梅。初次见面，萧友梅就将音乐杂志中自己的作品给赵元任看，赵元任也把自己创作的音乐作品带给萧友梅看。对音乐的共同爱好把两人的心联系在了一起，他们毫无保留地相互倾吐心声，相见恨晚，很快就成为知音。据赵元任日记记载，萧友梅当时很谦虚，说自己在音乐方面并没有多少天赋，称自己的作品正确但缺乏趣味，自己写的是韵文但算不上诗。

1921年赵元任婚后再度赴美，1925年又回清华执教时，萧友梅已经是北京女子高等师范音乐系、北京国立艺术专门学校音乐系的系主任，同时还是北京大学附设音乐传习所的教务主任。赵元任多次与萧友梅讨论音乐问题，并交换各自创作的音乐作品。萧友梅在北京期间周末经常邀请从海外归来的朋友到家中聚会，赵元任夫妇是他的常客。1927年萧友梅离开北京后到上海工作，两人仍然保持密切的联系。1928年赵元任《新诗歌集》出版后，两年后萧友梅就在音专乐艺社编的《乐艺》上发表《介绍赵元任先生的〈新诗歌集〉》的书评。书评对赵元任的音乐作品和赵元任本人都给予了极高的评价。他认为赵元任虽然不是专业的音乐人士，但有音乐的天才，精细的头脑，微妙的听觉，是中国的舒伯特。《新诗歌集》替中国音乐界开创了一个新纪元。萧友梅在确定上海音专的声乐教材时，选取了不少赵元任创作的作品。在20世纪二三十年代，赵元任是唯一一位以自己的作品进入音专教材的校外作曲家。他的作品，不仅是该校声乐学生平时练唱和升级考试的"国语独唱"曲目，还是该校师生在校内外举行音乐会的独唱曲目。赵元任三四十年代灌制的唱片，也大多是由该校师生担任演唱和伴奏的。

1930年，时任上海国立音专校长的萧友梅聘请黄自为该校教务主任，两人工作配合默契，为后人所称道，而黄自也是赵元任音乐生活中的挚友。

黄自（1904—1938），江苏川沙（今属上海市）人。1916年考入北京清华学校。在学校里，参加童子军笛鼓队，在管弦乐队中吹单簧管，并在合唱队中唱男高音声部。他还利用业余时间，比较系统地学习了钢琴、和声。这阶段他已确定了以音乐为终身事业的志向。1924年毕业后，他获得公费赴美留学的资格，到美国俄亥俄州北部的奥柏林大学学习心理学，同时兼修音乐理论。毕业后继续在奥柏林音乐学院学习音乐理论和作曲，后转入耶鲁大学音乐学院学习，1929年毕业，取得音乐学士学位。其毕业作品管弦乐《怀旧》序曲，在院长、著名作曲家、指挥家戴维·斯坦利·史密斯指挥下，由音乐学院学生和当地交响乐队合作演出，受到评论界的推崇。这是我国作曲家所作的第一部交响音乐作品，也是美国交响乐队演出的第一部中国作品。1929年黄自回国后，先后在上海沪江大学音乐系、国立音专理论作曲组任教，并兼任音专教务主任。他热心音乐教育事业，为我国培养了许多优秀音乐人才，作曲家江定仙、刘雪、贺绿汀、陈田鹤等人，都是他的弟子。黄自是中国早期音乐教育影响最大的奠基人。他也从事音乐作品的创作，共创作了94首交响音乐、室内乐、钢琴复调音乐、清唱剧等各种体裁样式的音乐作品。

黄自在清华学校上学时就知道赵元任了。1934年5月，南京国民政府教育部设立音乐委员会，赵元任、萧友梅和黄自都被聘为委员。这个时候赵元任已经随中央研究院史语所迁往南京,因此他们有较多机会在一起开会。1935年,赵元任还和黄自、黄自的学生贺绿汀合作为电通影片公司拍摄中国第一部音乐喜剧片《都市风光》创作音乐作品,赵元任创作了主题歌《西洋镜歌》,黄自创作了片头音乐《都市风光幻想曲》,贺绿汀则担任影片配乐,这一段合作历史曾经传为乐坛佳话。

黄自在上海音专执教时,把赵元任的作品放进自己的课堂教学,编进自己的和声教材,从此打破了外国作曲家垄断作曲理论课的局面。黄自曾以《新诗歌集》中的歌曲作为中国派的和声范例进行讲授。除了课堂教学和编写和声教材,黄自还在向社会介绍、传播、推广赵元任的音乐作品和音乐创作理论等方面做了许多工作。从1934年10月到1935年4月,由黄自组织、编排,由音专师生在中西药房电台唱过的赵元任创作的歌曲就有《听雨》《卖布谣》《劳动歌》《上山》《海韵》《教我如何不想他》《他》《过印度洋》《茶花女中的饮酒歌》《也是微云》等11首。为了帮助广大听众更好地欣赏赵元任的歌曲,黄自还利用《音乐周刊》在每周一次的《国立音专明晚播音节目》中介绍了赵元任部分歌曲的艺术特色。

赵元任比黄自大12岁,在音乐创作上比黄自早起步15年,他在清华任教时黄自还是学生。但是赵元任从来没有以长辈自居,而是始终把黄自当成自己音乐生活的知己。赵元任在黄自去世后,专门写了一篇《黄自的音乐》来纪念他。文中说黄自是中国最可唱的作曲家,希望学作曲的学生们把研究舒伯特、勃拉姆斯等的功夫,至少分一部分来注意黄自的音乐。

1981年5月赵元任(中)与上海音乐学院院长贺绿汀(左)、丁善德交谈

第五章

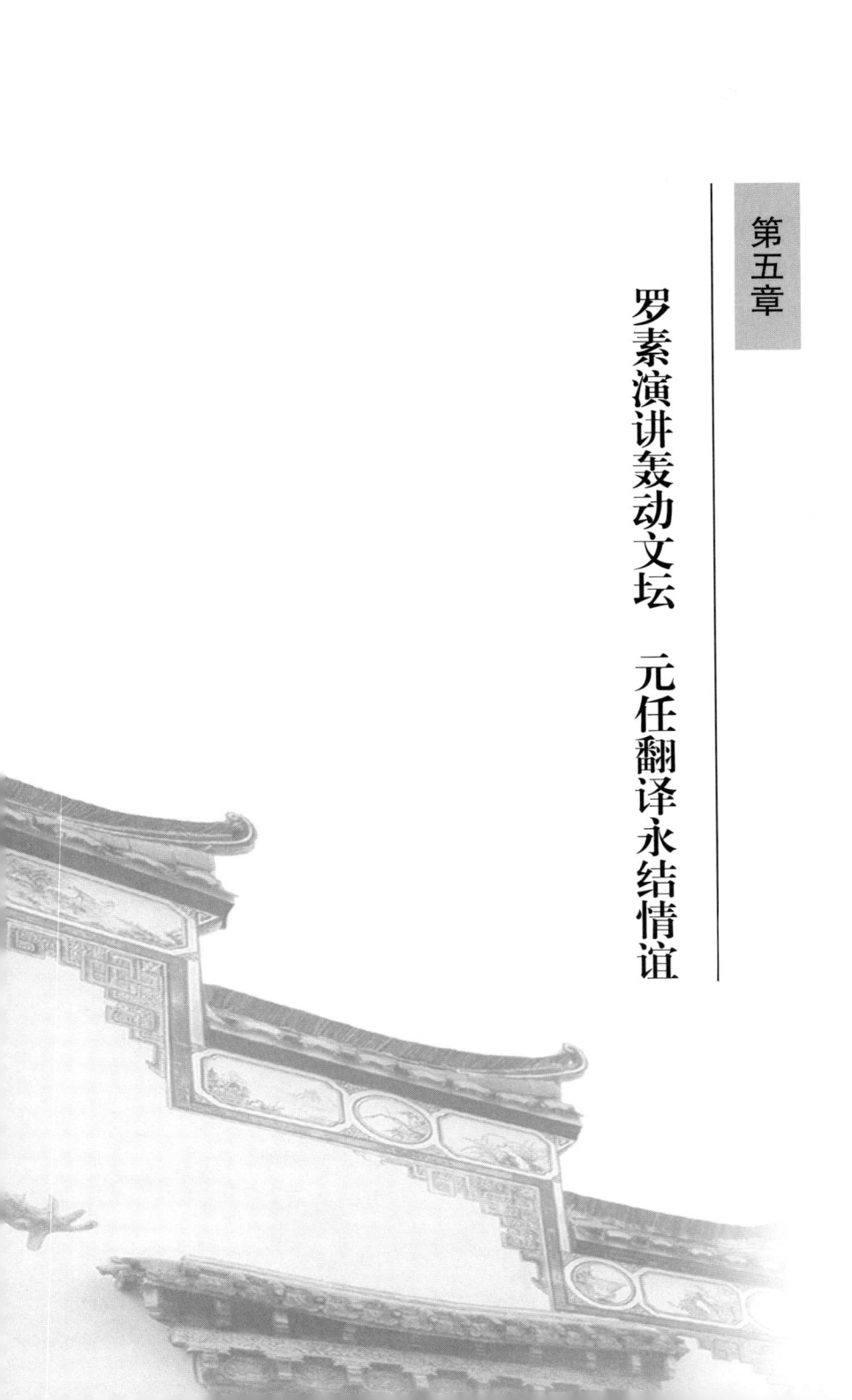

罗素演讲轰动文坛　元任翻译永结情谊

第一节　讲学社的文化兴国愿

五四时期，梁启超不是新文化运动的主要人物，游欧归来后怀抱文化兴国的愿望，发起成立"共学社"和"讲学社"。共学社是一个学术性和教育性的组织，成立于 1920 年 4 月。梁启超、蒋方震、张君劢、张东荪是这个组织的主要人物，列入发起人的还有蔡元培、王敬芳、蒋梦麟、蓝公武、赵元任、张謇、胡汝麟、张元济、丁文江等人。讲学社也在同年成立，宗旨是邀请西方学者来华讲学，每年一人。讲学社先后邀请四位外国学者来华讲学：美国哲学家杜威、英国哲学家罗素、德国哲学家杜里舒和印度文豪泰戈尔。除杜威是北京大学先请，讲学会续请外，其他三人都是讲学会邀请的。担任这些哲人演讲翻译的都是中国文化界的名流胡适、赵元任、张君劢、瞿世英、徐志摩等人。

第二节　罗素来华

贝特兰·罗素（Bertrand Russell，1872—1972）是 20 世纪著名的哲学家和思想家，也是一位文笔很好的散文作家。他在数理逻辑、分析哲学和语言哲学等方面卓有建树。他出版过 60 多本著作，其中大约有 20 多本是哲学著作。就哲学内部而言，涉及本体论、认识论、伦理学、政治哲学、科学哲学等。在逻辑方面，罗素接受了数理逻辑中的皮亚诺技术，认为借助它可以使许多原先充满混乱的哲学问题变得清晰起来。更重要的是他运用这种技术把数学逻辑化。他借助逻辑中的"类"（class）、"类的类"、"某一类里的成员"、"相似性"等概念来给"数"下定义。张三、李四、王五是个集合（collection），这个集合就是他们的类；苹果 A、苹果 B、苹果 C 是个集合，这一集合是它们的类。还可以使这两个集合的成员一一对应，张三对应苹果 A，李四对应苹果 B，王五对应苹果 C。这些成员一一对应的集合是相似的，相似的集合构成一个类，这就是特殊的数。每一个集合本身就是类，所以，每一个特殊的数都是类的类。罗素就是这样把数定义为"类的类"。罗素的这些抽象的论述是非常容易把人们弄得晕头转向的。

　　罗素是个自由主义者，他主张言论自由，因此他不畏权势，敢于直言，愿为真理献身，得到国际知识界的广泛赞赏。他进过两次监狱，第一次因为他在第一次世界大战期间参加反战运动，1918 年在《法庭》上发表《德国人的和平意图》，被英国当局监禁半年。最后一次是 1961 年，他已经是 89 岁高龄，他参与组织了有关核裁军的抗议示威活动，被当局拘禁 7 天。罗素活到差两个月就 98 岁。他一生结过四次婚，经过无数政治事件。他也是一个对中国问题有深入研究，对中国人民怀有深厚感情的西方学者。1920 年初他访问了苏联，10 月中旬就来到中国。中国给他留下了深刻的印象，他在回国后的第二年（1922 年），出版了《中国问题》一书，引起了社会各界的关注。1966 年，此书又再版。1937 年日本侵略中国，罗素与世界各国著名人士联名向全世界发表公开信和宣言，严厉谴责日军的暴行。1962 年，在中印边界问题上，年届九十的罗素担任中印双方的调停人，受到周恩来总理的赞扬。

　　1920 年 5 月，罗素的学生、北京大学讲师傅佋向梁启超建议请罗素到中国演讲，梁启超同意后就委托蔡元培和傅佋经办邀请的具体事宜。向罗素发出正式邀请以后就开始考虑接待事宜，中国学术界于是为罗素来华演讲大造声势。《申报》1920 年 7 月 11 日披露了罗素来华演讲的消息，并把罗素列为世界四大哲学家之一，说罗素是大数学家而转为大哲学家。《新青年》杂志第 8 卷第 2 号和 3 号集中介绍了罗素的生平、思想和已经译成中文的罗素的著作。其他刊物如《东方杂志》《民铎》《改造》《晨报》等也都紧锣密鼓地对罗素进行宣传介绍。罗素来到中国之前，中国人就有了以下的印象：

　　罗素是现代世界至极伟大的数理哲学家，他开创了哲学研究的新方法；他是第一流的文章家，有逻辑与作文的天才，文章精细入微，具有很强的说服力；他是个和平论者，反对战争，但又敢于抨击时政，不怕坐牢；他主张从根本上改造社会，他是改造世界的指导者；他是一个彻底的自由主义者，坚决反对社会的力量对于个人的压制；他有高尚的人格，重视朋友间的友谊；他关心中国，以平等的态度对待中国文化，赞誉中国诗歌的美是西方所没有的，自己的文章喜欢引用老庄的词句。

罗素来华讲学，正处于他的学术思想经历第二个转折点的重要时期。他的第一个转折点是在1900年完成的。那一年他基本完成了对"全部数学皆可以还原为逻辑"这一设想的证明，并确立了和平主义的立场。第二个转折点从1914年第一次世界大战爆发到1921年结束中国之行。在这一阶段里，他结合数学、物理学、生理学和心理学的新成果，提出"事件"（event，当时翻译为事情）的概念用以取代"物质"，并完成他的"逻辑原子论"，从而使他的哲学本体论、认识论和方法论达到某种一致性。罗素的社会主义思想在这一阶段也达到高峰并进入反思期。

第三节　比主讲人更有乐趣

罗素到中国的时候，适逢赵元任也刚刚从美国留学回到清华学堂执教。清华学堂是请他回来教数学和物理的。1920年7月24日赵元任在旧金山乘船回国，经过20多天的行程，于8月17日到达离别整整10年的上海。8月19日，赵元任就接到讲学会的邀请，请他当罗素的翻译。这个邀请得到清华学堂校长金邦正的批准。赵元任于是在清华教书还不到一个月，就往上海迎接10月13日抵沪的罗素了。

为什么要请赵元任当罗素的翻译呢？因为罗素的演讲内容涉及高等数学、现代物理学、逻辑学、哲学、社会改革、教育等方面的重要问题，不容易找到合适的人选。试想，要找一个既有哲学素养，又兼通数学、物理、逻辑，同时又要精通中英两种语言的翻译人员是轻而易举的吗？讲学社的人经过慎重的考虑，认为赵元任是最合适的人选，因为他既精通中英两种语言，又是专攻哲学的博士，尤其专攻过数学和物理。所以他们就找清华学堂的校长交涉，要把刚刚回国的赵元任借走一个学年。

当然这件事也有人替赵元任担心被进步党利用。康奈尔读书时的同学胡适、胡敦复和胡明复三人就警告他不要被进步党利用去提高声望，从而达到他们的政治目的。这大概是因为当时的进步党与国民党的观点不一致，"三胡"担心这些活动会对国民党产生不好的影响。赵元任一贯是无党无派，他只关心罗素的演讲内容，并不在意不同党派之间的意见分歧。不过他感谢这些朋友们的提醒，答应会小心行事，同时也向他们明确表达了他十分珍惜这个难得的机会。

赵元任当然乐于担任这样的一个工作。因为他在美国留学读书期间阅读过罗素的大量著作，认为罗素的著作对他在哈佛的研究工作具有极大的影响。1914年，据日记记载，他在读了罗素的哲学论文后说罗素的论文与自己的思路十分相符。在上海与罗素第一次见面后，赵元任十分兴奋，当天他在日记上记载说，罗素与自己从照片和有关描述中得到的印象很吻合，不过似乎显得更强壮、更高，仪态更为优雅。罗素当时49岁，看起来比他的年龄年轻。他对罗素及其女朋友勃拉克印象很好，觉得他们两人都十分平易近人。

给罗素当翻译难度很大，这不仅是他讲的内容涉及面广，还因为他经常脱稿演讲。演讲之前他把大纲给赵元任看，其他就什么都没有了。罗素有讲稿，但并不完全按照讲稿讲。罗素语言诙谐幽默，喜欢用双关语，这也是他们两人的共同点。为了做好翻译，赵元任花了大量时间跟罗素讨论有关问题，事先也同有关人士探讨了某些术语的用词问题。

赵元任不仅慢慢适应这项艰难的工作，还逐渐显得应付自如的样子。他感到，生活中的一般客套话有时十分难翻，而翻译学术讲演反倒容易一些。他在一次学术讲演翻译后在日记中写道："我按己意大加引申说明……以译员的身份讲，比主讲人更有乐趣，因为译员讲完后才引起听众反应。"在繁难的翻译中，他还感受到了乐趣，这就更加显现出赵元任学识的广博和深厚。

第四节　中国文坛上的一出好戏

赵元任与罗素见面后相见恨晚，很快就配合默契，两人在中国文坛上演出了一出好戏。在将近一年的时间里，赵元任陪着罗素奔波于上海、杭州、南京、长沙、北京、保定等地。罗素到过的这些地方，是中国的不同方言区。中国的方言复杂，方言的分区虽然也有不同的说法，但大体上可以区分出不同的特点。有的大区下面还可以有小区，不同的区还可以细分为不同的方言片。根据 1987 年中国社会科学院与澳大利亚人文科学院合编的《中国语言地图集》（香港朗文）的分法，上海、杭州是吴语区，都属于太湖片。长沙则属于湘方言区的长益片。南京、北京、保定虽同属于北方官话区，但南京属于江淮官话的洪巢片，北京属于北京官话的京师片，保定则属于北方官话区的保唐片。这些地方的方言在语音、词汇和语法等方面都有一些差别。那时中国会讲听国语的人并不多，大家使用较多的还是各地的方言。赵元任虽然国语讲得好，但是为了让更多的听众听懂罗素的演讲，他翻译时经常使用当地的方言。罗素在杭州演讲，他用杭州话翻译。在去长沙的路上，他跟同船的湖南人学了几天的湘方言，到了长沙以后就用长沙话为罗素翻译。听说罗素的演讲结束后有人上前跟赵元任认老乡，问他是哪县人。下面这个罗素讲学的时间表可以帮助我们更深入地理解赵元任在那段时间里所从事的艰辛工作。

罗素 1920—1921 年间在华演讲时间表

时间	内容	地点
1920-10-13	在上海七团体欢迎会上的答辞	上海：大东旅社
1920-10-15	社会改造原理	上海：中国公学
1920-10-16	教育之效用	上海：江苏省教育会
1920-10-19	教育问题	杭州：浙江第一师范学校
1920-10-20	在江苏省教育会招待上的答辞	上海：一品香饭店
1920-10-21	爱因斯坦引力新说	南京：中国科学社
1920-10-26	布尔塞维克与世界政治	长沙：湖南省教育会
1920-10-27	布尔塞维克与世界政治	长沙：湖南省教育会
1920-11-09	在讲学社欢迎会上的答辞	北京：美术学校
1920-11-07 到 1921-01	哲学问题	北京：北京大学；高等师范学校（1920 年 11 月 14 日以后）
1920-11-10 到 1921-02	心之分析	北京：北京大学
1920-11-19	布尔塞维克的思想	北京：女子高等师范学校
1920-12-10	未开发国之工业	北京：中国社会政治学会
1921-01-06	宗教的要素及其价值	北京：哲学研究社

时间	内容	地点
1921 年 1 月到 3 月	物的分析	北京：北京大学
1921 年 2 月到 3 月	社会结构学	北京：北京大学
1921-03	数学逻辑	北京：北京大学
1921-03-14	教育问题	河北：保定育德中学
1921-07-06	中国的自由之路	北京：教育部会场

罗素在上海发表了两场演讲，一场是 10 月 15 日在上海中国公学演讲的《社会改造原理》，另一场是 10 月 16 日在江苏教育会场演讲的《教育之效用》。接着是安排他到杭州游西湖，游完西湖，于 10 月 19 日在浙江第一师范学校作了一场有关教育问题的演讲。据说这次演讲听讲的人达千人之多。10 月 20 日从杭州返回上海，21 日到南京中国科学社讲《爱因斯坦引力新说》。10 月 24 日，罗素一行从南京沿长江西上，在汉口登岸，然后换乘火车于 10 月 26 日到达长沙。在长沙，罗素一行受到了热烈的接待。本安排他在长沙讲学一周，没想到罗素急于到北京大学演讲，只答应在长沙演讲一天。为了不扫东道主的兴，罗素在 10 月 26 日下午、晚上和 27 日上下午连续作了四场演讲，题目是《布尔塞维克与世界政治》。他的连续演讲，可累坏了翻译赵元任。

不顾东道主的再三热情挽留，罗素一行于 27 日晚上便乘火车北上，于 10 月 31 日到达北京。他们开始被安排在大陆饭店里住，不久就租住东城区东单附近的遂安伯胡同 2 号院。这是一间四合院平房，罗素和勃拉克住在北上房，赵元任住在东厢房，书房则在西厢房。罗素和勃拉克还买了些旧家具布置了他们的房间，并雇了一位厨师、一位男家童、一位人力车夫和一位临时的裁缝女佣，生活安排得井井有序。

罗素在北京大学的演讲从 11 月 7 日开始，一共讲了五讲，后来被人们称为著名的"五大演讲"——《哲学问题》《心之分析》《物的分析》《数学逻辑》《社会结构学》。这五大演讲实际上涉及多个学科：哲学、心理学、生理学、物理学、数学、逻辑学和社会学。《数学逻辑》讲的是分析的方法与技巧，《哲学问题》《心之分析》和《物的分析》则是运用数理逻辑的方法来分析和处理具体的哲学问题。

《哲学问题》本来是罗素1912年已经出版的一本书的书名。在这本书里罗素运用系统化的数理逻辑方法探讨西方哲学史，是罗素在哲学方面的经典著作。其主要观点赵元任是了解的。罗素在北大的演讲以该书为蓝本，但并不是完全按照书中所写的内容来讲，他所讲的范围比原书要窄，并做了一些重要的修正和发挥，把将近8年来自己哲学思想的变化都放到演讲里面去讲。

　　罗素"哲学问题"的演讲是从"桌子"的故事开始的。同样一张"桌子"，普通人、画家和科学家所看到的却大不一样，这样便引起了哲学家的争论，世界上到底有没有"桌子"这种东西存在，因此也就有了"唯物论"与"唯心论"的区别。罗素不同意唯心论的观点，因为这种观点否定实体的存在。但他也不支持唯物论，他反对把"心"和"物"对立起来，所以他主张"中立一元论"。在他看来，世界的本源既不是心也不是物，而是一种可证实的非心非物的"实在的东西"，也就是"事情"（event）。他用自己的观点，评述了笛卡尔、黑格尔、贝克莱、柏格森等人的哲学观点。总之，罗素的演讲强调哲学必须以最新的科学成果为依据，以"事情"的概念取代"物质"的概念，以微分方程式取代因果律。

　　《心之分析》是罗素自己感到十分得意的讲题。因为他在"哲学问题"中阐述了"中立一元论"，把"物"看成是由感觉材料所组成的逻辑结构，而在"心之分析"中，他利用心理学的最新成果，把心也看成是由一种特殊的感觉材料组成的"逻辑结构"，进一步阐释了他的"中立一元论"。

　　《物的分析》主要是用物理学的最新成果来对物质世界进行哲学分析。罗素向中国听众介绍了爱因斯坦的相对论，包括狭义相对论和广义相对论的有关理论。罗素指出，相对论给哲学带来的重要结果就是用"事情"取代"物质"。旧物理学里用占空间的位置来解释物质，用在不同的时间占不同的位置来解释运动；现在知道运动和空间都是相对的，所以物质和时间的观念全用不着。现在用"事情"来做单位，"事情"是在时空四维宇宙（空间的长宽高加上时间）中的，所以不能说在某地或在某时，总要混合起来说。物质的观念，就是用逻辑的方法集合许多"事情"而成的。

　　《数学逻辑》，有时人们也翻译为数理逻辑，是专业性比较强的学问，罗素向中国听众只是介绍了一些简单的常识。他说明了数理逻辑与普通数学的区别,讲到了数学作为哲学的推导工具的重要作用,介绍了数理逻辑中常用的一些符号,举例说明了数理逻辑六个最基本的推导原理以及它们的符号表达公式,普通逻辑中的矛盾律、排中律、三段论如何用数理逻辑的符号表示,数理逻辑运算中的互换定律、联合定律和分配定律等。

《社会结构学》主要阐述了罗素的社会政治学说。罗素在开场白中首先表明自己是一个共产主义者,相信共产主义要是与实业制度并行了,全世界必有许多的幸福与快乐,各种科学文艺的发达,也一定可以达到从古至今没有的程度。他相信马克思的主张,社会的变迁,必然遵循一定的规律,违反了这个规律,就会失败。关于这个问题他分五部分来讲:"今日世界紊乱的原因";"实业主义之固有趋势";"实业主义和私业制度";"实业制度国家主义互相影响";"评判社会制度好坏标准"。罗素与马克思主义的最大区别是他不主张阶级斗争,把希望寄托在资本家同情工人阶级的良心上,他对工人阶级也没有寄予高度的希望。他认为一个好的社会制度必须达到两个标准,一个是人民的幸福,另一个是社会能不断进步。他强调一定要给科学家、艺术家等能够给社会带来进步的、有创造性的人群以"完全自由",特别要防止那些自以为像天帝一样能够判定新思想好坏的"行政人"干预别人创造的自由。

第五节　毛泽东也听罗素演讲

其他的演讲涉及教育学、宗教学、政治学、经济学等学科。罗素的演讲,虽然没有杜威的影响大,但是也轰动了当时的知识界。据《早年自传》记载,在北京演讲多在北京大学三院以及顺治门外的师范大学校,听众多时达1500人。罗素在长沙演讲时,毛泽东也参加了。罗素在演讲中为布尔塞维克的经济模式辩护,但尖锐地批评了布尔塞维克的政治体制。毛泽东听完演讲,就给远在法国勤工俭学的新民学会友人写信,对罗素的演讲加以评论。毛泽东在谈到改造中国与世界的方法时,同意蔡和森用俄国式的无产阶级专政的方法。而不同意肖子昇和李维汉主张用温和的以教育为革命工具的方法。毛泽东说：

> 我对子昇和笙两人的意见（用平和的手段，谋全体的幸福），在真理上是赞成的，但在事实上认为做不到。罗素在长沙演说，意与子昇及和笙同，主张共产主义，但反对劳农专政，谓宜用教育的方法使有产者觉悟，可不至要妨碍自由，兴起战争，革命流血。但我于罗素演讲后，曾和荫柏、礼容等有极详之辩论，我对于罗素的主张，有两句评语，就是"理论上说得通，事实上做不到"。罗素和子昇和笙主张的要点，是"用教育的方法"，但教育一要有钱，二要有人，三要有机关。现在世界，钱尽在资本家的手；主持教育的人尽是一些资本家或资本家的奴隶；现在世界的学校及报馆两种最重要的教育机关，又尽在资本家的掌握中。总言之，现在世界的教育，是一种资本主义的教育①。

毛泽东之所以会这样评论罗素的演讲，是因为在社会改造方面，罗素的观点属于基尔特社会主义。罗素当时的演讲主要是纯粹的科学和抽象的理论，离中国当时思想界的现实比较远，他没能看到中国当时社会存在着的各种无法调和的矛盾。不能解决当时中国社会现实需要解决的重大问题，这也是符合事实的。实际上罗素到中国不久对此已经有所察觉。他在给友人的信中曾说："他们不要技术哲学，他们要的是关于社会改造的实际建议。"一位"罗素学说研究会"的会员参加研究会的第一次讨论后写信给赵元任说："我发现他的研究仅仅局限于技术哲学，这使我很失望，现在我冒昧要求不再参加以后的讨论会。这并不是因为我对那些问题望而生畏，而是因为我对技术哲学几乎毫无根底，也几乎毫无兴趣。"②

---

① 《毛泽东致蔡和森信》（1920年12月1日），《毛泽东书信选集》，北京：人民出版社，1983年，第5页。

② 冯崇义：《罗素与中国》，北京：生活·读书·新知三联书店，1994年，第201页。

第六节　文坛美谈

在为罗素翻译的过程中，赵元任同时也和杨步伟谈起了恋爱，这给他的翻译增添了不少有趣的花絮。有一次，赵元任由于与女朋友在一起迟到了十分钟，罗素只能坐在讲台上等着，看到赵元任领着杨步伟走进会场，安排杨步伟坐下然后来到他身边时，罗素压低声音同赵元任说："坏蛋！坏蛋！"还有一次赵元任给勃拉克当翻译，勃拉克讲到未婚男子和未婚女子的某些问题时，赵元任心不在焉，把"未婚男子"和"未婚女子"说成"没有丈夫的男人"和"没有妻子的女人"，引起哄堂大笑。勃拉克觉得莫名其妙，赵元任只好低声告诉她说："一时说不清楚，我回头再解释给你听。"

赵元任除了给罗素当翻译以外，还参加了当时罗素的粉丝们组织的"罗素学说研究会"的一些活动。罗素的演讲，赵元任口译后有人专门做笔记，整理后发表在瞿世英主编的《罗素月刊》上。该刊物1921年第一期到第三期连载了《哲学问题》的译稿；1921年第一期、第二期和第四期分别刊登了《心的分析》译稿；1921年第一期刊登了《布尔塞维克的思想》译稿；1921

1921年婚后在新家屋顶宴请罗素

年第二期和第三期刊登了《宗教之信仰》译稿；1921年第三期刊登了《物之分析》译稿；1921年第四期还刊登了《中国的自由之路》《社会结构学》译稿。在《罗素月刊》第一期上，赵元任还专门写了《罗素哲学的精神》介绍罗素的哲学思想。

除了在《罗素月刊》上发表文章以外，他还在1921年《科学》杂志上发表了两篇文章，一篇是《物之分析（爱因斯坦重力说）》，另一篇是《物之分析（相对论在哲学上的结果）》。看来赵元任对罗素的哲学思想有深入的体会，并且希望国人能够从中吸取有益成分，开辟哲学研究的新思路。

杜威（John Dewey）的演讲，是由他的学生胡适担任翻译。胡适有事不能出场时赵元任也代为翻译。杜威演讲时喜欢连用三个同义词，赵元任也用三个汉语同义词来翻译，尽量让翻译出来的话语与原文在风格上贴近。后来赵元任在回忆这段经历时对杜威和罗素两人的演讲进行了比较。他认为杜威的演讲通俗些，听众似乎多些，而罗素的演讲专业性强些，因为后者涉及数学、哲学和有关社会革命的一些理论，因而听众自然也少些。但就这两人而言，赵元任还是更喜欢罗素。

罗素的女友勃拉克（Dora Black，罗素回国后两人结婚）也作了演讲，演讲的题目涉及妇女和社会改革等问题。翻译工作也是由赵元任担任的。在《罗素月刊》1921年第二期和第三期上，刊登了勃拉克《经济状况与政治思想》的译稿；在第四期上，刊登了勃拉克《少年中国的男男女女》的译稿。

罗素到中国讲学是当时中国学术界的一件大事，而赵元任为罗素当翻译也成为学术界的一件美谈。赵元任的朋友，人称五四时代"百科全书式学者"毛子水在赵元任去世后是这样评价这件事的：

> 民国九年，英国哲学家罗素到中国讲演，我们能够请罗素来演讲，乃是当时一班有求知欲望的国人所最欣幸的事情。但罗素是不能讲中国话的。我现在想起来，当时我们有元任这样的人来做翻译，更是我们所最欣幸的事情。非特就讲演者和翻译者的学识来说是这样，即就两人的品性来说亦是这样。我想，元任任罗素的翻译，听众固能受到最大的益处，即罗素自己亦会觉得他的话决不会因翻译而走样的！

毛子水的这段话说得很好，赵元任与罗素两人真是珠联璧合，后来他们两人保持了长期的友谊。

第七节 半个世纪的友谊

罗素夫妇离开中国后，赵元任与罗素保持长期的通信联系，每过几年找机会见面一次。1922年4月20日，赵元任的长女出生，他马上将喜讯告诉罗素，让他一起分享快乐。赵元任用幽默的语言来叙述这件喜事："中国人口中的第四亿零一个成员已经诞生在我们赵家中（the 400,000,001st member of the Chinese population had arrived in our family）。"罗素也幽默地用双关的表达手法给赵元任回复道："恭喜恭喜！现在我明白了，你是中国当前动乱之原因（Congratulations! Now I see that you are among the causes of the present chaos in China）。"这句话的真正的含义是祝贺赵家添了女儿。罗素在这里是利用了 chaos 这个双关词。这个英文词是动乱的意思，又与赵家的拼写 Chaos 相同。罗素在中国作演讲时曾经作过 Causes of the Present Chaos in China（中国当前动乱之原因）的演讲。

1924年6月到1925年5月，赵元任在欧洲考察进修。大约在1924年六七月间，赵元任夫妇应罗素之邀，到英国的西南地角（Land's End）喷上斯（Penzance）罗素的乡下别墅探望罗素夫妇，在他家住了四天。赵元任夫妇还到罗素家附近的海滩游泳。赵元任与罗素一起回忆北京的往事，谈论物理、数学、哲学等问题。罗素表达了对中国的怀念之情，希望能有机会再次访问中国。

1939年7月24日至8月11日，赵元任担任中国代表团首席代表，到加州参加第六届太平洋科学会议。会议期间到柏克莱一家酒店拜访了罗素。1940年10月在麻州剑桥参会期间又与罗素见面叙谈。

1950年罗素因他的作品"捍卫了人道主义理想和思想自由的多样"而获得诺贝尔奖的桂冠，赵元任致电表示祝贺。1954年10月，赵元任夫妇在欧洲旅行期间，罗素知道后十分高兴，给赵元任夫妇打电话，其后他们两人探望了罗素和他的第四位夫人。

1965年7月5日，赵元任在电视上看见英国广播公司采访罗素的节目后，当晚就写信告诉罗素，同他分享快乐。1968年罗素已经是96岁高龄，赵元任与妻子前往拜访，当时女作家凌叔华和她的丈夫陈源也一同前往。这时罗素夫妇住在威尔斯的西海岸，往返要200多英里，他们坐了18个小时的出租车。见面后罗素非常高兴，与赵元任一起回忆在北京、哈佛大学、柏克莱等地见面的情况。告别时两人依依不舍。这是他们最后的一次见面，两人的学术交往和个人友谊就这样保持了将近半个世纪。1972年罗素去世后，赵元任撰写纪念文章《陪同罗素在中国》，发表在《罗素档案》杂志上。1973年回国在北京期间，专门到东城区遂安伯胡同寻访1920年与罗素一起居住过的住房，以此怀念这位知识界的伟人。

1939年赵元任到美国柏克莱拜访罗素

第六章

数人会中定法式　教我如何不想他

第一节　数人会的"竹林七贤"

五四运动前后,在"文学革命"的影响下,《新青年》和《新潮》等杂志讨论文字改革,提出采用罗马字(拉丁字母)拼音的问题。1923年,《国语月刊》出版"汉字改革号"继续讨论这个问题,发表钱玄同的《汉字革命!》、蔡元培的《汉字改革说》、黎锦熙的《汉字革命军前进的一条大路》和赵元任的《国语罗马字的研究》等文章。赵元任提出制定国语罗马字的二十五条原则和一个国语罗马字方案的草稿。钱玄同、周辨明、林语堂、许锡五等也都提出了各自的罗马字拼音方案。1923年,国语统一筹备会开会,钱玄同提出《请组织国语罗马字委员会案》,黎锦熙、叶谷虚等也提案请求公议一种罗马字拼音方案,与注音字母同时推行。大会通过决议,成立"罗马字拼音研究委员会",指定钱玄同、黎锦熙、赵元任、周辨明、林玉堂(语堂)、汪怡、叶谷虚、易作霖、朱文熊、张远荫等11人为委员。但由于时间变动,社会不稳定,处于动荡时代,委员会无法正常开会,改由刘复发起的"数人会"进行讨论。"数人会"的7个成员中,6个是"国语罗马字拼音研究委员会"的委员。经过一年时间,开会二十二次,九易其稿,终于议定了《国语罗马字拼音法式》。1926年9月,"国语统一筹备会"召开"国语罗马字拼音研究委员会",通过并请教育部公布。1928年9月26日,国民政府大学院作为"国音字母第二式"公布了这个方案。

关于"数人会",这里有必要加以详述。1925年9月26日,刘半农与钱玄同、黎锦熙、汪怡在赵元任家聚会,讨论音韵学等问题。其间刘半农提出成立"数人会"的倡议,得到在场人员的热烈响应。同年10月17日在赵家正式成立"数人会",林语堂也到会,共六人。后来在厦门大学任教的周辨明也加入,这样就由七人组成,后来人们称之为"竹林七贤"。"数人会"的"数人",典出隋朝陆法言的《切韵序》:"我辈数人,定则定矣"。"数人会"成立以后钱玄同主张专议"国语罗马字问题",由赵元任主稿。

"数人会"的活动地点后来就固定在赵元任在北京城里租的一所房子里,

这所房子坐落在北京城内景山东大街，共有三进，第一进是赵太太的诊所，主要帮助有需要的人士做计划生育方面的事；第二进就是"数人会"的会议室；第三进是赵太太三哥的住所。

其实"数人会"成立之前，他们已经有过很多活动。1920年9月，赵元任就在胡适家与"国语研究会"的黎锦熙、钱玄同和汪怡等人讨论中国语言文字问题。他们一见面就讨论中国的语言问题，赵元任对他们研究的问题表示十分赞赏，对许多问题的看法不谋而合，认为中国有了像"国语研究会"成员这样的热心人，中国的语言文字问题一定大有希望。研究会的先生们当即吸收赵元任为新会员。

"数人会"成立以后每两三个星期聚会一次。议题主要是讨论国语罗马字拼音方案。"数人会"主张废除当时国际上通用的阿拉伯数码标注四声的威妥玛式，而采用变动拼法区别四声的方案，以达到易认、易写、易打字和易排版的目的。赵元任参加了方案的草拟工作并成为主要执笔人。

下面我们简单介绍一下"数人会"的成员。先说钱玄同。

第二节　与钱玄同

钱玄同（1887—1939）是著名的语文改革活动家，文字音韵学家，中国五四新文化运动的倡导者之一，也是著名的思想家。原名夏，字中季，少号德潜，后更为掇献，又号疑古、逸谷，笔名浑然。常效古法将号缀于名字之前，称为疑古玄同。浙江吴兴人。五四运动以前改名玄同。钱玄同1906年赴日本早稻田大学学习，与章太炎、秋瑾等人交往，次年入同盟会。1908年，始与鲁迅、黄侃等人师从章太炎学国学，研究音韵、训诂及《说文解字》。1910年回国后曾任中学教员，浙江省教育总署教育司视学，北京高等师范附中教员，高等师范国文系教授，北京大学教授，《新青年》编辑，北平师范大学中文系教授和系主任等。

在语文改革运动中，钱玄同反对文言文，提倡白话文的态度很坚决。他率先在《新青年》上发表致陈独秀的白话信，并敦请他人用白话作文。《新青年》也在他的倡议和影响下于 1918 年第 4 卷第 1 号始用白话文出版。他在推广国语、简化汉字、汉字注音等方面做出了重要的贡献。1917 年，他成为"国语研究会"的会员，1919 年，他成为"国语统一筹备会"的会员，并任常驻干事。1925 年，他与黎锦熙一起创办并主持《国语周刊》。"国语统一筹备会"于 1928 年改组为"筹备委员会"，于 1935 年又改组为"国语推行委员会"，他都一直任常务委员。1928 年，他曾任辞典处国音大字典股主任。1931 年，任国音字母讲习所所长。1932 年，与黎锦熙共任《中国大辞典》总编纂。曾参与审订由吴稚晖编写的《国音字典》。1922 年，在国语统一筹备会第 4 次大会上，他提出了《减省现行汉字的笔画案》，并成为"汉字省体委员会"委员。1934 年，又提出《搜采固有而较适用的简体字案》，并自己起草了"第一批简体字表"，共 2300 多字。1935 年，大学院公布了其中的 324 个字。这是历史上由官方公布的第一批简化汉字。"国语罗马字研究委员会"成立后，他任委员。在他参加的"数人会"的努力下，"国语罗马字拼音法式"制订出来并于 1928 年由大学院（即教育部）正式公布，成为"国音字母"第二式（第一式是"注音符号"）。此外，他还倡导使用新式标点符号、阿拉伯数字、公元纪年法、汉字横行书写等。作为一位语文改革的活动家，他为国语统一和汉字改革先后提出近 20 个议案，发表几十篇文章，做了大量的工作。1939 年因右脑部溢血在北京病逝。

赵元任与钱玄同除了在一起讨论国语罗马字和国语运动诸问题外，他们还保持了比较长的通信联系。赵元任在回忆钱玄同时说钱玄同还是个民歌运动的鼓吹者，他思想虽然非常激进，但行动稍微有点滞后。钱玄同主张用世界语来代替汉语，赵元任就怀疑钱玄同本人是否平时用世界语代替汉语。赵元任曾经把他同胡适、罗常培和钱玄同等人的来信整理后送周法高准备出版。胡适给赵元任的信已经在台湾出版，其他尚未见出版。钱玄同的儿子钱三强，是我国著名的物理学家，人称中国原子弹之父。赵元任 1954 年在参加联合国科教文组织的活动中，在伦敦开会时曾看望过他。1973 年赵元任回国，钱三强宴请了他。赵元任 1982 年逝世，钱三强也拍唁电对家属表示慰问。

第三节　与黎锦熙

黎锦熙（1890—1978），字劭西，湖南湘潭人。1911年毕业于湖南优级师范史地部。后历任北京高等师范、北京女子师大、北京大学、燕京大学、湖南大学、北京师范大学等学校的教授。桃李满天下。毛泽东当过他的学生，二人有着很深的师生情谊。1916年，他倡导组织了中国国语研究会，1918年任国语统一筹备会会员，1923年，他促成在国语统一筹备会下设立国语辞典编纂处（1928年更名为中国大辞典编纂处）。同年他与钱玄同、赵元任等组成国语罗马字拼音研究会，研制国语罗马字。1924年他在商务印书馆出版的《新著国语文法》一书，是中国第一部较系统的白话文语法著作。为推行国语，他还与钱玄同一起于1929年创办白话文的《国语周刊》。1935年，他的《国语运动史纲》一书出版，该书详尽地介绍了自清末以来的切音字、注音字母、国语罗马字及大众语运动的始末、性质、范围、目的、理论、方法和纲

20世纪20年代国语运动同仁（左1赵元任，右1黎锦熙）

领，是国语运动史上的一部很重要的著作。"数人会"的一些重要的活动，也都写入《国语运动史纲》。

赵元任与黎锦熙因为共同的爱好成为亲密的朋友。他们经常到萧友梅家中做客。萧友梅在北京工作期间很喜欢社交，秋冬两季在客厅里，夏季则在院子的凉棚里，每逢星期六或星期日晚上，就邀请从欧美回国的北京客人到家中聚会。大家在一起听音乐，做游戏，朗诵诗歌、唱歌或闲谈。大家说说笑笑，可以弹钢琴、弹古琴、弹琵琶，也可以拉小提琴。总之吹拉弹唱，样样齐全，这些活动不仅可以消除一周的工作疲劳，也加深了这些海归派之间的友谊。

1922年，赵元任与黎锦熙在《国语周刊》上讨论国音字母问题。据《赵元任年谱》[①]记载，1928年7月2日，赵元任与黎锦熙商定国语罗马字字母的读音法，并为该读法编了一首歌。7月12日至8月3日，赵元任与钱玄同、黎锦熙等人多次商讨公布国语罗马字事宜。1928年9月26日中华民国大学院公布的《国语罗马字拼音法式》，是以赵元任、钱玄同与黎锦熙三人的合作成果公诸于世的。1936年《国语周刊》第239期上，两人又讨论《长沙方音字母》。1937年10月，北平、天津沦陷之后，在炮火纷飞的动荡时期，赵元任与史语所同仁从南京一路向南方撤退，在长沙时，与黎锦熙一同讨论国语运动问题。

"数人会"的成员不仅热心于汉语拼音化，也主张汉字简化的工作，钱玄同是最积极的一个。据《赵元任年谱》记载，1935年6月19日到20日，赵元任曾与黎锦熙讨论简化字问题，并参加教育部有关简化字问题的讨论。同年8月21日，当时的南京国民政府教育部公布（11400令）了《第一批简体字表》。这说明《第一批简体字表》也凝聚了赵元任等数人会主要成员的心血。据说这一工作是蒋介石责成时任教育部部长的王世杰出面主持的，王世杰以教育部的名义发布的。《第一批简体字表》共收录简体字324个。《第一批简体字表》发布后国民党中央常委、考试院院长戴季陶知道后十分气愤，跑到蒋介石的办公室大吵大闹，说简化汉字十分荒谬，破坏了中国文化，还说教育部趁他不在京，讨论这么重要的事情，是有意回避他。蒋介石做了一

---

① 赵新那、黄培云：《赵元任年谱》，北京：商务印书馆，1998年，第153页。

些解释，戴季陶仍听不进去，多次在公开场合扬言，如果教育部不收回《简体字表》，蒋介石及国民党中央召开的任何会议，他一概不参加。由于戴季陶是国民党元老，蒋介石只得下令暂不施行简化汉字。次年2月，戴季陶又促使蒋介石以行政院的名义下了一道"暂缓推行简体字"的命令，一件本来利国利民的文化工作就只好这样不了了之。

1973年5月赵元任回国，5月7日至8日两个上午，在前门饭店举行了两次语言学界的座谈会，黎锦熙应邀参加了座谈会。5月13日周恩来总理接见赵元任一行，黎锦熙父女参加了会见。这也是这两位中国语言文改革的先行者见过的最后一面。1981年5月赵元任再次回国，黎锦熙夫人和女儿到宾馆看望他。

第四节　与汪怡

汪怡（1875—1960），字一庵，浙江省杭州市人。历任中学教师、营口商业学校监督、《新中国报》总编和经理等，后任职于教育部并兼北京师范大学、北京师范学校教员，"读音统一会"会员，"国语统一筹备会"会员，"国语统一会"常务委员，中国大辞典编纂处国音普通词典组主任，"增修国音字典委员会"起草委员等。他在语言文字领域的贡献主要集中在国语运动、语音学、速记、词典编纂等方面。在"数人会"中，他为成员之一，参与议定国语罗马字的活动。他还著有《新著国语发音学》（商务印书馆，1924年）一书。

汪怡是我国第一代的速记专家。赵元任除了同汪怡在一起从事"数人会"和国语运动的一些重要社会活动外，还一起从事国语辞典编纂工作。1933年由大辞典编纂处出版的《国语辞典》，就是汪怡和徐一士等人编，赵元任和钱玄同一起校订的。在《国语周刊》第216期上，他们两人还合作发表了一篇文章，题目是《国语罗马字拼法条例中应规定"元音尽前辅音尽后"案》。

第五节　与林语堂

　　林语堂（1895—1976），福建漳州人。原名和乐，后改玉堂，又改语堂。笔名毛驴、宰予、岂青等，中国现当代著名学者、文学家、语言学家、国际知名学者。1912 年林语堂入上海圣约翰大学，毕业后在清华大学任教。1919 年秋赴哈佛大学文学系学习，1922 年获文学硕士学位。同年转赴德国入莱比锡大学，专攻语言学。1923 年获博士学位后回国，任北京大学教授、北京女子师范大学教务长和英文系主任。1924 年后为《语丝》主要撰稿人之一。1925 年参加"数人会"，参与国语罗马字的研制。1926 年到厦门大学任文学院院长。1932 年主编《论语》半月刊。1934 年创办《人间世》。1935 年创办《宇宙风》。1945 年赴新加坡筹建南洋大学，任校长。1947 年任联合国教科文组织美术与文学主任。1952 年在美国与人创办《天风》杂志。1966 年定居台湾。1967 年受聘为香港中文大学研究教授。1975 年被推举为国际笔会副会长。1976 年在香港病逝。

　　林语堂有收集留声机片的嗜好。每天晚饭过后，他把房间里的灯全灭了，只留下柴火荧荧地燃烧，安静地聆听自己喜欢的古今中外的名曲，例如卡罗索、莉莉邦丝的流行歌曲，贝多芬、莫扎特、肖邦等古典乐曲，偶尔也弹钢琴，教女儿们唱《一百零一首最好的歌》《渔光曲》《可怜的秋香》《妹妹我爱你》。当然好友刘半农作词、赵元任作曲的《教我如何不想他》，也是他十分喜欢并经常放来听的。

　　林语堂曾经痴迷于中文打字机的发明。经过努力，终于在 1947 年发明出来。这架打字机高 9 英寸、宽 14 英寸、深 18 英寸，备字 7000 个。每字只打三键。字模是铸在六根有六面的滚轴上。以六十四键取代了庞大的字盘，每个字只按三键，每分钟可打 50 个字，不需要经过复杂训练，任何人在获得指导后都可以进行操作。在汉字世界里，林语堂发明的这台打字机可以说是一项革命性的创举。这台打字机凝聚着林语堂差不多三十年的心血，花费了将近 12 万美元，这些花费里有林语堂全部的积蓄和向朋友以及银行借的钱款。

赵元任知道这个消息，兴奋地写信对林语堂说[①]：

> 语堂兄，日前在府上得用你的打字机打字，我非常兴奋。只要打两键便看见同类上下形的八个字在窗格出现，再选打所要打的字，这是个了不起的发明。还有个好处是这键盘不用学便可打。我认为这就是我们所需要的打字机了。

赵元任除了与林语堂一起参加数人会和国语运动的一些活动外，还与林语堂保持了长期的个人友谊。赵元任与林语堂偶尔通信时，经常写英文的译音词，例如"狄儿外剃，豪海夫油鬓？（Dear Y.T. 亲爱的语堂，How have you been? 你近来忙些什么？）"。林语堂离开北京后，赵元任利用出差的机会多次看望林语堂。据年谱记载，1929年、1930年赵元任看望过在上海的林语堂。1939年10月，林语堂在纽约，赵元任曾带全家拜访他。1941年，林语堂在美国期间，也多次到赵元任麻州剑桥行人街27号家中造访。1942年11月，赵元任为台湾地图标注厦门话的罗马字拼音时，两人又一起研究如何正确地给地图标注。1954年8月在参加第23届国际东方学会议期间，又与林语堂聚会。1968年10月赵元任到台湾讲学，多次看望过林语堂。

第六节　与周辨明

周辨明（1891—1984），字忭民，祖籍惠安，生于厦门。1911年上海圣约翰大学荣誉学士，1917年到美国哈佛大学进修。1933年获德国汉堡大学语言学和实验语音学哲学博士学位。曾任上海圣约翰大学英语教师，英国伦敦东方语言学院汉语讲师，厦门大学英文教授，文学院院长，新加坡马来西亚大学中文教师。周辨明也是国语运动，尤其是国语罗马字运动的主将之一。1922年，他发表了《中华国语音母和注声的刍议》，1923年发表了《中华国

[①] 见星岛环球网，www.stnn.cc。

语音声字制》，提出了自己的罗马字拼音方式。他虽然不在北京，但以通讯的方式参加了"数人会"的许多活动，尤其是国语罗马字的研制活动。他还在厦门大学推行汉语拼音化，于1932年组织了"前驱国语社"。他在《厦大周刊》连续发表了《前驱国语罗马字刊》（后改名为《前驱国语罗马字读本》，1934年厦门大学出版社出版）。

周辨明的妹妹周淑安（1894—1974），是我国著名的音乐家，与赵元任有密切的交往。周淑安又名胡周淑安。1911年毕业于厦门女子高等师范学校，留校任教。民国元年1912年到上海就读于中西女塾。1914年在美国哈佛大学攻读音乐艺术理论，同时在新英格兰乐院兼修声乐、钢琴等课。1920年回国在上海、厦门任教。1927年再度赴美到纽约音乐学院学声乐，1928年回国在上海国立音专任教授及声乐系主任。是年11月，她指挥上海中西女塾合唱团参加在上海举行的舒伯特逝世百年纪念音乐会，获头奖。"九·一八"事变后，曾领导音专合唱团在上海、南京等地巡回演出，宣传抗日救亡，创作了《同胞们》《不买日货》等爱国歌曲。1938年去重庆，1946年返回上海，任中学音乐教师。中华人民共和国成立后，任教于沈阳音乐学院，任声乐系教授，1970年退休回沪。一生作有歌曲、理论集及儿童歌曲集多册，还编写过西方古典艺术歌曲选曲专集数册。1974年辞世。周淑安的丈夫胡宣明是我国第一位公共卫生专家。赵元任在自传[①]中有一段文字谈到他与周辨明和周淑安的交往：

> 我在哈佛的后期，最常见的女孩是周淑安，她兄弟辨明我也常见，因为我们两个人对语言颇有同好。我常和安娜（周淑安之英名）散步，合弹钢琴二人合奏曲（如拉哥［Largo］从德沃夏克的《新世界交响乐》［Dvorak's New World Symphony］改作之曲），离开她的时候，给她写长信。
>
> 我虽然和女孩约会并和女朋友玩乐，可是我从未对任何一位认真发生过兴趣，也许安娜除外，不过她已和我的清华同班同学胡宣明订婚，我不敢更深一步进行。

---

① 赵元任：《赵元任全集》第15卷下册，北京：商务印书馆，第857-858页。

赵元任记叙的这段经历，是在他们三人都在哈佛大学学习的年代。赵元任在哈佛任教时也经常与周淑安一起到纽约玩，不过他们也都保持着男女之间的距离。周辨明长期在厦门大学执教，后来赵元任给厦门大学校歌谱曲，研究厦门大学校史的还没有找到确切资料，究竟是谁找赵元任谱的曲，有人推测可能是通过周辨明和周淑安找到赵元任的。1932年赵元任在北平国乐改进社编的《音乐杂志》第1卷第9期上发表一篇综合性的乐评《介绍〈乐艺〉的乐》，他对周淑安的音乐作品《安眠歌》给予了相当高的评价，但对她的《乐观》却提出了批评。赵元任认为这个歌写得难唱极了，应该多创作像《安眠歌》那样的作品，像《乐观》这样的作品只能是偶尔为自己或将来而创作。文章评论了多位作曲家的作品，赵元任认为自己与周淑安认识的时间最久，所以"我就不客气说话了"。这种越是朋友越认真的处事原则，对于净化今天的学术界，具有现实意义。

1973年5月赵元任回国时，在上海和平饭店请周淑安跟自己的家人共进午餐。周淑安去世时，周辨明专门写信告诉赵元任。赵元任为能在上海见到周淑安最后一面感到欣慰。

第七节 与刘半农

在"数人会"中，与赵元任关系最密切的应该是刘半农。他们两人除了从事"数人会"的活动以外，还共同探讨语言学问题，尤其是语音学问题，合作创作歌曲等。

刘半农原名刘寿彭，后改名刘复，字伴侬、瓣秋、半农，号曲庵。江苏江阴人，是我国五四新文化运动的先驱之一。著名的文学家、语言学家、教育家。他出生于一个知识分子家庭，弟弟刘天华是我国著名音乐家。1911年他参加辛亥革命，1912年后在上海以向鸳鸯蝴蝶派报刊投稿为生。1917年到北京大学任法科预科教授，并参与《新青年》杂志的编辑工作，积极投身文学革命，反对文言文，提倡白话文。1920年到英国伦敦大学的大学院学习实验语音学，1921 年夏转入法国巴黎大学学习。1925 年获得法国国家文学博士学位，所著《汉语字声实验录》，荣获法国康士坦丁伏尔内语言学特别奖。1925 年秋回国后任北京大学国文系教授，讲授语音学。1926 年出版了诗集《扬鞭集》和《瓦釜集》。1934 年在北京病逝。病逝后，鲁迅曾在《青年界》上发表《忆刘半农君》一文表示悼念。

赵元任与刘半农的友谊也是大家都知道的。1924 年 6 月 7 日，赵元任一家从美国纽约出发，十天后到达伦敦，开始了将近一年的欧洲之行。赵元任刚到巴黎，就急着找刘半农。那时刘半农在巴黎大学读博士，正在忙着准备博士考试和研究他的"乙字推断尺"。因此刘家一般不与人交往，但是见到赵元任夫妇，相见恨晚。赵元任夫妇在巴黎期间差不多天天与刘半农见面，在刘家一起吃饭。边吃饭边讨论问题。1925 年 3 月 17 日，赵元任夫妇参加了刘半农的博士论文答辩，赵元任还替刘半农拍下了一些珍贵的历史照片，并在当晚请他们全家吃晚饭表示祝贺。

后来两人不仅在一起探讨语言学，还一个写歌词，一个谱曲。两人合作成果最出名的应该是《教我如何不想他》。赵元任为刘半农作曲的诗歌还有《织布》《听雨》等。而《教我如何不想他》则是其中被人传唱最多的歌曲。1926 年"三一八"惨案发生后，刘半农化名"范奴冬"，在《语丝》第 72 期上发表了诗歌《呜呼！三月一十八》，赵元任随即为之作曲，刊于 1928 年国乐改进社编的《音乐杂志》第 1 卷第 5 期上。《呜呼！三月一十八》歌词全文如下：

呜呼三月一十八
北京杀人如乱麻
民贼大肆毒辣手
天半黄尘飞雪花
晚来城郭啼寒鸦
悲风带雪吹飂飂
地流赤血成血花
死者血中躺
伤者血中爬

呜呼三月一十八
北京杀人如乱麻

呜呼三月一十八
北京杀人如乱麻
养官本是为卫国
谁知化作豺与蛇
高标贱价卖中华
甘拜异种做爹妈
愿枭其首籍其家
死者亦已矣
生者肯放他
呜呼三月一十八
北京杀人如乱麻

  关于"三一八"惨案,这里还有一个小插曲,惨案发生时,受伤的学生逃到赵太太的诊所包扎伤口,这些学生里也有清华的学生,例如钱端升。警察后来发现了一些线索,到赵元任家里调查。因为"数人会"成员常在这里出入,他们还以为是什么反政府的组织呢。警察向他们调查"数人会"到底是干什么的,赵元任告诉他们是教育部的国语统一委员会的活动,他们才作罢。

  现在我们又回来说刘半农。他是一个兴趣广泛的人,为了编一本"骂人专辑",在《北京晨报》上曾刊登一则"粗话启事",公开征集各地的骂人话。赵元任看到启事后,就来到刘半农的宿舍,用湖南、四川、安徽等地的方言把刘半农骂了个狗血喷头。随后,周作人也来了,劈头盖脸地用绍兴土话把刘半农又大骂了一顿。几天后,当刘半农去学校上课时,竟又被广东、广西、湖南、湖北等地的学生用方言骂了半天。

  刘半农后因病去世,赵元任为失去好友而痛苦不已,他写了一篇悼念文章《刘半农先生》,发表在《中央研究院史语所集刊》上,文章用情深意切、幽默诙谐的笔调回忆了两人在语言学和音乐方面的活动以及由此产生的友谊,并且也对"数人会"的活动进行了追述。文章是这样写的：

> 刘半农这个人名，我起初只认为是新诗人当中对于音调上写得特别流利的一个作家。在民国十年，我正在注意中国单字声调的实验法，——那时我只见过加利佛尼亚的勃辣累和瑞典的高本汉每人曾经做过很不完全的对于北京四声的一次的实验，——忽然听见有大规模的"四声实验录"出世，于是才知道风趣文人的刘半农，也是卖气力硬干的语音实验家的刘复。十年前到了巴黎，打听到了刘半农家是住在拉丁区里 rue del'Estrapade 的一个小房子里。房子已经够小了，可是桌椅板凳锅灶碗盏之间，发现东一个音鼓，西一个留声机，留声机可不是专为唱留声片用的，乃是为转动音浪计用的。那时他的更大规模的《汉语字声调实验录》论文的实验工作已经快做完了，所用的方法，还是量浪算对数的旧法子。可是他又拿着"前人栽树，后人乘凉"的精神，先后发明了直接量对数的音高推断尺（Liugraph）跟乙二声调推断尺。我还记得有一天他同造 Lioretgraph 的人谈起 Liugraph 来，因为两个字相近，谈了半天，那个人说，"我以为说的是我的 -graph 呐，原来说的是你的 -graph 阿"。谁知道过了不多年"你的 -graph"毕竟给我们语音学的后死的人去"乘量"去了！
>
> 半农和我是一个多方面的小同行。我们都搞敲敲打打、拉拉吹吹的

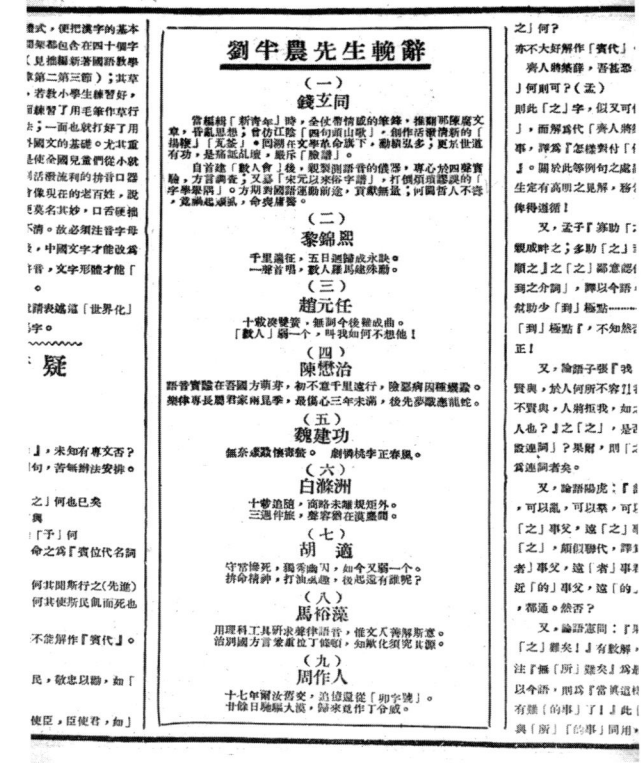

1934年致刘半农挽辞

顽意儿。他在民国十四年发起数人会，我们和钱玄同、黎劭西、汪一庵、林语堂六个人每星期聚会谈论国际音标用法原则，国语罗马字拼音法式等等问题。这都好像是就在眼前的事情。半农的诗调往往好像已经带了音乐的"swing"在里头，这些年来跟他编曲和讨论乐律问题也都像成了一种习惯似的。最近他到绥远临出发时候写来的一封信还是提到作歌的事情，那晓得这封信到了不久，跟着就得到他的死耗了。

赵元任还和钱玄同、黎锦熙、白涤洲等八人撰写了一幅挽联，挽联是这样写的：

十载奏双簧，无词今后难成曲。"数人"弱一个，叫我如何不想他。

这里的"双簧"，有一种解释指"数人会"里的刘半农和钱玄同在《新青年》上演的双簧。这种解释从文意上看不太切合。1918年，为扩大《新青年》的影响，引起社会更广泛的关注，特别是要对一些守旧派思想进行全面批判，编辑们煞费苦心。钱玄同和刘半农经过一番策划，决定以一反一正两种截然不同的观点写文章，引起争论，批驳那些腐朽落后的反对新文化运动的顽固派。

1918年3月，钱玄同化名王敬轩在《新青年》上发表题为《文学革命之反响》一文，洋洋洒洒数千言，罗织新文化运动的种种罪状，攻击主张新文化的人是不要祖宗。刘半农撰写了万余言的《复王敬轩书》，针对王敬轩所提出的所有观点一一加以驳斥，把实无其人的王敬轩批驳得体无完肤。这实际上是钱、刘二人演出的一场"双簧"戏，故意制造一场论战，以便把问题引向深入，唤起社会的注意。鲁迅后来称这场论战是一场"大仗"。

钱、刘的"双簧"戏上演后不久，真正的新文化运动反对派确实跳了出来。他们因王敬轩被批驳而坐立不安，要为王敬轩鸣不平了。1919年春，赫赫有名的桐城派代表林琴南在上海《新申报》上的《蠡叟丛谈》中发表文言小说《荆生》，影射攻击《新青年》的几个编辑，以皖人田其美影射陈独秀，以狄莫影射胡适，以浙江人金心异影射钱玄同。林琴南在小说里幻想出一个英雄"荆生"，让这个伟丈夫寻衅闹事痛打田、狄、金三人，发泄他维护旧礼教、反对新文化的积怨,从精神上满足了卫道者们的私怨。

为表示对林琴南的蔑视,钱玄同虽有很多笔名,又常以"金心异"自称,鲁迅也常以"心异兄""心翁"称之。他们都曾使用"金心异"这个名字写文章,回敬过林琴南的诽谤、攻击。钱玄同用笔名王敬轩,刘半农用笔名刘半家,两人故意在杂志上就新文学问题互相攻击。王敬轩历数新文学的坏处,刘半农则一一加以驳斥。再次演出双簧戏。从时间上看,两人上演双簧的时间很短,与十年的时间相差很远。"双簧"如果用来指刘半农与赵元任之间两人的合作则文意比较切合。赵刘两人初次在法国巴黎大学见面是1924年,刘半农1934年去世,刚好是10年。他们之间刘写词,赵谱曲,合作的歌曲共有6首,时间跨度6年左右(1925—1931),合作默契也如演双簧。"数人"就是"数人会","叫我如何不想他"则是他们合作的歌曲作品。

"数人会"成员除了研制、推行国语罗马字以外,还积极参加国语统一和推广活动。1928年"国语统一筹备委员会"改组后,教育部聘"教育部国语统一筹备委员会"委员31人,"数人会"成员除周辨明外,都被聘为委员,钱玄同、黎锦熙、汪怡、赵元任还任常委。1935年6月,"教育部国语统一筹备委员会"机构裁撤后设立"国语推行委员会",原任"国语统一筹备委员会"的委员除刘半农去世外,都继续被聘任为"国语推行委员会"委员。

第八节 仿佛是对朋友的爱似的

赵元任对国语罗马字情有独钟,他不仅自己写日记用国语罗马字,与钱玄同、林语堂等"数人会"成员通信也采用国语罗马字。他的语言学学术论文在转写汉字时,一直都是用国语罗马字。赵元任对国语罗马字运动的贡献主要体现在两个方面:一是提出了一套完整的理论体系,二是身体力行,大力推广国语罗马字。

赵元任的《国语罗马字的研究》建构了一个与国语罗马字有关的理论体系。全文共分五篇:第一篇,反对罗马字的十大疑问;第二篇,国语罗马字的草稿；第三篇，凡是拟国语罗马字的应该注意的原则；第四篇，关于国语罗马字的未定的疑点；第五篇，国语罗马字推行的方法。

第一篇赵元任在分析众多的疑问后说，这些疑问虽然大多出于误解，但也是有理论价值的，不能说都是无理的瞎反对。他的这种民主平等的学术姿态是很可贵的。提出自己的真知灼见，但也不随便否认或者攻击别人的观点。

第二篇是国语罗马字的草稿，实际上是一个草案。钱玄同也拟过一个草稿①，赵元任认为钱的系统在应用上比外国人进步，但有几条制定罗马字系的非常重要的原则钱没有考虑到，所以他自己拟了一个。自己觉得还有不完善的地方，在第四篇中提出来。草稿的特点是限用26个拉丁字母，声调用字母拼法上的变化表示，不造新字母，不加符号。这是比切音运动和注音字母运动以来任何一个时期的任何一个拼音方案都好的方案。

在第三篇中他提出了制定国语罗马字的二十五个重要原则：（1）为永久实用计；（2）定利弊轻重要根据统计比较，要定量分析，定性分析是不可靠的；（3）要符合语言本身的发展规律；（4）牺牲理论上的原则；（5）学习的时间不妨长些；（6）不作精确研究的器具；（7）一国的文字不是专为音韵家字典家的方便而设的；（8）无用处不细分辨；（9）文字须要容易学写容易印刷；（10）限于二十六个老字母，不造新字形；（11）不加符号；（12）一个字可以有两种或几种读法；（13）单字母可以代表复合声音；（14）最常用的声音和符号须要简易；（15）从世界习惯；（16）于分辨上无妨碍处，字形要求短；（17）单音不用拼字；（18）文字要容易辨认；（19）有用处尽细分；（20）尚形；（21）尽字母全用；（22）用浊音字母当轻音不送气的音；（23）字形要醒目不易混淆；（24）词类连写；（25）加声调算字形的一部分。

在第四篇中赵元任提出了十二个进一步需要解决的问题。第五篇他提出了推行国语罗马字的九个办法：（1）提议在国语统一筹备会设立一个"国语罗马字委员会"，由这个委员会在一年之内根据上面的二十五个原则制定一个试行的国语罗马字；（2）委员会须常常修改试行的字体，三年或五

---

① 钱氏一共拟了两个方案，国语字母甲种和乙种。他主张用国际音标作国语字母，甲种和乙种的主要区别在，甲种完全用国际音标，乙种采用26个罗马字母，与甲种的区别只有八个字母。

年后正式公布；（3）编辑国语罗马字词典、教科书、期刊等刊物；（4）编辑西文的国语罗马字说明书；（5）把中国的旧文学译成国语罗马字的白话文；（6）联络中外华语学校，要求他们用标准国语罗马字教外国人学汉语；（7）联络各学会（如科学社、名词审查会），要求他们改用叫得出、说得清的名词；（8）懂得国语罗马字的人多了以后，把外交部、邮政局、电报局、铁路等处用的外国人拼中国名字的法子正式废除，并改用国语罗马字；（9）在平民教育中推广。

1928年9月，大学院院长蔡元培正式公布了《国语罗马字拼音法式》。国语罗马字正式公布之后，赵元任做了许多推行的工作。他撰写了一些推行国语罗马字的论文和编写了一些国语罗马字的读物和参考书。如《国语罗马字与威妥玛式拼法对照表》、《新国语留声机片课本》（乙种，国语罗马字本）、《罗马字母名称的练习句子》、《罗马字的行文》、《国语罗马字认声调法》等。

他编译的《最后五分钟》（1929年上海中华书局出版）是汉字与国语罗马字的对照本。他在"序"中对一年来推行情况进行了回顾，并提出做好推行工作的一些意见。他认为，国语罗马字推行不利的原因最要紧的是缺少读物。

第九节　汉语拼音方案就参考了国语罗马字

国语罗马字实际上主要是由赵元任设计，专家讨论修订、最后政府公布推行的。虽然说是集体的产物，但赵元任是起了主要作用的，因此人们都把大学院公布的国语罗马字称为赵元任式国语罗马字，毁誉都直接与赵元任有关。国语罗马字公布以后，瞿秋白、鲁迅等人对赵元任提出了批评。

鲁迅在《答曹聚仁先生论大众语》和《门外文谈》中，批评赵元任式的罗马字过于繁难。他在《门外文谈》首先充分肯定了赵元任在制定国语罗马字中的贡献，然后提出这个系统的缺点：

再好一点的是用罗马字的拼法，研究得最精的是赵元任先生，我不大明白，用世界通用的罗马字拼起来——现在是连土耳其也采用了——一词一串，非常清晰，最好的。但教我似的门外汉来说，好像那拼法还太繁。要精密，当然不得不繁，但繁得很，就又变得"难"，有些妨碍普及了，最好是有一种简而不陋的东西。

鲁迅的批评不是完全没有道理，但是说起来容易做起来难。在国语罗马字基础上改进的汉语拼音方案已经推行五十多年了，但人们还觉得有不少问题需要改进。

国语罗马字 1928 年正式公布使用一阶段后，1940 年 10 月改称为"译音符号"。1984 年 5 月 10 日，台湾"教育部"发表公告，宣布把"译音符号"改为"国语注音符号第二式"，同时公布经过修订的试用方案。试用期为一年。1986 年 1 月 28 日台湾"教育部"公布"国语注音符号第二式"为正式方案，并宣布自公布之日起正式使用。民进党执政时代台湾改用通用拼音，国民党马英九上台后又加速把通用拼音改为汉语拼音。

1957 年，中华人民共和国国务院制订了汉语拼音方案。1958 年，全国人民代表大会通过汉语拼音方案。1979 年，联合国决议以中国的汉语拼音作为中文译音标准。1982 年，汉语拼音通过 ISO 国际标准组织认定，成为汉语拼音的世界标准。大陆从 1958 年公布"汉语拼音方案"后，国语罗马字很少有人使用。如何正确评价国语罗马字呢？我们认为，虽然我们现在使用的是汉语拼音方案，但是国语罗马字的历史功绩是不可抹杀的。罗常培在谈到汉语拼音方案的历史渊源时说[①]：

这个修正草案同国语罗马字和拉丁化新文字的基本形式都是大同小异的。其中如用 b d g 代表ㄅㄉㄍ，用 p t k 代表ㄆㄊㄎ一点是这三个方案的共同特色。……草案和其他两种方案出入较大的地方首先是国语罗马字用字母标调，拉丁化新文字基本上不标调，而现在的草案增加了四个调号。还有国语罗马字用 j ch sh 的变读作ㄐㄑㄒ，拉丁化新文字用 g k

---

[①] 见 1957 年 12 月 18 日《人民日报》第 7 版。

h 的变读作ㄐㄑㄒ；现在完全取消了变读的方法，另用 j q x 代表ㄐㄑㄒ。这也是一种借用拉丁字母形式改变读音的例子。韵母中用 ü 代表ㄩ，和国语罗马字 iu，拉丁化新文字的 y 都不同。

周恩来对国语罗马字研究给汉语拼音方案所带来的影响也给予了高度的评价[①]：

> 汉语拼音方案历史发展的另外一个方面，即：采用拉丁字母为汉字注音，已经经历了三百五十多年的历史。一六〇五年，来中国的意大利传教士利玛窦最初用拉丁字母来给汉字注音。一六二五年，另外一个法国传教士金尼阁又用拉丁字母给汉字注音的办法著了一部《西儒耳目资》。他们的目的是为适应外国人学习汉语汉文的需要。鸦片战争以后，帝国主义国家派来中国的商人和传教士愈来愈多。他们为了学习汉语和传播宗教的需要，拟定了许多汉语拼音方案，其中影响最大的有所谓邮政式和威妥玛式。他们还用拉丁字母拟定了我国各地方言的拼音方案，其中如闽南的白话字（即厦门话的拉丁字母拼音方案）影响最大，曾经出版过许多书籍。据说至今厦门一带还有很多人懂得这个方案，许多侨眷还用这套拉丁字母跟海外的亲属通信。从一八九二年卢戆章的切音新字开始，当时我国的许多爱国人士也都积极提倡文字改革，并且创制各种拼音方案。一九二六年产生了由钱玄同、黎锦熙、赵元任等制订的国语罗马字，至一九二八年由当时南京的大学院正式公布。接着，一九三一年产生了瞿秋白、吴玉章等制订的拉丁化新文字。拉丁化新文字和国语罗马字是中国人自己创造的拉丁字母式的汉语拼音方案。在谈到现在的拼音方案的时候，不能不承认他们的功劳。

参加汉语拼音方案制订的百岁老人，赵元任常州青果巷的同乡周有光在回忆汉语拼音方案的制订过程时是这样说的[②]：

[①] 周恩来：《周恩来教育文选》，北京：教育科学出版社，1984年，第176-177页。
[②] 《周有光口述》，李健亚采写，《新京报》2007年1月23日。

事实上，拼音方案在我们重新设计之前已经有过两代人的努力。中华民国成立第二年，当时的政府就开始制订注音字母方案，这是中国语文往前走的很重要的一步。这些工作是黎锦熙先生搞的，他是比赵元任更早的一批。

到了赵元任，是第二代了，他们制订国语罗马字，就不用中国汉字方式的符号，而用国际通用的字母。赵元任和我是老乡，比我大，高了几级，最初都没有交往。后来我到美国工作，赵元任正好在那儿读书（这里应该是口误，周有光在美国工作期间赵元任早已结束学习生活——苏金智注）。我常去看他，两家交往多了，我们就开始讨论问题，我就请教他。一直到赵元任去世前，他还写信给我。

赵元任待我像小弟弟一样。我和老伴（张允和）到赵元任家，他夫人写了一本书，是讲中国人怎么做中国菜，我去的时候，与赵元任要谈语文学，他的夫人就插进来，谈中国菜。我后来在北大上课，出版了一本《汉字改革概论》，赵元任看了以后，在美国写信给我。可是碰到了"文化大革命"，他这封信四年后才给我。其实，这封信全是语文问题。

到50年代，我们要重新设计拼音方案，赵元任的思想对我影响很大，我们设计的拼音方案就参考了国语罗马字制订汉语拼音方案。

前两代人的思想当然也影响到我们第三代。黎锦熙当然是第一个，但他的学术思想太早了，毕竟旧了点。而赵元任比较新，完全符合当时的要求，从学术的角度讲很好，可推广发生了困难。什么道理呢，太复杂了。群众不能接受，外国人也学不好。我的语言思想受赵元任书的影响很深，虽然我不是他的学生。后来我努力在他们的基础上再走一步。

在赵元任思想的影响下，周有光提出汉语拼音方案三原则：拉丁化、音素化、口语化，他的这一提法对汉语拼音方案的制订产生了影响。最近本人专门拜访了104岁的周有光先生，询问了他与赵元任书信交往的事，可以作为上面这段话的补充。赵元任为何读了《汉字改革概论》给周有光写信呢？询问什么内容呢？原来这与国语罗马字有关。周老告诉我，他和夫人张允和在美国期间，与赵元任一家有往来。夫人曾经参加美国语言学会举办的暑期语言学讲习班，听赵元任的课。赵元任在课上把国语罗马字修改方案发给学员。后来张允和把这个方案给了周老，周老在写《汉字改革概论》时把这个方案编入书中，成为"赵元任第二式"（1947年）（见该书第185页，文字改革出版社，1961年11月）。赵元任在美国看到《汉字改革概论》中他的第二式，就写信询问从哪里看到他的第二式，因为他本人已经找不到这份手稿了。查《赵元任年谱》，这次讲习班于1947年6月23日至8月15日在美国密西根州的Ann Arbor举办，赵元任6月15日带着女儿来思和小中自己开车前往，途中还在纽海文接罗常培同往。赵元任讲课的内容涉及汉语语音学、音位学等内容，最后一天讲福州话和粤方言。

汉语拼音方案已经使用了40来年，可以说基本上是成功的。但是这个方案并不是完美无缺的。罗常培上面所介绍的汉语拼音方案和国语罗马字的不同之处，除了用j q x代表ㄐㄑㄒ比j ch sh的变读作ㄐㄑㄒ好之外，用ü代表ㄩ和用符号标调不一定比国语罗马字好。现代信息处理过程中人们已经发现尽量用现有字母的好处，有人建议把ü改为v。在英特网上使用汉语拼音，人们很少使用声调符号。因此，赵元任的"不加符号"和"尽字母全用"的原则不管从理论上来说还是从实践角度看都是具有合理性的。

第七章

国语推广运动的主将　中文国际传播的元勋

在国内推广中华民族共同语，在国外传播中文和中国文化，这两者有着紧密的联系。赵元任 1938 年之前积极参与国语运动，主要致力于制定各种规范标准，他在诸多方面都做出了积极的贡献，1938 年以后则在研究汉语的同时致力于中文的国际传播，在美国培养了一批汉学家和从事中文工作的专业人员，为今天的中文国际推广积累了丰富的经验。

第一节　国语推广运动官方组织的主要成员

国语，就是中华民族共同语，我们现在所说的普通话，也就是全国通用的语言。国语本来叫"官话"。首先提出"国语"这个词语的是京师大学堂总教习吴汝纶。1902 年他到日本考察学政，为日本推行国语（东京话）的成就所感动，回国后致函管学大臣张百熙，主张在学校推行以北京话为标准的"国语"。1909 年，前清"资政院"议员江谦明确主张将"官话"改为"国语"，此后"国语"一词逐渐代替了"官话"。中华人民共和国成立以后，国家为了推广共同语的需要，把"国语"改为"普通话"，台湾则仍然使用"国语"一词。

民国初年读音统一会的成立，为国语统一运动做好了组织上和理论上的准备。1913 年，读音统一会议定了汉字的国定读音（即"国音"），和拼切国音的字母注音字母（也叫"国音字母"），但一直没有公布。1916 年 8 月，北京教育界人士八十六人组成中华民国国语研究会，掀起了一个敦促政府公布注音字母和改学校"国文"科为"国语"科的运动。国语研究会 1917 年召开第一次大会，选举蔡元培为会长，张一麟为副会长。研究会提出的宗旨是要"研究本国语言，选定标准，以备教育界之采用"，规定的五项任务是：（1）调查各省方言；（2）选定标准语；（3）编辑语法辞典等书；（4）用标准语编辑国民学校教科书及参考书；（5）编辑国语杂志。

国语研究会的成立，标志着国语运动的形成。

1919 年 4 月，国语研究会组织了国语统一筹备会，作为教育部的一个附属机构，专门从事国语的统一工作。国语统一筹备会实际上代替了国语研究会的工作。国语统一筹备会的会员有蔡元培、赵元任、汪怡、白镇瀛、萧家霖、曾彝进、孙世庆、方毅、钱玄同、胡适、刘复、周作人、马裕藻、沈兼士、黎锦晖、许地山、林语堂、王璞、黎锦熙等一百七十二人。由教育部指定张一麟为会长，袁锡涛、吴敬恒为副会长。

1928年，教育部决定将国语统一筹备会改为国语统一筹备委员会，并进行改组。聘请蔡元培、张一麟、吴敬恒、李煜瀛、李书华、钱玄同、黎锦熙、陈懋治、汪怡、胡适、刘复、周作人、李步青、沈颐、陆基、朱文熊、魏建功、曾彝进、孙世庆、方毅、沈兼士、黎锦晖、赵元任、许地山、白镇瀛、林语堂、任鸿隽、马体乾、钱稻孙、马裕藻、萧家霖等三十一人为委员，聘钱玄同、黎锦熙、陈懋治、汪怡、沈颐、白镇瀛、魏建功等七人为常务委员，另由该会约请赵元任、萧家霖为常委。

1935年8月，教育部把国语统一筹备委员会改为国语推行委员会。主任委员为吴敬恒，常务委员为黎锦熙、沈兼士、魏建功，专任委员为萧家霖等三人，委员有胡适、赵元任、傅斯年、朱自清、李方桂、罗常培、王力、周辨明、凌纯声等十五人。

赵元任在推广国语中主要做了以下几项工作：（1）在推行国语标准音方面做了大量的工作；（2）编写推行国语的教材，在社会中推广国语，校订有关国语的词典；（3）方言调查为推广国语服务；（4）理论探讨。

第二节　哥伦比亚公司的国语留声片

赵元任对新老国音都进行了认真的研究。在1922年和1923年出版的《国语留声片课本》和《国音新诗韵》等书中，赵元任对老国音的语音系统进行了归纳分析。推行老国音时，王璞被推选作为录音的代表，由百代公司录了音。王璞是北京的文人，对语音学不熟悉，他读的国音是北京的文读音，既不是《国音字典》规定的标准音，也不是一般的北京音。1921年赵元任在纽约哥伦比亚公司录制了一套留声机片，是按老国音的标准读的。由于老国音是一种实际生活中没人说的语言，因此学的人很少。新国音确定以北京音为标准后，赵元任也录制了一些留声机片，这一次跟他学的人很多。对北京

赵元任编《国语留声片课本》封面

1921年在哥伦比亚公司录制《国语留声片》

音系的研究，是推行国语标准音的重要前提。他对北京音系的研究，尤其是北京话语调的研究，轻声、儿化以及变调的研究，音位理论的研究，都为国语标准音的确定和推行做出了重要的贡献。

第三节　谁的国语留声片最好

赵元任的《新国语留声片课本》于 1922 年初版，除自序外还有胡适的序。1935 年再版时分甲乙两种版本，甲种用注音字母注音，乙种用国语罗马字注音。课本中还专门写了两页教使用者如何使用留声机。留声机片是由赵元任自己发音录制的。这里还有过一个有趣的故事。有一次，赵元任携夫人乘船经过香港时上街购物，他与店员讲国语。香港人精通国语的人寥寥无几，更不用说一般的店员了。他们碰上的这个店员，无论赵元任怎么说他都听不明白，实在一点办法都没有，赵元任只好离开。谁知刚刚转身要出门，这位店员却来了一句："我建议先生买一套国语留声片听听，你的国语实在太差了。"赵元任接着问他："那你说，谁的国语留声片最好？"店员回答说："自然是赵元任的最好了。"赵夫人指着先生笑着说："他就是赵元任。"店员不信，不满地说："别开玩笑了！他的国语讲得这么差，怎么可能是赵元任？"

他除了编写留声机片教材之外，还编写了《国语训练大纲》《广播须知》等书。《国语训练大纲》和《广播须知》这两本书是为教育部社会教育司编写的。《国语训练大纲》列为教育部教育播音小丛书，于 1937 年出版。《广播须知》全书的内容赵元任在当时的中央广播电台讲过。全书分六部分：（1）机械方面；（2）声音方面；（3）语音方面；（4）讲稿方面；（5）材料方面；（6）礼貌方面。《国语周刊》曾节录（3）（4）两部分在上面发表。语音部分讲了三点重要的意见和一些极常用易错字，最后附有极常用字表。他认为：（1）播音员语言要讲得标准，方言区的人特别要注意区分与国音不同的字音，字音要以能多分辨为原则；（2）在广播以前播音员应该把讲稿中对国音没有把握的字都注上国音并进行练习；（3）注意国音轻声字的读法。下图是发表在《国语周刊》1937 年 5 月 8 日第 291 期上《广播须知》的部分内容。

他参与校订的与推广国语有重要关系的工具书主要有两部：一部是 1932 年由教育部公布的《国音常用字汇》，另一部是《国语辞典》。《国音常用字汇》由国语统一筹备委员会于1928年成立的中国大辞典编纂处编纂，其体例是先集合同音字，再分四声，根据注音符号次序排列，兼注国语罗马字拼法，最后附有部首索引。该字典共收9920个字，根据北京音审定，是规范语音，推行国语的标准字典。这部字典的注音人们也称之为新国音，它标志着北京音系作为国语标准音取得了合法的地位，对后来的国语推广工作起到了积极的作用。《国语辞典》也是中国大辞典编纂处编，辞典收词十万条，依北京音注音，是一部学习和使用国语的大型工具书。

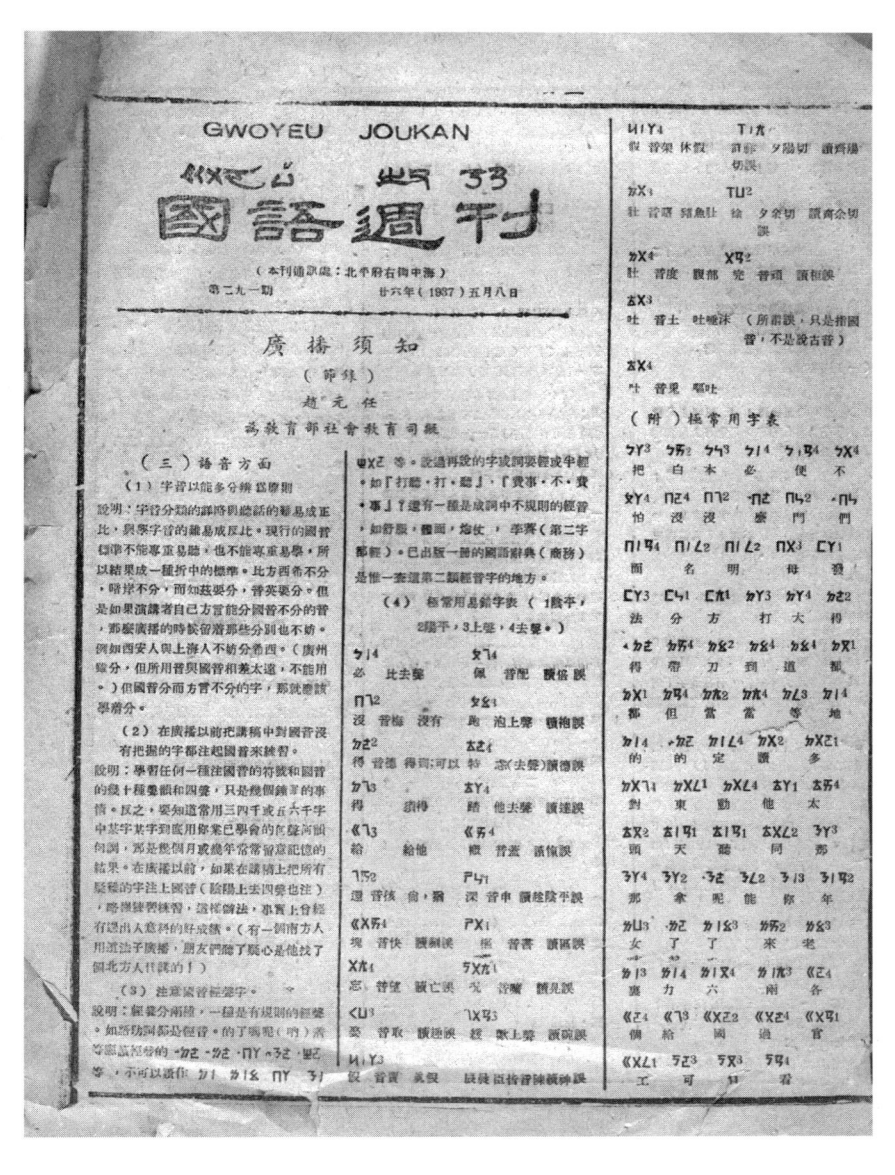

第四节　什么是正确的汉语

在许多方言调查报告中，赵元任都把方音与国音进行比较，帮助方言区的人学好国语。在编写国语留声机片的教材时，他也经常拿方言同国语比较。这个传统后来一直延续下来。1949年以后我国许多语言学工作者编写了大量的方言区学习普通话的教材，可以说是受到这种传统的影响。

赵元任对如何推行国语做了许多理论上的探讨。从留学美国起到晚年，他都关注这个关系到国家语文现代化的重大问题。1916年他在《中国留美学生月刊》上发表的论文《中国语言问题》中对语音的标准化提出了五个最重要的原则：（1）从历史发展的角度考虑要做到系统的一致性和简单性；（2）要与方言有最大程度的区别；（3）声音要清楚和优美；（4）容易发音；（5）与大多数方言有最大的一致性。后来虽然确立了以北京语音作为标准音，但是新国音也仍然存在正音的问题。现代汉语规范化工作已经有了将近半个世纪的实践，语音的规范化还有许多问题需要解决。重温这五条重要的原则，对于今天的语音规范，仍然有重要的参考价值。他在专著《语言问题》、论文《什么是正确的汉语》等论著中对推行标准语中有关语言规范的标准等问题都有精辟的论述。

第五节　哈佛燕京学社的创始人之一

20世纪初，美国政府已经开始重视中文作为外语的教学，中国人到美国从事中文教学的人员也逐渐增多。赵元任与其他在美国从事中文国际传播的人士相比，最明显的一点是他不仅教学生动，更重要的是他著述丰富，真正奠定了中文国际传播的基础。在中文的国际传播方面他主要做了以下几件事：

（1）他是哈佛燕京学社的创始人之一；（2）编写了一套适合外国人学习的中文教材；（3）编写了一些供外国人学习的中文工具书；（4）总结了自己的一套语言教学法；（5）为国际社会培养了一批高层次的中文人才。

中文的国际传播古已有之。20世纪以前中文的国际传播主要是在亚洲，也就是在中国的周边地区。作为外语，中文被列入美国高等学府的教学体系在19世纪末已经出现，那个时候赵元任还没有涉足中文教学。1879年9月到1882年8月，清朝的候补知府——举人戈坤华（1835—1882）应聘到哈佛大学教授中文。哈佛大学除提供给戈氏薪金外，还负责提供戈氏和家人以及一个佣人和一个翻译共九人的双程船票及旅费。他在任职期间一共教了五个学生，没有留下什么著述，合约即将期满时患病身故于美国。

赵元任1923年在哈佛大学哲学系任教时开设了中国语言课。开头只开一门课，只有三个学生，其余都是教授们旁听。哲学系系主任也是他的一个旁听生。赵元任的教学方法采用的不是母语的教学法。由于教学的目的是培养学生到中国研究中国文化，所以当时教的不是活的语言，主要不是口语，而是文言文。一个人的力量毕竟是有限的，为了扩大中文研究的规模，在哲学系主任吴梓（J. H. Woods）教授的帮助下，赵元任申请了查理斯·霍尔基金（Charles Hall Foundation），准备进一步扩大中文教育，目标是办一个系。

查理斯·霍尔是美国的铝业大王，曾发明提炼铝的简易程序。霍尔1863年出生于俄亥俄州汤普森镇一个寒门传教士家庭，1885年毕业于奥柏林学院，获文学学士学位，1886年发明以电解提炼铝土，在纽约州尼亚加拉瀑布、宾州等地经营铝业致富，1914年12月逝世。他终生未娶，遗嘱中要求用部分资金成立基金会，在亚洲兴办高等教育事业和学术研究，地区包括日本、亚洲大陆、土耳其和欧洲巴尔干半岛等。

赵元任的申请很快就得到批准，但不久他就离开哈佛回国到清华任教。后来哈佛大学就用这笔基金做基础与中国的燕京大学合作，成立哈佛燕京学社。该学社正式成立于1928年，其时赵元任仍在清华大学任教。20世纪40年代，赵元任再次到哈佛燕京学社从事教学科研工作。燕京学社成立以后就逐渐发展成为美国东亚文化和汉学的研究中心，也是美国传播中文和中国文化的重要机构。

中国学者或华裔学者先后到哈佛燕京学社从事研究的除赵元任外，还有胡适、梅光迪、陈寅恪、汤用彤、俞大维、吴宓、李济、唐钺、陈岱孙、梁实秋、林语堂、杨诠（杏佛）、宋子文、竺可桢、杨联陞、周一良、王岷源、李方桂、任叔永（鸿隽）、陈衡哲、梁思成、梁思永、洪深、钱端升、贺麟、姜立夫、胡刚复、丁文江、梅祖麟、贝聿铭等。他们的研究为中文和中国文化的国际传播做出了贡献，同时也重塑了哈佛大学的文化形象。

第六节　《中国话的读物》与《国语字典》

　　对外中文教学与作为母语教学的汉语教学是有着很大差别的。要让外国人学好中文，没有好的教材是不行的。给教材配录音材料，是赵元任在对外中文教学中为了提高学习效果所运用的一项有效的手段。1923 年到 1924 年间，赵元任曾经灌制留声片供外国人学习中文使用，课文用英语解释。留声机片双面共二十四课，一面十二课，有六课讲语音，十课讲语法，八课是课文。这次录音用的是北京音，不是老国音。1947 年编写的《粤语入门》和 1948 年编写的《国语入门》也配有录音，方便外国学生的学习。

　　《中国话的读物》（*Readings in Sayable Chinese*）是赵元任长期在教外国人中文过程中编写的教材，目的是给学习中文口语的学生进入高级阶段后使用，因此教材不仅内容丰富，语言生动活泼，还十分贴近语言的实际使用情况。该教材共三本，第一本包括短篇故事、会话、学术讨论、自传的片段等内容；第二本包括译著《走到镜子里》；第三本是两部话剧的译文，《软体动物》与《野玫瑰》。教材于 1968 年由旧金山亚洲语言出版社出版。教材的注音采用国语罗马字，因为赵元任一生钟情于自己设计的国语罗马字。1958 年 2 月 11 日，中华人民共和国第一届全国人民代表大会第五次会议通过了《全国人民代表大会关于汉语拼音方案的决议》，正式批准了汉语拼音方案。由于我们国家推广汉语拼音，汉语拼音已经被国际社会接受，中文的国际传播自然也应该使用汉语拼音来给汉字注音。赵元任 1938 年长期居住在美国，他自己又偏爱国语罗马字，我们就不能苛求他了。

　　1941 年到 1947 年，赵元任再度到哈佛大学工作。此时哈佛燕京学社已经有了很大的发展，社长是法籍俄裔叶理绥教授（Serge Elisseeff），他是法国著名汉学家伯希和（Paul Pelliot）的学生。1924年旅欧期间，赵元任到巴黎大学听课时在汉学方面也听过伯希和的课。在哈佛燕京的六年多时间里，他主要参加了汉英字典的修订和编纂工作。

由于第二次世界大战，远东出版物的来源几乎完全被切断，因此美国学生对汉英字典的需求难以满足。哈佛燕京学社于是决定修订和重印两种字典，一种是芬恩（C. H. Fenn）编写的《袖珍小字典》（*The Five Thousand Dictionary*），另一种是马修斯（R. H. Mathews）编写的《汉英字典》（*A Chinese-English Dictionary*）。修订这两种字典的任务后来就落到了赵元任的肩上。《汉英字典》修订工作包括改正错误、修改读音和释义、增加新词语等内容。最后总共修订了一万五千处。赵元任还为修订版增写了"读音引言"。

赵元任还与杨联陞合作编写了汉英口语字典《国语字典》，英文名称是 *Concise Dictionary of Spoken Chinese*，中文的字面意思是"简明汉语口语词典"。基础工作是从《佩文韵府》等中文字典和两部外国中文字典中剪贴卡片。这些卡片共达1250000张之多。这部词典1947年由美国哈佛大学出版，1952年再版。这是一本单字字典，它不仅为从事汉英翻译的人提供了解释与译文，也为语言学家提供了当代中文口语的真实语料。选字的原则是根据权威的字频表和长期的教学经验确定的。字典把每个条目当作语素处理，而不是当作汉字处理。说明每一个条目的语法功能和语体地位，列举由语素构成的常用词，特别是反义词，并举例说明这些词的用法。字典

赵元任与杨联陞合编《国语字典》封面

还列举主要的派生词，说明它们的特殊含义和功能。释义的最大特色是对所有的虚字进行详细的解释，每一个词的语法功能都给予清楚地限定。一般的字在定义以外特别对用法作详细的说明。如一个字或一个意义是可以自由运用，还是必须跟别的字或词组合后才能使用，编者都用符号加以注明。F（free）代表可以自由运用的形式，B（bound）代表粘着形式，是不能自由运用的形式。另外几个突出的地方是：（1）大多数可以计数的名词都注明与它搭配的量词；（2）注明与宾语搭配的动词；（3）标明语体，如"文言""书信体""尊敬式""北平土话""方言""吴语""俗语"等。汉字字型的处理特色是兼收并蓄。收的字有繁体字、简笔字（简化字）、行草等。只要是常见的就收进去。吕叔湘给予这部字典很高的评价，称这部字典是"在汉英字典里，乃至全部中文字典里，称得起个有革命性的著作"。[①]

第七节　自己的一套语言教学法

　　在中文教学法上，赵元任采取的是听说法和直接法相结合的方法。直接法是由德国的维沃特（W. Vietor）最早提出的。这种教学法不用学生本族语为媒介，直接使用目的语，进行会话、讨论、阅读，以达到熟练掌握目的语的目的。它重视语音、外语语感，有利于在学习过程中得到自然发展。听说法又称"口语法""句型法""结构法""军队训练法"。这种教学法20世纪40年代起源于美国，最初主要用于训练军事人员，所以又叫"军队训练法"。理论基础是美国描写语言学和行为主义心理学。强调听说能力是一切语言活动的基础，读和写是在听说基础上派生出来的第二性能力。主张在语言教学中通过反复模仿、记忆和操练先掌握听说技能，形成语言习惯。这两种教学法的共同点是：重视口语能力，把口语教学放在第一位；重视利用必要

---

　　① 见吕湘《赵元任杨联陞合编（汉英）国语字典评介》，载于1947年《中国文化研究丛刊》第七卷，第251页。

的教学设备和手段进行形象化教学；重视目的语的文化背景；语法教学采用归纳法。两者不同之处是：听说法不完全排斥使用学生的本族语；听说法偏重于语言的结构形式，在某种程度上忽视意义的教学；听说法强调严格控制词汇量，要求在目的语和本族语进行对比分析的基础上，根据学生的难点有次序地安排语言项目进行教学；听说法把语言技能分为听、说、读、写四项。

赵元任吸收了直接法和听说法的合理成分，根据自己的经验和理论素养，提出了一套语言教学理论，其要点是：（1）口语是第一性的；（2）语言是一套习惯，学习一种语言就要养成一套特别的习惯；（3）语言训练要按语音、语法、词汇的顺序进行；（4）语言学习是一种技能训练，而不是单纯的知识学习，不要过多地使用本族语。

第八节 数不尽的晚生下辈

在美国他培养了罗杰瑞（Jerry Norman）、易家乐等出色的汉学家。

罗杰瑞早年在柏克莱师从赵元任研究汉语，1966年普林斯顿大学福特基金会成立中国语言学计划，他到普林斯顿大学工作，与桥本万太郎夫妇等提出普林斯顿假说，主张摆脱《切韵》的框架，先构拟汉语各方言的原始语，在其基础上再构拟原始汉语。这个有志于进行历史比较研究的学者团体后来被称为普林斯顿学派。罗杰瑞曾多次到台湾和福建调查闽语。罗杰瑞继承了赵元任的研究汉语方言的传统，在闽方言以及原始闽语的形成等方面的研究，在学术界产生了很大的影响，成为美国著名的汉学家。

丹麦的易家乐（Sϕren Egerod）、瑞典的安吾乐（Olov Bertil Anderson）、挪威的韩恒乐（Henry Henne）等三人做过高本汉的学生，到华南做过方言研究，后来到加州大学东方语言学系当赵元任的研究生，他们都成为国际上活跃的汉学家。

杨联陞（1914—1990），原籍浙江绍兴，河北保定人。国际知名的汉学家。1937年毕业于清华大学经济系，1940年到哈佛大学就学，1942年获哈金智先生：

I received your book yesterday. I have already begun to read it and am fascinated by it. Thank you so much for sending me a copy! I will treasure it.

Sincerely,
Jerry Norman
Seattle, 99-12-15

season's greetings
and
best wishes
for a
happy new year

赵元任学生罗杰瑞给苏金智的贺年卡

佛大学硕士学位，1946年完成《晋书·食货志译注》，获博士学位。在美国学界有"汉学警察"之称，著有《国史探微》《论学谈诗二十年：胡适杨联陞往来书札》。杨联陞在哈佛当学生时与赵元任合编《国语字典》，赵元任是他的师辈，他得益不少，两人因此也建立了师生情谊。赵元任于1955年1月20日，在杨宅写下他两年前用准同音异形字编成的"施氏食狮史"，全文共九十二个字，结尾他还用同样的准同音字标明：二十时，食时试，试视电视时。"施氏食狮史"全文如下：

石室诗士施氏，嗜狮，誓食十狮。施氏时时适市视狮。十时，适十狮适市。是时，适施氏适市。氏视是十狮，恃矢势，使是十狮逝世。氏拾是十狮尸，适石室。石室湿，氏使侍拭石室。石室拭，氏始试食是十狮。食时，始识是十狮，实十石狮尸。试释是事。

把上面九十二个字翻译成白话，就是下面的意思：

石室里住着一位诗人姓施，爱吃狮子，决心要吃十只狮子。
他常常去市场看狮子。
十点钟，刚好有十只狮子到了市场。
那时候，刚好施氏也到了市场。
他看见那十只狮子，便放箭，把那十只狮子杀死了。

1967年在普林斯顿中国语言研究中心（左起：杨时逢、陈理欧、杨联陞、赵如兰、?、赵元任、牟复礼、杨步伟、梅祖麟、牟效兰）

他拾起那十只狮子的尸体，带到石室。

石室湿了水，施氏叫侍从把石室擦干。

石室擦干了，他才试试吃那十只狮子。

要吃的时候，才发现那十只狮子，原来是十只石头的狮子尸体。

于是就试着来解释这件事。

赵元任夫妇金婚喜庆时，杨联陞写了一首贺诗：

金樽酒满贺金婚，三生石上良缘分。

一位是双修福慧仁山公孙女，

一位是管领风骚瓯北公后人。

声名洋溢乎中外，著作是层出不穷，早已等身。

喜孜孜娇娃佳婿，添几位活蹦乱跳，孙男孙女，

闹哄哄高亲贵友，数不尽晚生下辈，贺客盈门。

大家齐唱春不老，川流不息，不断的饮香槟。

忽然二老开玩笑，雌雄高下假争论。

五十年细账从头儿算，你欠我我欠你，难解难分。

一个说，易定乾坤，男人走运，大宋皇爷赵姓人；
一个说，姓赵的虽然作皇帝，挂帅还须老太君。
各写打油诗一首，再比文才把上下分。
一个说，要来生得变成，阴阳颠倒，才能再配；
一个说，下世纪，没问题，男女平权，福寿平均。
再一想，打碎了泥人儿，把水泥和合，重捏成男女，
你有我，我有你，从来如此，——还认什么真！
相看一笑温，高下正难论，算了罢，
果然是，各有千秋，平分春色，春色二十分。一作二千分。

诌成子弟书一段 恭贺
元任吾师
韵卿师母金婚大庆

学生 杨联陞
缪鉁呈稿

第九节 "炒"字的英文"stirfrying"

中文的国际传播必然与中华文化的推广传播相联系。赵夫人杨步伟的《中国食谱》就是一部既传播中文又传播中国饮食文化的书。赵元任为这部书的出版也做了大量的工作。他把这本书翻译成英文，写序言、做索引和注释，并亲自给该书的封面题词，给书里的内容配插图。赵元任还亲自执笔写了一道"炒鸡蛋"的食谱，虽然写得妙趣横生，但是夫人终于不让他编写。因为他把食谱写成论文了。炒蛋之前怎么把六个鸡蛋打开，赵元任是这样叙述的："当两个鸡蛋碰撞时，由于只有一个鸡蛋撞碎，因此需要取第七个鸡蛋来敲碎第六个鸡蛋。如果，这也是很可能发生的事，第七个鸡蛋先被敲碎而不是第六个时，最简便的方法就是用第七个鸡蛋而把第六个鸡蛋放回去。另一个办

法就是先不确认鸡蛋的顺序，而是把第五个鸡蛋以后被敲碎的那个鸡蛋定义为第六个鸡蛋。"尽管赵夫人不赏识丈夫这种写法，但是赵元任英语译文中创造的用来解释汉语"炒"字的英文词 stirfrying，却已经为美国人所熟知，并被许多汉英字典或英汉字典所收录。

第八章

清华园里育桃李　吴语调查开奇葩

第一节　与清华的不解之缘

1920年回国到清华学校任教

赵元任与清华大学有着许多不解之缘。他是游美学务处（清华大学前身）派出去的第二批留美学生。学成后1920年回清华任教。后又应聘到哈佛大学任教，1925年清华成立国学院时又邀请他回来与王国维、梁启超为清华大学导师。陈寅恪1926年被聘为导师，后来就称他们为清华四大导师。赵元任在四大导师中年纪最轻。梁启超生于1873年，1929年去世，享年56岁，1925年52岁，在清华工作的时间只有5年左右。王国维生于1877年，1927年去世，享年50岁，时年48岁，在清华工作只有两年左右。陈寅恪生于1890年，1969年去世，享年79岁，1926年被聘为清华国学院导师，时年36岁，1942年以后离开清华。赵元任1925年被聘为导师时只有32岁。随着王国维、梁启超的故去，赵元任到史语所任职，1930年以后国学院就没有再办下去。尽管后来离开清华到中央研究院历史语言研究所工作，离开史语所后大部分时间在美国度过，但他与清华一直都保持着密切的联系。1932年2月到1933

年 10 月，赵元任向史语所请假，接替梅贻琦的清华留美监督处主任一职，为清华留美学生做了大量有益的工作。1939 年他离开中央研究院后到美国，一直与清华的校友保持着紧密的联系。他的爱婿卞学鐄和黄培云，均是清华的高材生。

清华国学院任教以后赵元任开始确定了以语言学为终生职业。在 1925 年写的第三封绿信第七十二条中，他叙述了这样的过程：自己正在沉思希望有时间做汉语的研究工作，清华国学院邀请他去教书的电报来了，合约是自己想教什么就教什么。从那时起，他就从事汉语研究的指导工作，这刚好是自己想做的工作，一切于是水到渠成。

第二节　"言有易，言无难"

20 世纪初叶，清华成立国学院，集中了王国维、梁启超、赵元任、陈寅恪等一批学术大师，创立了以"融会中外、博通古今"为特色的清华学术流派，成为中国现代学术史上的一段佳话。建立清华国学院的目标是吸收欧美国际学术前沿的积极成果，重建中国传统学术之魂。研究新资料、提出新问题、采用新方法，是这个学术共同体的共同特征。

清华最初只是留美预备学校。1925 年决定停办中学教育，改设大学部和研究院。该年 3 月中旬清华学校刊登的招生广告称：

> 本校今夏开办大学同时，更设研究院，以研究高深学术、造成专门人才为宗旨，注重个人指导及专题研究。本年先办国学一科，已聘王国维、梁启超、赵元任、陈寅恪诸先生为讲师。现定于七月六日起在北京、上海、武昌、广州四处同时考试，录取研究院学员三十名至五十名。

这个清华研究院的"国学科"后来被冠以"清华国学研究院"之名，也就是人们常说的"清华国学院"。从制度层面上看，清华国学院有若干值得注意之点。首先是坚持以学术研究为中心的管理模式，王国维辞谢聘他做院长而专任教授，吴宓以哈佛硕士的身份和研究院主任的名分甘愿为大家服务，就是这种管理模式的很好体现。其次是选拔人才不拘一格，陈寅恪无任何学位或专著而获聘导师就是很好的证明。最后是国学院提倡师生密切接触的实践教学方法。

国学院完全不同于旧式书院，这从国学院对导师提出的三点要求可以看出来。第一点要求是要全面了解中国学术文化；第二点要求是要有正确精密的科学治学方法；第三点要求是要熟悉欧美日本学者研究东方语言及中国文化的成果。显然，清华国学院这种融合中西、博古通今的学术范式，远远不是旧式书院所能比拟的。学校期望通过研究院这种模式，在学习欧美日本的同时，又不是照抄照搬，从而建立具有中国特色的新的学术范式。从下面这份"清华国学研究院1925—1926学年度各教授指导之学科范围"[①]可以见到这种学术范式之一斑：

学科范围：定于9月14日正式始业。先期将各教授指导之学科范围宣布，俾诸生可就其范围内，与各教授商谈研究题目。由教授认定后，即可以从事研究。若欲于范围以外研究，则须得教授之特许。

各教授指导范围，宣布如下：

王国维先生：

经学：（一）书，（二）诗，（三）礼。小学：（一）训诂，（二）古文字学，（三）古韵。上古史。中国文学。

梁启超先生：

诸子。中国佛学史。宋元明学术史。清代学术史。中国文学。

赵元任先生：

现代方言学。中国音韵学。普通语言学。

陈寅恪先生：

年历学（古代闰朔日月食之类）。古代碑志与外族有关系者之研究（如研究唐蕃会盟碑之藏文、阙特勒碑之突厥文部分，与中文比较之类）。摩尼教经典回纥文研究。佛教经典各种文字译本之比较研究（梵文、巴

---

① 向祚铁、侍卫华：《清华大学演义》，合肥：黄山书社，1998年，第57-58页。

利文、藏文、回纥文及中央亚细亚诸文字译本，与中文译本比较研究）。蒙古满洲书籍及碑志与历史有关系者之研究。

李济先生：

中国人种考。

国学院尚设有普通演讲，诸生皆须往听。旧制清华学生，得该教授特许者，亦可前去旁听。兹录其讲题如下：

王国维先生：

古史新证、说文练习

梁启超先生：

中国通史（与大学及旧制部合班）

赵元任先生：

方音学、普通语言学（乃备研究生及旧制生选修用）

陈寅恪先生：

未定

李济先生：

人种学（Ethnology）（每星期二小时，必修）

清华研究院独立招生了四届学生，1929 年以后不再招生。北伐以后，国民政府成立了中央研究院，又在傅斯年的主持下成立了历史语言研究所。1929 年史语所迁北平时，下设历史、语言和考古三个组，聘请陈寅恪、赵元任、李济分别担任历史组、语言组和考古组组长。昔日清华研究院的诸位大师（除王国维、梁启超相继去世外），转换成史语所各学科的掌门人。清华国学院与史语所之间的这种人脉关系，反映出清华国学院的学术范式继续在史语所那里得到实现。下面我们通过著名语言学家王力在国学院的学习经历来看一下清华四大导师对我国 20 世纪学术研究的深远影响。

1926 年夏，北京清华国学研究院要在全国招收三十二名研究生。王力对国学研究有浓厚的兴趣，决定报名应考。但是他心里还拿不准，因为清华国学研究院招生简章上规定报考必须具备三个条件：第一，要求有大学毕业的学历；第二，要求具有在中学任教五年的经历；第三，要求从名师研究有心得。王力对照了这三个条件，前面两个都不符合，因为他只读了两年大学，尚未毕业，他只当过小学教师，从未当过中学教师。只有第三个条件他还可以说得过去。因此他寻思，他在国民大学读书时，章太炎任校长，若以从名师章太炎研究去报名，或许获准报考也未可知。后来他就以这条理由去报名，果然报上了名。

报考过了关，还要过更难过的考试关。清华国学研究院为了录取真才，入学考试的试题出得很深，也很奇特。全部试题要回答"四个100"，即：100个古代人物的名字，要写出每个人所处的朝代和主要著述；100个古代地名，要答出各是今天的什么地方；100部书名，要答出各部书的作者是谁；100句诗词，要答出各出自哪首诗词。要答好这些试题是很不容易的，报考的人必须读过许多古籍。王力大学虽然还没有毕业，但他读了十四箱书，在大学的两年里又学了好些东西，所以在考试中取得了好的成绩，终于如愿以偿。清华国学研究院录取了三十二名研究生，王力名列第二十六名。一个只有高小学历的人考取了清华国学院的研究生，这对他来说是莫大的荣幸。

王力在清华国学研究院上的第一堂课，是听王国维讲《诗经》。王力在自学时就读过王国维的不少著作，《人间词话》最使王力倾倒。他一到研究院，就渴望见到这位满腹经纶的老先生。在王力的想象中，能写出像《人间词话》那样才气横溢、词清句丽的王国维，必定是位仪表堂堂、风度翩翩的大学者，当王国维踏进教室讲第一节课时，没想到竟是个平平常常的，貌不出众的小老头。但王国维讲起课来，既朴实又很精辟新颖，且逻辑性强，为王力闻所未闻，受益很多。

梁启超是清末具有革新精神的显示出"百科全书"气派的大学者，他与王国维的性格和政见迥异。王国维以"清朝遗老"自居，政治上保守；梁启超则主张改良旧政治，变法维新，是清末名声显赫的改革派政论家。他给学生讲中国通史，在讲到历代兴衰的历史时，常常表现出忧国忧民的强烈感情。他每每为民族图强而慷慨陈词，声震四座。王力除了在课堂上受到他的教诲，在课余的接触中，也受到不少教益。

陈寅恪是位学问渊博的大学问家，对魏晋南北朝史、隋唐史、蒙古史都有精深的研究。他精通十多种文字，甚至连梵文、西夏文、突厥文等古僻的文字，也能辨认。他还精通佛教经典，对佛教文学很有研究，主讲佛教文学。他那渊博的知识令王力十分敬佩。王力师从于他，受益良多。

在清华国学研究院"四大导师"中，要以赵元任对王力影响最大。当时赵元任主讲音韵学，他着重将历史比较法用到汉语史的研究上，善于用现代的科学理论和科学方法来研究汉语，因而比过去的音韵学家，尤其是清代的音韵学家高出一筹。由于他掌握了许多汉语方言和英、法、德、日等多种外语，讲起音韵学起来就可以旁征博引，深入浅出，妙趣横生，让人们容易掌握这门"口耳"之学。他还把现代语言学的一些先进理论，尤其是现代语音学理论，运用到音韵学的研究上，这就大大超过了前人的论述。赵元任名声因此大震，难怪连周恩来总理都想去当他的学生——根据《赵元任年谱》记载，1973年周总理接待赵元任交谈时说过这样的话。

当时国学院的教学方式分普通演讲和专题研究。普通演讲就是课堂上讲课，分必修和选修，根据教师的专长开设；专题研究，是学生在教授指定的研究范围内，根据自己的兴趣和水平，自由选定研究课题，与教授确定后，定时向授业老师请教。赵元任开出的演讲课有：方言学，普通语言学，音韵学；指导学员进行专题研究的范围有：中国音韵学，中国乐谱乐调和中国现代方言等。

王力同班32位同学只有他跟赵元任学习语言学。他对赵先生的课兴趣非常浓厚，尤其是音韵学。后来他去法国学习语言学，就是受赵先生影响的。王力的研究论文《中国古文法》是在赵元任和梁启超两位先生的指导下写成的。梁启超给这篇论文很高的评价。他在封面上写了一个总批："精思妙悟，为斯学辟一新途径。"论文中还写有"卓越千古，推倒一时"的评语。赵元任的做法正好与梁启超相反，专找王力论文中的毛病，没有一句褒语。论文中在谈到"反照句"和"纲目句"时，加上了"反照句、纲目句，在西文中罕见"的附言。赵先生看到这个附言后给了如下批语："删附言！未熟通某文，断不可定其无某文法。言有易，言无难！"在赵先生看来，西文是一个比较宽泛的概念，绝对不可以根据看过的一些材料就轻易地下结论的。王力当时虽然按照导师的意见删去了附言，但是对"言有易，言无难"的深刻含义并没有完全理解。不久，他又写了另一篇题目叫《两粤音说》的论文，赵元任把这篇论文介绍发表在《清华学报》上。文中说广州话没有撮口呼。当时赵先生还没调查过广州话，没有把握断定有无，王力讲的广西博白话没有撮口呼是事实。赵先生虽然把《两粤音说》推荐到《清华学报》发表，但他仍然记着这件事。1928年赵先生到广州进行了方言调查，发现广州话没有撮口呼的结论是错误的，立刻给在法国留学的王力写了一封信，信中以"雪"字为例，说广州话有撮口呼，《两粤音说》中的这一结论错了。王力至此真正理解了"言有易，言无难"这六个字的含义，并将赵先生的六字批语作为座右铭。赵先生仙逝后，王力在《人民日报》上发表了《怀念赵元任先生》①的文章，文章重新回忆了这段难忘的经历，最后写了一首悼念先生的挽诗，全诗如下：

离朱子野逊聪明，旷世奇才绝代英。提要勾玄探古韵，鼓琴吹笛谱新声。剧怜山水千重隔，不厌辎轩万里行。今后更无青鸟使，望洋遥奠倍伤情。

为了怀念赵先生，王力决定影印自己的研究生论文《中国古文法》。他在《序》中说：

我影印出版这篇论文是为了保存两位老师的手泽，同时我认为这样做也有一个用处，就是可以作为大学培养研究生的借鉴。我们要像梁启超先生那样鼓励我们的研究生，使他们有信心攀登科学的高峰；我们更应该像赵元任先生那样，严格要求我们的研究生，指出他们的缺点，使他们成为真正的学者。②

第三节 吴语的调查研究

在清华国学院期间，赵元任还进行了汉语方言的调查与研究。

赵元任从小就喜欢学习各地的方言，早在美国留学期间又学习了现代语音学课程，掌握了国际音标的记音方法，并且把自己学到的知识运用到方言调查的实践中。他早期的方言调查研究主要是为了学习掌握某种方言，例如

---

① 见《人民日报》1982年4月27日。
② 王力著，梁启超、赵元任评《中国古文法》序第2页，山西人民出版社，1984年1月。

陪罗素到全国各地演讲时他就记录了许多地方的方言。这一时期记录的材料比较零散，缺乏系统性，随机性较强。1925 年在清华教汉语音韵学后，便把自己的工作重点放在汉语的研究上。调查吴语的计划就是在那个时候形成的。在那个政治动荡的年代里，人们对调查一类的字眼十分敏感。因此他在方言研究报告中尽量避免使用"调查"两个字。这个时期是他积极参与国语运动和创制国语罗马字的时期。他承认自己的研究尽管不是局限在单字读音的范围里，已经扩大到词汇和语法的研究，但受高本汉《中国音韵学研究》的影响还是很大的。1926 年，他在方言调查的基础上，在《清华学报》第 3 卷第 2 期上发表了《北京、苏州、常州语助词的研究》。这是我国语言学史上第一篇用现代语言学的方法系统研究汉语语助词的开创性的论文，也是第一篇深入比较方言语法的论文。真正有计划、有目的、全面系统地运用现代语言学的理论方法进行方言调查研究，应该从 1927 年算起。1927 年清华学校组织了对吴语的调查，调查工作是由赵元任和他的助教杨时逢承担的。这次调查，是中国第一次大规模的方言调查。

　　1927 年 10 月至 12 月，赵元任带领他当时的助教杨时逢前往江苏和浙江两省调查了三十三处方言，历时两个月。调查时，他和杨时逢到江苏的东南部和浙江的北部，共找了两百多个发音人来进行调查，但最后用来记音的只

1927 年秋出发调查吴语方言

有六十三人（不包括自己作为常州点的一个年轻发音人的参照发音人）。那时候他带的唯一仪器是渐变音高管，用它来分辨声调的高低。

赵元任认为实地调查工作是研究工作的基础，因此十分重视这项工作。实地调查是一件苦差事，什么苦都要吃，赵元任这位清华大学的大教授也不能例外。白天实地调查，晚上要整理调查材料，日夜辛劳。那时赵教授身体比较虚弱，常常要带病工作。当时农村的交通条件和生活条件与现在有天壤之别，他们两人要吃的苦就可想而知了。赵教授带着助手杨时逢，有时一天跑了三四个地方，调查结束后才去找旅馆，结果是常常找不到，甚至连小旅店都找不到，有时只好在农村老乡家里借宿。有一次晚上从无锡赶短程火车到苏州，坐的是四等板椅的统车厢。乘客并不多，赵教授和杨时逢因为跑了一天实在太疲倦了，就把带在身边的小提箱做枕头，躺在车厢上想稍微休息一下，可是不知不觉两人都进入了梦乡。醒来的时候车厢里一片漆黑，往外一看才发现别的车厢都开走了，只有他们乘坐的车厢仍然留在原处。面对黑暗与寂寞，赵教授灵机一动，只好十分无奈地对杨时逢说："现在外面旅馆也不好找，我们就在车上睡到天亮吧！"

大量的田野调查完成后通过整理分析，他用现代语言学的方法写出《现代吴语的研究》一书。《现代吴语的研究》为清华学校研究院丛书第四种，1928年北京初版。1935年曾影印再版。《现代吴语的研究》在20世纪第一次大规模方言调查的基础上，第一次用国际音标记录方言，应用现代语言学的方法调查研究吴语，是第一部研究描写方言的著作。本书的出版，对后来的方言调查研究影响深远，几乎成了中国学者进行汉语方言调查研究的典范。王力称这一部著作是中国描写语言学的较早的重要著作。[1] 这部著作在西方学术界也产生了很大影响。米迦勒·谢尔德（Michael Sherard）在《欧美之吴语研究》（Wu Dialect Studies in Western Literature）文章中说，现代西方学者都直接或间接仰仗这部重要的著作。[2] 但是由于这次调查点偏重江苏，浙江中部和南部的调查点较少，因此吴方言的复杂情况还没有得到充分的反映。[3]

---

[1] 见王力《中国语言学史》，太原：山西人民出版社，1981年，第200页。

[2] 见《方言》1979年第3期，第184页。

[3] 见《中国大百科全书·语言文字》，北京：中国大百科全书出版社，1988年，第421页。

第四节　与梁启超和陈寅恪

赵元任与梁启超、王国维、陈寅恪在清华同为四大导师，他与陈寅恪最熟，与梁启超也有些交往，与王国维则没有多大交往。赵元任是个新派人物，王国维和梁启超属于保皇派人物。当然梁启超与王国维也不一样，王国维属于旧式人物，梁启超可以说是半新半旧的人物。总的说来，在思想上赵元任与王国维和梁启超没有太多的共同语言，但这并不影响他们在一起共事。赵元任印象中的王国维是个一流学者，沉默寡言，讲课很有系统，但不那么有趣。王国维跳河自杀，原因有不同的说法，其中有一种解释认为他是因为清朝皇帝退位而自杀，用他的行动表示对朝廷的忠诚。

梁启超虽然也是保皇派，但主张革新，思想上比王国维进步。不过赵元任认为他毕竟还是主张君主立宪的。梁启超比赵元任大二十岁。中学时代的赵元任曾组织"青年励进社"，曾购买梁启超创办的杂志《新民丛报》阅读，受其进步思想的影响。邀罗素来华讲学，梁启超是主要的策划人物。梁启超在北京的欢迎会上讲了话，赵元任为他做了翻译。两人都一起参加了一些有关活动。在清华国学院期间，两人共同指导王力的论文写作。在徐志摩与陆小曼的婚礼上，梁启超是主婚人，赵元任则为新郎新娘拍结婚照片。

赵元任后来回忆梁启超时说，他小时候就知道梁启超的许多事，梁启超是主张君主立宪制的，是个很优秀的教师，尽管讲课的时候带有很重的广东口音。

赵元任与陈寅恪则保持了较长时间的个人友谊。1924 年陈寅恪在德国留学期间，因国内军阀混战，公费奖学金经常不能按时发放，生活十分困难。赵元任夫妇到德国看望他，他与表弟俞大维知道赵元任喜欢看歌剧，两人凑钱买了两张票请赵元任夫妇观看。当他们把赵元任夫妇送进剧院离开后，赵元任方知他们生活的艰辛，也更加感到友谊的可贵。

赵元任初次见到陈寅恪后，对陈寅恪名字中"恪"的读音还拿不准，在日记中记为"què"音。赵元任在回忆陈寅恪的文章①里是这样写的：

> 我的日记记的相当全，查查那几年在欧洲跟在清华的事情，哪知道那几年韵卿也天天写日记；一查起来我们不约而同的都记了1924年8月7日毛子水请茶会，在座有罗志希、傅孟真、陈寅恪跟张幼仪，并且还记了我们讨论英庚款作奖学金的事。我那时是用英文写的日记，记了"Y.C. Chen"，括弧里注"陈寅恪"；8月15日又写"David Yule &Y.C.Chen Here"，David Yule 就是俞大维早先用的英名拼法。到了8月20日才发现寅恪自己用的拼法，那天的日记上就写了去访"Yinko Tschen"。"陈"字的拼法当然就是按德文的习惯，但是"恪"字的确有很多人误读若"却"或"怯"，前者全国都是读洪音ㄎ母，没有读细音ㄑ母，而"却、怯"在北方是读ㄑㄩㄝ，所以我当初也跟着人叫他陈寅ㄑㄩㄝ；所以日记上也先写了"Y.C. Chen"了。我给这个题目说的这么多，因为我们都是咬文嚼字的朋友。

陈寅恪本人1940年5月在致英国牛津大学的英文信函中的亲笔署名是Tshen YinKoh。到现在人们在读陈寅恪名字时，还有不少人误读成"却、怯"的。笔者有一次在一所大学作学术报告，讲到陈寅恪，把"恪"读成"kè"的正确发音，可是奇怪的是底下的学生们小声地说"念错了，应该念"què"。可见这些学生的老师们教他们念的音就是赵元任这里所说的误读音。我没有同学生们讲正确发音的时间，所以没有当场纠正他们，看起来习惯读法要纠正也是很难的。

在清华国学院工作期间，陈寅恪比赵元任晚到一年左右，是1926年8月到任的。他们两家是邻居，赵元任住在清华老南院1号住宅，陈寅恪住2号住宅。在陈寅恪到来之际，赵家为其张罗，帮助陈寅恪到城里买家具，布置房间。因赵家住房比较紧张，陈寅恪到清华时已36岁，还是单身，房子就让出一半给赵家住。赵元任夫妇在生活上对单身的他非常照顾，陈寅恪结婚前，一直在赵家吃饭。赵元任夫妇还曾经为他的婚姻大事操过心。

---

① 赵元任：《赵元任全集》第15卷下册，北京：商务印书馆，2007年，第918页。

虽然赵元任与陈寅恪是在海外相识,但杨步伟与陈寅恪认识却比赵元任更早。原来陈寅恪的父亲陈三立和杨步伟的祖父杨文会是相交多年的老朋友,陈寅恪和杨步伟两人从小就在一起玩耍。

陈三立与杨文会的友谊则始于他们对振兴佛学的共同愿望。杨文会(1837—1911),字仁山,石埭(今安徽石台)人,是清末著名的佛教居士。其父朴庵公与曾国藩为同年进士。杨氏生平好读奇书,性情豪爽,熟习驰射击刺之术。后来曾帮助曾国藩办理军粮等事务,而陈三立之父也曾协助曾国藩办过事,并深受器重。

中国佛教发展到清代,已经逐渐衰落,尤其是表现在佛学理论方面没有新的发展。乾嘉时期,一部分理学家,如彭绍升、罗有高和汪缙等,对佛学有着浓厚的兴趣,大力予以提倡,被后人称为"理学别派",这一学派影响到龚自珍、魏源等人。到了清末,随着西学的传入,佛学也出现了一个新的转机,并在近代中国思想界、学术界产生了极为广泛的影响,直至成为近代中国一股不可忽视的社会文化思潮。近代中国发生的佛学振兴运动,原因是多方面的,但与杨文会为振兴佛学而献出毕生精力是分不开的。梁启超在《清代学术概论》一书中说:"晚清所谓新学者,殆无一不与佛学有关系,而凡有真信仰者,率归依文会。"这一分析是符合历史事实的。中国近代一大批政治家、思想家、学者、高僧,如梁启超、谭嗣同、章太炎、宋恕、汪康年、沈曾植、陈三立、夏曾佑、欧阳渐、释太虚等,都曾直接受到杨文会倡导佛学的影响。

陈三立(1853—1937),字伯严,号散原,江西义宁州(今修水县)人。他是直接促成其父亲陈宝箴(湖南巡抚)走向维新道路的一个著名人物,同时又是晚清"同光体"诗人的一个杰出代表。

光绪二十年(1895)秋天,陈宝箴受命巡抚湖南。陈三立携带家眷,由武昌赶到长沙,辅佐他的父亲推行新政。这时他在政治上、学问上都已成熟,交游广泛,短短四年时间,结交和扶持了康有为、梁启超、谭嗣同、黄遵宪等一批具有维新思想的人物。他对民族民主革命事业,采取同情和支持的态度。他支持创办时务学堂,培养了四十多名学生,这些学生后来都基本上成为孙中山领导下的革命者,蔡锷就是其中的一个。戊戌变法失败后,慈禧太后重新垂帘听政,大量清洗官吏,珍妃的老师文廷式被加以"结党营私,妄议朝政"的罪名，受到"革职回籍，永不叙用"的处罚，并受到密诏"访拿归案"。文廷式避祸长沙时，陈三立和他父亲暗中帮助，把文秘密转移，他才幸免于难。

戊戌年冬，他们父子两人也被革职，离开湖南，回到南昌。光绪二十六年（1900）四月，陈三立带着家眷迁移南京。他父亲仍留住西山"山青庐"。同年六月二十日陈三立父亲猝死。父亲猝死的意外事件对陈三立来说，是一个沉重的打击，从而导致他对政治的厌倦，遁入空门。不久，他参与了杨仁山居士在金陵的刻经事业，潜心佛教经典。他对于佛教经典的保存和传承做了大量工作，使得一些稀世的佛经，至今得以保存下来。

陈寅恪执教于北京清华园成家后，陈三立便到北京颐养，住在西四牌楼姚家胡同3号。1937年秋，抗战爆发，北平沦陷。日伪政权对他百般劝说，要他效忠日伪，遭到他严词斥逐，后来他绝食五日而死，表现了铁骨铮铮的民族正气。

据赵元任《忆寅恪》①中记载，在清华四大导师中，梁启超比较注意政治一点，其他三位都喜欢搞音韵训诂一类的问题。除了专业以外，他们也谈些比较轻松的话题，例如陈寅恪在赵家经常谈的题目有什么是"雅"的问题。虽然没有给"雅"下个正式的定义，他们却有三个共识：

> 第一是雅这个东西不可求的，往往你越求雅反而越得俗。第二，一个人做人做事写东西不可以避俗，只要听其自然就不会太俗。第三，这是寅恪特别喜欢玩的字眼，他说太熟套东西最容易变俗，简单说就是"熟就是俗"。

陈寅恪后来眼睛有病到英国就医，路过纽约，赵元任携夫人专门到纽约看望他。他睡在船舱的床上对赵太太说："赵太太，我眼虽看不见你，但是你的样子还像在眼前一样。"这是他们最后的一次见面。

---

① 赵元任：《赵元任全集》第15卷下册，北京：商务印书馆，2007年，第917–919页。

第五节 夫人的"小桥食社"

由于繁重的教学工作和研究任务,赵元任在清华期间的身体较为虚弱。虽然有医学博士的夫人精心照料,但在饮食方面仍然感到不尽人意。为了让丈夫吃到各种口味的饭菜,他们不断地更换厨师。中国菜南方味吃腻了就换做北方菜的,中餐吃腻了就换做西餐的。不过这换厨师挺麻烦的,于是赵夫人就与其他教授夫人们商量,大家一起请几个好厨师,有的做点心,有的做菜,在清华园外开一个小吃店,大家轮流管理。于是在学校大门口找了三间空房子,赵夫人亲自到城里的五芳斋找了三个厨师,一个做菜的,一个做麻糕的,一个做汤包和点心的。赵夫人还给小餐馆取名为"小桥食社"。一切准备就绪,赵夫人便在餐馆门口贴上对联:"小桥流水三间屋,食社春风满座人",食社便成了教授夫人们经常在一起活动的场所。开张当天就有两百多人来吃饭,不到两个小时就把预备的饭菜吃光了。食社开张以后热闹非凡,成了清华园的新闻。学生们知道后也要到小食店用餐。当时学校规定,学生应该在学校里的食堂用餐,不可以到校外用餐。再说学生到外面用餐既不方便又要多花钱。为了这事,学校评议会还专门讨论了学生的请求。赵元任是评议会的成员,他不同意学生到小食店用餐。开会时校长和其他人都同意学生的请求,并且对赵元任说你家太太要开馆子了。

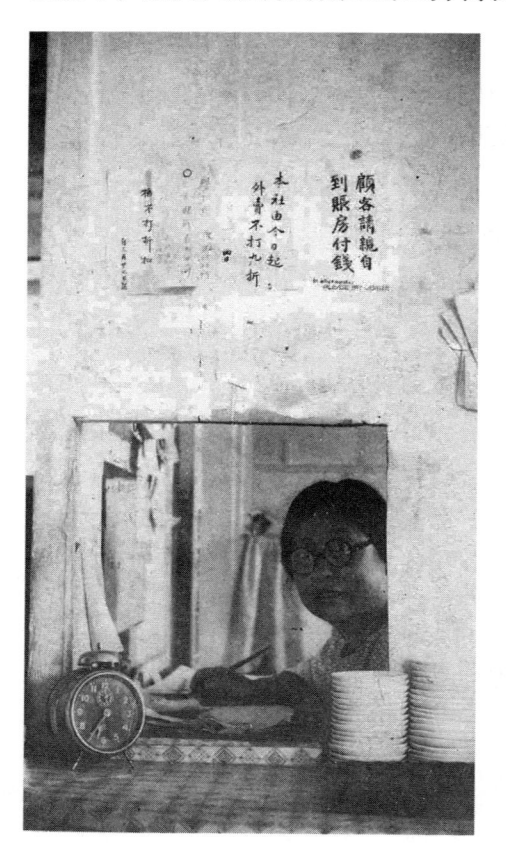

杨步伟在清华园办"小桥食社"

赵元任听后十分生气，想办法要阻止夫人开餐馆的计划。可是赵夫人决定的事，他最终还是无法改变。赵夫人同意学生用餐，但有条件，只能按人数包饭，三十人为限，每月先付款后用餐。赵夫人是个好客爽快的人，熟朋友到食社来，她一定自己掏钱请客。生意越好，赔钱越多。不到两个月，本钱都吃光了，赵夫人只好自嘲说"生意茂盛，本钱干尽"。最后只好转让给别人经营。

第六节 请愿运动的积极分子

赵元任虽说平生对当官不感兴趣，但并不是对政治不闻不问的那种人。在清华大学期间，他与清华师生积极参加各种维护清华师生利益的活动，尤其是参加抵制新任校长的运动，他自称是去南京政府请愿的积极分子。

国民党执政后，想改造清华，因此 20 世纪 20 年代末 30 年代初有一阶段校方领导频繁更替，甚至出现无校长的现象。罗家伦接受南京政府的任命，当了清华的校长，任职后实行了一系列党化的高压政策，大权独揽，企图改变教授治校的格局，引起了师生们，尤其是教授们的不满。在清华师生舆论压力的影响下，只好辞职。罗家伦辞职后阎锡山插手，任命乔万选为清华校长。清华师生坚决反对借军阀的势力把持校政。乔万选带着武装卫兵，开来三辆汽车，带着随身的秘书、庶务主任等一班人马，企图用武力接收清华。赵元任与师生们一起，坚决抵制这样的校长，清华学生终于把乔万选挡在学校门外。后来亲自兼任南京政府教育部长的蒋介石挑选了国民党中央政治学校副教务主任吴南轩到清华当校长。吴南轩就职后同样极力要改变教授治校的制度，企图大权独揽，引起了师生们的公愤。教授会通过决议，谴责吴南轩大权独揽，不图发展学术，蔑视教授人格，视教授为雇员等错误行径。教授会还致电蒋介石，要求撤换吴南轩。吴南轩在师生们的反对下，携带清华印信逃到北平使馆区，在利通饭店挂起"国立清华大学临时办公处"的牌子。吴南轩一面断绝清华的经济来源，一面在报上反诬教授会唆使学生威逼校长，给教授们扣上"反动分子，违抗部令"的帽子，并暗中与陈立夫等人策划解散清华。清华师生对此更加愤慨,教授会选代表到南京政府请愿。吴南轩最后也只好灰溜溜地离开清华。

赵元任在回忆反对吴南轩的这段经历中风趣地说:"吴南轩校长竟不知道我是去南京请愿的积极分子,还总是给我寄圣诞卡。"①

第七节 清华园永远在心中

赵元任在清华期间社会影响非同一般。1973年赵元任回国周恩来总理接见他时,周总理在谈话中说过曾经考虑上清华跟赵元任学语音学。说跟他学语音学,也许是周总理的客气话,但周总理年轻时就知道赵元任的学问,这应该是真实的,因为当时陈独秀、毛泽东等共产党人都与赵元任接触过,都知道这个大学问家。人们没有忘记赵元任在清华的日子,赵元任自己也永远不会忘记清华。

赵元任1973年和1981年两次回国,都回清华大学寻访旧迹,探望清华的老朋友。

1973年回国时他专门抽时间寻访了清华大学工字厅、老图书馆和自己曾经住过的老南院1号住宅。

1981年再次回国期间,赵元任两次寻访清华旧址。5月22日在二女儿新那和孩子们的陪同下重访清华老南院。到清华后,校长刘达和副校长张光斗陪同他。汽车在校园里穿过树丛,拐过一座小石桥,就到达赵元任曾经居住过的老南院。赵元任一下车就认出那幢灰色的砖房。他抑制不住激动的心情,快步走上台阶,推开虚掩的栅栏门,独自走进去,站在门廊上,轻轻地抚摸着门廊的扶手,并沿着门廊来回走了几趟,然后走到房门口,轻轻地敲门。不巧房子的主人不在家,进不了门。接着其他人也走过来,赵元任便邀请大家一起在门口合影留念。照完相他仍然站在那儿,默默地看着周围的景象,好像是在追寻昔日的记忆。当天中午,刘达在北海仿膳宴请赵元任一行,并邀

---

① 赵元任:《赵元任全集》第16卷,北京:商务印书馆,第105页。

1981年与钱伟长（左1）、刘达（右3）和赵新那一家在水木清华

请清华已故校长梅贻琦夫人韩咏华、赵元任在清华任教时的学生王力和清华校友王君若等作陪。席间大家一起追忆往事，赵元任激动地唱起了清华的老校歌。6月4日上午，赵元任自己带着家人再次"秘密"回到清华老南院旧居，并跟重外孙一起合影。后来他们的行踪被外事办发现，由钱伟长夫妇出面接待，陪同赵元任一行参观了大礼堂、小桥、水木清华、工字厅等赵元任在清华任教时的建筑。赵元任还让重外孙背诵李白的名诗"床前明月光，疑是地上霜，举头望明月，低头思故乡"。

第九章

开语言调查实验风气　为中国现代学术领航

第一节 史语所的主要策划者

　　1928年中央研究院筹备成立历史语言研究所的时候，赵元任是主要策划人之一。中央研究院院长是蔡元培，杨杏佛为总干事。当时蔡元培想请赵元任当历史语言研究所所长，赵元任没有答应，他极力推荐傅斯年。他与杨杏佛、傅斯年私下约定，到研究所工作可以，但不担任所里的行政职务，只担任语言组主任和研究员。史语所在推动中国现代历史学和语言学的研究方面，做出了突出的贡献。建所初期，史语所筹备处在《历史语言研究所工作之旨趣》(《中央研究院历史语言研究所集刊》第一本第一分，1928年)中，对研究所的性质、任务、方向作出了规定。文章指出，历史学和语言学在欧洲已经成为显学，而中国在这方面的研究已经大大落后了，不能眼看着有着悠久传统的中国荒废了这些学问，自己不好好利用这些丰富的研究材料，而让外国人去利用。文章充分肯定顾炎武、阎若璩所创立的学术传统，批评了章炳麟反对利用新材料、在故纸堆中做学问的思想方法。于是文章提出评价学术进步与落后的三条标准：(一) 凡能直接研究材料，便进步；凡间接地研究前人所研究或前人所创造之系统，而不繁丰细密地参照所包含的事实，便退步。文章称能直接研究材料才是科学的研究，间接研究材料是书院学院的研究。科学研究中的题目是事实的汇集，对事实进行研究必然会生发出别的题目。从前世传下来的题目经过若干时期，不是已经解决，便是已经解散。新的事实可以证明本来的问题不成问题。破坏遗传下来的问题，解决了事实逼出来的问题，都是一种进步。没有后世的题目，只是一味沿用过去的题目，学术就不会有什么发展。(二) 凡能不断获得新的研究材料就进步，否则便退步。外国人作学问不是去读书，而是到处寻找新材料，随时扩大研究范围。材料越扩充，学问就越进步。(三) 凡一种学问能扩充作研究时应用的工具的，则进步，不能的就退步。中国历来的音韵学家审不了音，所以弄不明白切韵。现代历史学研究充分利用了地质、地理、考古、生物、气象、天文等学科的方法，所以能够比前人进步。

根据以上的三个标准，文章认为中国历史学和语言学停滞不前的原因是题目固定了，材料不大扩充了，工具不添新了的缘故。文章提出建所的三个宗旨：（一）保持顾炎武和阎若璩的遗训，也就是发扬他们的实事求是的精神。顾炎武对语言根据时和地变迁的规律看得很清楚。这两人在很早的时代就用了先进的研究方法，有多少材料说多少话。要利用新旧材料客观处理实际问题，在解决问题的过程中发现新的问题，为了解决问题而寻找多方面的材料，根据行动扩充材料，根据时代扩充工具。（二）扩张研究材料。（三）扩张研究工具。

文章接着提出三个反对口号：（一）反对"国故"思想。文章认为，世界上无论哪一种历史学或语言学，要想做科学研究，就必须用同一的方法，不能以国别或进行逻辑的分别。（二）反对疏通。文章认为，把材料整理好，事实自然就明显了。一分材料出一分货，十分材料出十分货，没有材料不出货。两件事实之间存在着距离，把它们联系起来进行联想，多少是允许的，但推论是危险的。不能以假设当事实。所以对材料要取存而不补的态度，处置材料的手段要证而不疏。（三）不做或者反对所谓普及哪一行的工作。文章认为研究队伍不要过于庞大，有十几个学究愿意从事研究工作就可以了。

文章最后强调改变个人孤立研究的办法，进行有规模的有系统的合作研究。提出要把历史学和语言学建设得同生物学和地质学一样科学，要让科学的东方学的正统在中国。

史语所筹备小组还拟订了语言学工作之范围及旨趣。研究范围包括四个方面：汉语方言；西南语；中央亚细亚语；语言学。在汉语方言的研究方面，提出了如下意见[①]：

> 以后我们的汉语学不得不以方言的研究为成就的道路。时间空间的观念是一切科学下手的初步，尤其是我们用历史的方法的人一时一刻忘不了的。所以我们对于汉语之研究正如植物学或动物学者研究一族的植物或动物一样，以调查取得分类之材料，以某一种方言之细密研究，认识其中各种机用，以相互的关系和古今的变迁认识其演化。中国古音之

[①] 参见《史语所集刊》第一本第一分，第 114-115 页。

研究于汉语学之贡献恐怕敌不上古生物学于生物学之贡献，因为化石到底有形可寻，汉语在古代声音的记载太差了，待后来方言研究得好了，然后可以更认识古代给我们的那些不大记音的记载。所以我们现在要于汉语学的致力，左也是方言，右也是方言。诚然，中原音韵，平水韵，广韵，尤其是珂罗伦发读的广韵，轩轾使者的方言，诗易楚辞汉赋古乐府的用韵，都应是供我们参考乃至凭借的，但我们现在还是先来彻底地研究方言，以立我们理想上至坚实之根基。我们希望能用实验语音学给我们审音的工具，能以印度日耳曼等语系的研究结果，给我们一种借鉴，能以近来各项语言学中合理的窥测，给我们些提示，能为中国方言歧异的东南区域画成分县分乡的语言图，能解决在几种方言中音素音调相互影响以成变化的题目若干个，能辨出在几种方言中字的时代层次，能接触到这些很宽广的题目，如现在南部方言有没有因与当地土著混合而成的现象，黄河流域语言在南宋之急变是不是由于金元战争，并且能够破除若干不着边际的迷信如五方水土使音变迁等话，总而言之，我们要横着比较各方言，纵着探索某个方言所含的事实。

西南语和中央亚细亚语方面的研究主要涉及我国少数民族语言的研究。文章认为西南各民族的问题是中国史上一个十分重要的问题。这些少数民族的语言大多属于汉藏语系。汉语的研究，尤其是古代汉语的研究，应该同这些地区的少数民族语言进行比较研究。研究的结果将会推进汉藏语系的研究，如果我们不研究，让欧洲人占了先，那就是中国人的耻辱。

中央亚细亚语不是一个学术严谨的名词，主要包括：（1）梵语、吐火罗语等；（2）突厥方言；蒙古满洲语等。这方面的语言研究，对古代书面文献的考证用处很大。

在语言学方面，认为"我们还不到抽象的谈一般语言学的地位"。也就是在中国建立普通语言学的理论框架时机还不成熟。最重要的工作是建设实验语音的工作室，训练方言调查人才。另外，语言学的重要工作是进行外国语的教育和国语的应用。

史语所建所的这些计划，是筹备组集中了许多同仁的意见写出来的。可以说是建所的方略。这里面的许多思想代表着那一时期中国学术思想的精华，对

约 1930 年迁至北平的史语所在北海静心斋欢迎蔡元培的会议

史语所相当长一阶段的工作起到了指导作用。赵元任领导的语言组，按照当时规定的研究方针和任务进行工作，在语言研究方面取得了丰硕的成果。

史语所成立时在广州，后迁到北平。刚成立时设八组分别研究史学、敦煌材料、文籍校订、汉语、汉字、民间文艺、考古学、人类学等。迁回北平后改为三组。第一组史学，由陈寅恪主持工作；第二组语言学，由赵元任主持；第三组考古学，由李济主持。

第二节　筹建语言组

1928 年下半年，赵元任虽然仍在清华兼课，但已正式辞去清华大学的工作，到史语所进行成立语言组的筹备工作。1929 年春史语所语言组正式成立。史语所所长傅斯年派事务员吴巍从广州到北平协助赵元任工作。赵元任在东城租了一所四合院的平房作为办公用房。三月中旬语言组就开始办公。赵元任在史语所语言组主要做了以下几件大事：（一）筹建了语言组并主持语言组的工作；（二）在全国各地开始大规模调查方言；（三）筹建语音实验室；（四）招收和培养了一批研究生；（五）组织少数民族语言的调查研究；（六）翻译高本汉《中国音韵学研究》;(七)进行其他方面的语言学研究。

语言组成立时有三位研究员和三位助理员。赵元任、李方桂和罗常培为研究员,杨时逢、刘学浚、陶燠民为助理员。语言组第一年的主要工作有:广韵研究;广西瑶歌记音的整理和研究;学习藏文,并与于道泉研究第六代达赖喇嘛仓央嘉措的情歌;研究从广东带回的语言调查资料。

第三节 大规模的方言调查

赵元任一到史语所就开始组织两广的方言调查。他是开辟现代汉语方言调查研究新时代的重要人物。他从小爱好方言,早在美国留学期间又学习了现代语音学课程,掌握了国际音标的记音方法,并且把自己学到的知识运用到方言调查的实践中。他早期的方言调查研究主要是为了学习掌握某种方言出发的,例如陪罗素到全国各地演讲时他就记录了许多地方的方言。这一时期记录的材料比较零散,缺乏系统性,随机性较强。真正有计划、有目的、全面系统地运用现代语言学的理论方法进行方言调查研究,应该从1927年算起。1927年清华学校组织了对吴语的调查。调查工作是由赵元任和他的助教杨时逢承担的。这次调查,是中国第一次大规模的方言调查。中央研究院历史语言研究所语言组成立以后,赵元任计划开展全国性的方言调查,他制订了一个方言调查的长期计划,打算由少数人在几年之内,对全国方言做一个粗略的调查,所调查的地点数量要达到能够画的出方言地图来,每处所调查材料的数量要达到能够在几年之内就完成这个计划。并且策划建造一个大型的语音实验室,准备把所有调查来的材料,灌制成可以永久保存的音档,以便今后随时听写整理。在这期间,赵元任亲自主持了多次规模较大的方言调查:1928年到1929年两广方言的调查,1934年春徽州所属六县方言的调查,1935年春江西省五十六处方言的调查,1935年秋湖南方言的调查,1936年春湖北方言的调查。

赵元任对现代汉语方言调查的突出贡献不仅表现在他有计划地组织了几次大规模的汉语方言调查,还在于他创造了一套为开展汉语方言而设计的记录、整理、归纳和分析方言调查材料的科学方法。他所创制的《方音调查表格》，虽几经修订，但至今仍为方言调查工作者所使用。《方音调查表格》于1930年由中央研究院历史语言研究所出版。该书是一个为调查方音的单字例字表，共收字3567个。表格中字的次序按切韵系统音排列，同一横行的古声母相同，同一竖行的古韵母和声调相同。用这个表调查方言的音系，不仅易于归纳整理，而且便于理解许多复杂不易理解的现象，理清方言音系与中古语音系统和普通话语音系统的关系，掌握它们之间的对应规律，为汉语史的研究和推广民族共同语服务。《方音调查表格》发表后，得到广泛的应用。1955年中国科学院语言研究所加以调整修改，删去了原表格中不必要的罗马字注音和一些不常用的字。改正了个别字的音韵地位，并增加了一些常用字，更名为《方言调查字表》，由北京科学出版社出版。此后又作了个别的调整和修改。这个调查字表已经成为我国语言工作者在方言调查工作中一定要使用的一种调查工具。

赵元任的方言分区，也对后来的方言调查研究产生了很大影响。1934年，赵元任在《语言区域图》[①]里，把汉语方言分为"华北官话区、华南官话区、吴方言、闽方言、客家方言、粤方言、海南方言"七个区。海南岛方言的颜色和线条跟粤语相同，台湾西部和广东东部划到闽方言里。1943年在《中国的语言和方言》（*Languages and Dialects in China*）里，他做了一些修改，分为九个区：北方官话、西南官话、南方官话、吴方言、福州方言、厦门-汕头方言、客家方言、粤方言、安徽方言。这个分类不足之处是把湘方言归入西南官话，把赣方言归入南方官话。

在1948年出版的《国语入门》里，他又提出三区九组说。他把中国的语言分为三个大的区域：第一大区是汉语方言最复杂的东南各省，包括广东、福建、台湾、江西、浙江五省的全部，湖南省的大部分，广西、安徽、江苏三省的一部分。第二大区是官话区，包括长城以南不属于第一大区的各省，和东北的大部分地区。第三大区主要是少数民族语言和官话，包括内蒙古、新疆、青海、西藏和西南各省的边地。赵元任还进一步把汉语方言分成九组，第一大区分六组：粤语、赣客家、闽南、闽北、吴语、湘语。第二大区分三

[①] 见中华民国新地图，第五图乙，申报馆，上海。

组：北方官话、西南官话和下江官话。这个分类虽然还有不足之处，但与后来丁声树、李荣 1955 年提出的八大方言的分区"北方方言区、吴方言区、湘方言区、赣方言区、客家方言区、粤方言区、闽南方言区和闽北方言区"差别不是很大。赵元任考虑到语言的共同性，把"客""赣"合为一区，考虑到语言的差异性又把北方方言分为北方官话、西南官话和下江官话。八大方言的分区法实际上是在赵元任三区九组的基础上形成的。后来八大分区说成为流行的说法，赵元任的功劳是不可埋没的。台湾董同龢把汉语方言分为九区，基本上也是采用赵元任的分法，他把"客"和"赣"分开，"闽南"和"闽北"合并为闽语，其他的则与赵元任的分法相同。台湾学界后来多沿用董氏的分法。《中国语言地图集》[①]把汉语方言分为十区：官话区、晋语区、吴语

1936 年赵元任在湖北方言调查时记音

[①] 中国社会科学院和澳大利亚人文科学院合编，香港朗文出版有限公司 1987 年出版。

区、徽语区、赣语区、湘语区、闽语区、粤语区、平话区、客家话区。这个分法现在人们还有争议。它一方面注意吸收方言调查的新成果，同时也继承了以前方言分区的合理成分。

赵元任组织的一系列方言调查为我国后来的方言调查提供了经验。1928年到1929年他进行了两广的方言调查，得到的材料很多，主要成果是《粤语入门》。在吴语调查与安徽徽州方言调查之间，史语所在机构、人事以及设备等方面都发生了一些变化。1934年，在南京北极阁建立的有隔音设备的实验语音室已经完工。他曾经在那里给张学良录过音。1934年春调查了徽州六县的方言。安徽的中部和北部讲的是南方官话，但南部的同言线非常密，相隔一二十里便互不通话。参加这次调查的还有罗常培和杨时逢。他们对绩溪话倍感兴趣，不仅因为绩溪是西乡的文化中心，主要因为它是胡适的老家。他在西乡一段时间后，自认为西乡话能讲得比胡适好。1935年春，他同李方桂和杨时逢调查江西方言，对五十七个点的方言进行了录音，一共录了80盘。赣州方言的词汇是官话类型，主要分布在王阳明讲过学的地方。1935年秋，他同丁声树、杨时逢和郭毅卿到湖南调查方言。这次调查他们使用了这种自己设计的专门扩音器。一共调查了七十五个点，录了一百四十四盘的音。1936年春进行湖北方言调查。这次调查使用的设备与湖南一样，一共录了一百五十盘的音。

抗日战争爆发以后，赵元任到了美国，方言调查工作由史语所的其他同仁完成。1940年的云南方言调查是由丁声树、张琨、董同龢、杨时逢完成的，一共录了一百八十二盘的音。其后的四川方言调查先是由丁、董、杨进行调查，后周法高和杨时逢等人又进行了一次补充调查，一共调查了一百一十九个点，录了八十八盘的音。

这里需要说明的是，罗常培在史语所也进行了大量的汉语方言调查研究，他也是现代汉语方言研究的重要奠基人。罗常培长期从事汉语音韵学的研究，1926年至1927年在厦门大学任教时调查了厦门方言，著有《厦门音系》。在史语所期间，调查了青岛、北平、江西临川、安徽南部歙县等六县方言。他的《唐五代西北方音》和《临川音系》是在史语所写成的。这些名著与赵元任的一系列名著一起构成了现代汉语方言学的开创性篇章。

第四节　赞不绝口的语音实验室

　　20世纪30年代初期赵元任在南京史语所创建了语音实验室。语音实验室共有四大间，在当时的东南亚一带属第一流的。建造语音实验室的目的，是想把所有调查来的语言材料，都用仪器录制成永久性的音档，以便以后想听写的时候可以随时听写，为科学地分析语音材料提供方便条件。语音实验室的建造，从设计到绘制蓝图、购买仪器和各种设备，都是赵元任亲自策划的。为了保证工程的质量，他还亲自监督工程，一边监工，一边在做方言调查的准备工作。为了提高实验室的隔音效果，曾经在美国订购隔音纸板及其他隔音设备，如双层玻璃窗、四层隔音板门等。室内的四面墙壁、天花板和地板全部都用八层隔音纸板铺成，下面还加上地毯。他还向国外订购语言实验的各种仪器，包括最新式的录音机、记录声调用的音浪计、音叉、留声机等。当他发现扩音器的效果不理想时，他运用学过的物理学知识，自己设计了一种超高效率的扩音器，请中国电气公司制造，结果不仅音质清楚，音量也比原来的扩大了一至两倍，总的效果比美国制造的要好好几倍。实验室灌制了近千张的铝片音档，购买了二十多套各国语言会话的留声机唱片，同时也搜集了六七百张供研究方言用的中国各地戏剧和相声的唱片。

　　建立这样高水平的语音实验室，给史语所带来了声誉。到史语所参观的人，除了看古物和藏书外，语音实验室也是参观者一定要参观的，参观后大家都赞不绝口。

第五节　赵门四进士

　　赵元任、李方桂和罗常培三位大师在史语所工作期间训练的研究人员有以下十七位：杨时逢、黄淬伯、于道泉、刘学浚、王静如、丁声树、白涤洲、

赵元任与"赵门四进士"合影

吴宗济、葛毅卿、周一良、周祖谟、董同龢、张世禄、张琨、马学良、刘念和、周法高。丁声树、吴宗济、杨时逢、董同龢四人是赵元任的四大助手,时人曾赠以"赵门四进士"的雅号。他们的身份是研究助理,用吴宗济的话说相当于现在的研究生。杨时逢1929年就到语言组,时间最早,丁声树1932年考到语言组,吴宗济1935年考到语言组,董同龢1936年考到语言组。

据吴宗济回忆,语言组招收研究助理的方式是很独特的。1935年史语所在北京招收研究助理,名额总共只有一名,在南京和北京两个地方同时招考,题目是赵元任出的。考试题目主要是语音学方面的内容,包括音韵学、语音学、国际音标记音等,出乎考生意料之外的是竟然有音乐的考题,要做一项音乐和声听记的考试。考试的时候,考官在钢琴上弹出几组四部和弦,要求考生背着脸写出五线谱来。这样别出心裁的考试大部分考生因为没有音乐的天分只好交白卷了。北京的考试设在北海的静心斋,因此有人写打油诗记述这次考试:

研院求才考翰林，静心斋里谱钢琴，可怜饱学空瞪眼，既问语音又乐音。

吴宗济因为在清华大学读书时参加过管弦乐队，且有音乐天赋，考试时顺利过关，于是在这次由李方桂主考的北海考试中考进了史语所语言组。

赵元任招考学生重在考察学生的辨音能力，在教学中则重在培养学生的动手能力。他对学生的训练也是别出心裁的。他在进行方言调查记音训练时，常常把灌音铝片倒放来听。因为那个时候还没有钢丝录音或磁带录音，更没有现在的光碟录音。具体做法是倒着放听以后，就让学生用严式国际音标记音，然后让学生把记录下来的音标念出来，再灌制片子，倒放出来听，比较这两次发音的异同，据此评价学生的记音能力。赵元任对学生自己动脑动手，改进教学设备十分支持。做出成绩的，他就写进学术报告，以资鼓励。他对学生在方言调查中所承担的工作，如果调查报告出版，都一一加以说明。

赵元任不仅注重培养学生的动手能力，也十分重视培养学生的独立思考能力。他本身学问宏富，虽然鼓励学生们有问题要问，但并不是有问必答，而经常是让你自问自答。学生分析问题错了也不会加以责备，而是帮助学生寻找出错的原因。据吴宗济回忆，有一天他见到语言组收到一封信，信封上写的是"李方季先生收"。吴宗济以为是写给李方桂的，把"桂"字错写成"季"。赵元任告诉学生说，"也错也不错"。学生不明白怎么回事，老师就让他看信是从什么地方寄来的。学生一看信是广州寄来的，才知道在粤语里这两个字同音，于是查找《方言调查字表》，弄清了它们的关系，从此留心方音中的古音遗迹。

赵元任不仅在学术上培养学生的各种能力，在生活上也关心学生的方方面面。夫人杨步伟烧得一手好菜，后来在美国写过《中国食谱》专书，赵元任还把这本书翻译成英语，向世界各地人民介绍中国的饮食文化。每到星期天，赵家宾客盈门，学生们自然也是座上宾。桌上摆满各种佳肴，学生们也借此解馋。

丁声树、吴宗济、杨时逢、董同龢"赵门四进士"后来都在汉语方言研究、汉语语音学等方面做出突出的贡献，成为中国著名的语言学家。

1938年赵元任与吴宗济、杨时逢、董同龢、丁声树（左起）在昆明拓东路整理湖北方言调查报告

丁声树（1909—1989），号梧梓。河南省邓县人。1932年自北京大学中国文学系毕业后到史语所语言组跟随赵元任从事语言研究工作，参加了赵元任领导的一系列大规模的方言调查，并发挥了重要的作用。丁声树在中国文学和语言学等方面都有着很高的素养，他曾经到耶鲁大学、哈佛大学访学，对西方语言学也有十分深入的了解。1952年后一直在中国科学院语言研究所（1977年改名为中国社会科学院语言研究所）任研究员。曾任中国科学院哲学社会科学部委员会委员，中央推广普通话工作委员会委员，中国科学院普通话审音委员会委员，《中国语文》杂志主编。他在汉语语法、汉语音韵、汉语方言、古代汉语及词典编纂等方面都有很深的造诣。署名为中国科学院语言研究所，而实际上由他和李荣扩充编定的《方言调查字表》（1955年）是在赵元任《方音调查表格》的基础上进行的。《方言调查字表》几乎是汉语方言调查的必备的工具书。在音韵学研究方面，他所著的《古今字音对照手册》（科学出版社，1958年）是调查汉语方言、研究汉语音韵的常备工具书。他的《汉语音韵讲义》（上海教育出版社，1984年）也是对音韵研究的重要贡献。在语法学研究方面，他与吕叔湘、李荣等合编的《现代汉语语法讲话》（商务印书馆，1961年）一书，在我国语法学史上占有重要的地位。他在编纂《现

代汉语词典》方面也付出了大量心血，为编纂这部词典，"文化大革命"期间曾经受到"四人帮"的不公正的批判。这部词典已经成为国内外现代汉语学习者的一部重要的工具书。

吴宗济（1909—2010），字稚川，笔名齐鲁、齐水，浙江省吴兴县人。语言学界百岁老人。90岁高龄时曾为拙作《赵元任学术思想评传》作序。吴宗济是个传奇性人物。父亲吴永，曾是慈禧太后的红人，从小接受很好的家庭教育。1928年考入清华大学市政工程系，读一年后改学化学，一年后因病休学。休学期间在上海联华电影公司当摄影师，给太太的结拜姐妹阮玲玉拍过电影。1932年回到清华中文系继续学习，上过罗常培的音韵学课。1934年毕业后考入史语所语言组，在赵元任指导下从事语言研究，他与赵元任师生情谊很深，经常与其他同事到赵家改善生活。史语所迁到昆明以后，吴宗济与赵元任一家有一次到郊外游玩，到了西山太华寺，门内有四大天王像，吴宗济和赵元任的大女儿如兰爬上神台，蹬着两座金刚的膝头，攀援而上，如兰借了增长天王的宝剑，宗济取下持国天王的琵琶，两人就在山门外场地上尽情地舞弄。赵元任看见后不但没有生气，还给他们拍了照片，只是叮嘱他们玩完后应该把两件法宝好好地归还原处。

吴宗济历任中央研究院历史语言研究所助理研究员，中国科学院语言研究所副研究员，中国社会科学院语言研究所研究员兼语音研究室主任，国际语音协会常设理事会理事兼北京大学中国语言文学系教授，中国语言学会理事。2006年他被中国社会科学院聘为首批名誉学部委员。他对语言学的贡献主要有两个方面：一是汉语方言的调查与研究，二是语音学研究，尤其是实验语音学的研究。他早期主要跟从赵元任从事汉语方言及少数民族语言的调查与研究工作。曾跟随赵元任对湖北省、湖南省的方言进行调查，合著《湖北方言调查报告》（商务印书馆，1948年），《湖南方言调查报告》（合作，台湾，1974年）。他还跟从李方桂调查了广西等地的少数民族语言。在史语所语言组工作时，在赵元任的指导下积累了语言调查的经验和实验语音学的知识。20世纪50年代到中国科学院语言研究所工作后曾到欧洲捷克等国家考察实验语音学发展情况，回国后长期主持语言所的实验语音学研究工作，是我国实验语音学研究的重要领航人。他60年代与周殿福合编的《普通话语音图谱》（合作，商务印书馆，1963年）是新中国第一部实验语音学专著。80年代与林茂灿合作编写《实

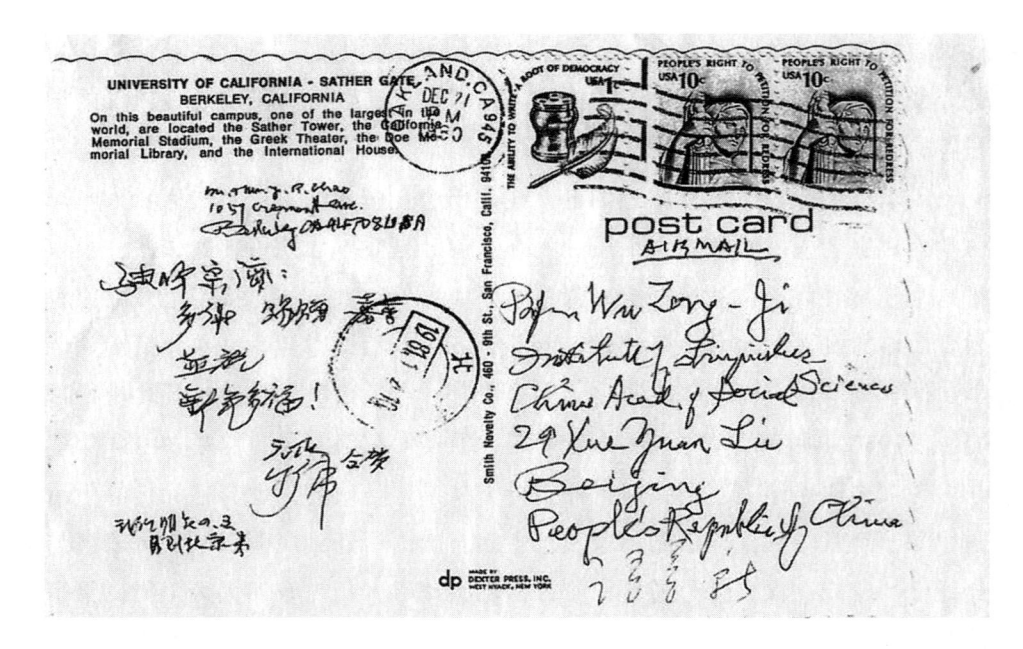

赵元任给吴宗济的明信片

验语音学概要》，比较全面介绍了国内外实验语音学的主要研究成果。他还在《中国语文》等权威刊物上发表了一些有影响的论文，这些论文以声学实验研究为基础，从语言学角度对语音进行分析，从而揭示语音的生理和物理特性，为相关的理论研究与应用科学技术提供必要的参考数据，同时也为完善和发展实验语音学的理论做出了重大贡献。

杨时逢（1903—1989），赵元任夫人的侄子，1926年毕业于南京金陵大学（现南京师范大学的前身），1927年在清华国学院做赵元任的助教，1929年到语言组跟随赵元任从事语言研究工作。1934年跟随赵元任、罗常培调查了安徽的徽州话，调查时他们第一次带上从美国刚运回的新的录音设备。1935年，跟随赵元任与李方桂调查江西五十七处方言，1936年跟随赵元任调查湖南七十五处方言。最后一次是1936年，跟随赵元任调查湖北的六十四处方言。《湖南方言调查报告》是他到了台湾以后才进行整理并于1974年在台北出版的。杨时逢1949年随史语所迁移台湾后一直在台湾从事语言学的研究工作。《云南方言调查报告》是他利用1959年到加州柏克莱大学做研究工作一年的时间里，在姑父赵元任的帮助下整理出版的。

董同龢（1911—1963），江苏如皋人，母家为浙江籍，出生于昆明外祖父家，到四五岁才回如皋。后其父任职北京故宫博物院，乃举家入京。1932年考入清华大学中文系，跟从赵元任的学生王力学音韵学。毕业论文题目是《切韵指掌图的几个问题》。1936年考入史语所语言组，跟赵元任学习语音学和从事汉语方言调查工作。参与了赵元任组织的湖北、湖南等地的大规模方言调查。1942年尝试做上古音韵表，1944年冬《上古音韵表稿》由四川李庄石印出版。台湾广文书局1968年出版董同龢的遗著《汉语音韵学》。该书是在台湾出版的最有影响的汉语音韵学方面的著作之一，书中既介绍了汉语音韵学的一般知识，也结合自己的方言调查和相关研究论述不同阶段汉语音韵的不同结构。赵元任为此书写序时高度评价了董同龢的学问和人品，序虽然很短，但包含着丰富的内容和师生的情谊：

从前有时候想到要是编印我的遗著的时候，找董同龢来给我写几句序倒也不错。没料到我反倒给董同龢的遗著写序了。董先生一向非常谦恭，写信总签名"再传弟子"，因为在清华时候他上过王了一的课，王了一又跟我写过"两粤音说"的论文。俗语说青出于蓝，所以从这两代的蓝青的中国音韵学就结晶于董同龢的"汉语音韵学"了。

倒不是说客气话：王了一的兴趣转向中国文法，我在方言上做了些调查工作，后来也转到文法问题跟一般语言问题上，可是同龢在中国音韵学上这些年下来始终是不断的有贡献出来。并不是说他在别的方面不行咯，比方我们几个人作湖北方言调查的时候，他就是最得力的人员之一，可是他很早就有关于古音跟中古音的文章，例如在南京的时候，他就有批评高本汉先生的诗经里的"搭浆韵"的说法把高老先生都说气了，到后来也觉得那批评也不无可取之处。在抗战期间，在那困难情形之下，把一个多少时代大家莫名其妙的广韵重组问题，第一次才搞出个头绪来。

以后在台湾几年，这地方的语言情形，在好些方面可以算是"处女田野"，我现在不用列举，因为从本书的内容里读者就可以看得出这部著作的方法的谨严跟材料的丰富。并不是人死了就这样说他好，可是试问要等多少时候台湾再有一部这样书出来？

董同龢一生勤奋，英年早逝，作为老师的赵元任在悲痛中写下了这段情深意切的文字，可见两人的师生情谊十分深厚。董同龢在汉语音韵学上的学术成就确如赵元任序中所说，得到了两岸三地学界的好评。董同龢任教台大中文系前后十五年，培养了丁邦新、郑锦全等国际知名语言学家。董同龢夫人王守京1999年曾经给本书作者写过一封信，回忆了他们夫妇对老师和师母的感激之情：

> 赵先生是先夫董同龢老师王力先生的老师。算起来该是太老师。同龢一九三六年考取中央研究院历史语言研究所入院以后亲自在赵先生教诲下两年多直到赵先生去美国教书。同龢在时常觉得未能长期在赵先生左右是件遗憾的事。想起当年到昆明避难时赵先生全家和所中助理们曾经住在一起，赵太太为人爽直慷慨视大家为一家人。当时同龢和我还没有结婚，每逢假日赵先生全家就带着组同仁们出去游山玩水，连我也有份。每次都是赵先生家作东，所以我和新那姐妹们也很熟。可是自他们去美后就没有再联络过。前年在清华校庆时遇到新那，原来她的先生黄培云是我清华的同班同学。

第六节　广西瑶歌与仓央嘉措情歌记音

在史语所语言组里，少数民族语言的调查研究李方桂做得比较多。李方桂从1930年到1942年亲自调查研究了中国境内的云南、广西、贵州属侗台语族的壮、布依、傣、侗、水、佯僙、莫等约二十种语言和方言，到泰国学习泰语时调查了泰语。为了配合李方桂进行少数民族语言的调查，赵元任专门招收一个研究助理，也就是吴宗济来协助李方桂的工作。吴宗济到南京报到后，赵元任就派他带着录音等设备，去广西南宁与李方桂会合。为了调查工作能更加顺利进行，吴宗济开始自学暹罗语（即泰语，和我国的壮语、傣语等属同语系）。李方桂领着他到武鸣、龙州、百色等地方调查壮语。

赵元任自己也做了些调查研究工作。他的《广西瑶歌记音》和《第六代达赖喇嘛仓央嘉措情歌》记音就是这方面的代表作。赵元任所做的工作为进一步研究我国汉族与少数民族之间的语言文化接触提供了丰富的资料。

《广西瑶歌记音》发表在1930年史语所单刊甲种之一。1928年史语所在广州开茶话会的时候，中山大学生物系的石声汉跟他从广西带来的两个瑶山先生也参加了。瑶山来的其中一位叫赵光荣的在会上唱了两首瑶歌，因此引起了赵元任对瑶歌的兴趣。石声汉已经记了一百九十七首瑶歌，并于中山大学的历史语言研究所周刊上发表。赵元任利用赵光荣在粤的机会，把这一百九十七首歌全部再听记一遍。第一首到第九十首还录了音带回北平反复听并进行最后的修改，文章就是根据这些材料写成的。

这些瑶歌是五种瑶人中的一种自称"正瑶"的历代相传的宝藏。其中一部分是以天干地支综合的六十甲子添上一点五行的尾巴起句的，他们称为"甲子歌"。另外还有一些零散的歌词，为跳舞所唱，称之为"舞歌"。

赵元任经过研究指出，严格意义上说，这些瑶歌其实不是真正意义上的瑶歌，而是瑶人唱的汉歌。这些汉歌的派别很近乎有些两粤的民歌，因为读音大部分是汉音。赵元任这样解释说：

> 但是这种音的兴趣就在这里：他虽然是汉音，但并不是等于任何现在咱们所知道的广东或广西的某处方音。他简直是自成一种广西方音（属于粤语系的）除掉显然是由汉音演化出来的字音，有些字，比方须读kla:n，显然不是汉语的字，不过找一个当那么讲的汉字代替他。所以咱们还可以拿这些歌的读音跟日本的汉文读音来比：比方年读nin，这就是"音读"，须读kla:n，那就是"训读"了。大家都知道日本的音读有两种，从古北方传去的音叫汉音kan-on，从古吴语传去的音叫吴音go-on，在瑶歌里字的音韵，大多数似乎是成一个系统，跟广西的粤语相近，但是有少数的字（如"音"读am不读jiem）不合多数字音的系统而与广州音相近，这是间接由广州派来的粤音了。

赵元任通过瑶歌里读音的分析，说明了歌词的语言来源，揭示了瑶汉语言接触过程中语言借用的现象与规律。根据他的分析，瑶歌歌词实际上是粤语的一种变体。"瑶歌正文"记录了九十首正瑶舞歌，十二首月花开歌，九十五首甲子歌。"瑶歌音韵"描写了瑶歌的声韵调系统，并对其特点进行了说明，并附有音韵表。

记录瑶歌的意义主要有四点。第一，可以通过我国古代诗歌与当代民歌形式上的比较，了解我国诗歌的起源与民歌的关系。例如，可以探讨为什么南方的瑶歌山歌以及楚辞中的"九歌"都是七言的格式？为什么历来南方的歌词都用七言，而北方的歌词则是先由四言（诗经）五言而逐渐变为七言？第二，通过民歌的内容可以研究汉族主体文化与地方文化，尤其是与少数民族文化融合的情况。例如，瑶人的甲子歌中的甲子，与汉文化中的甲子完全一样，到底是谁借谁的，还是有别的来源？第三，可以从歌词的内容研究少数民族人民的社会生活，例如从情歌里面可以了解他们的恋爱方式与情感。瑶歌中描写瑶人恋爱要经过九个阶段：（1）有，某一村有了"破瓜年级"的女儿，或者有了"长巨姣美的少年"，这才能有发生恋爱可能；（2）知，有了以后，还要知道，"有人知"的少年，就不能再有恋爱；（3）逢，知了以后要相逢，决定所知的情况；（4）见，逢了以后找一个机会相见，相互进行仔细观察，再决定下一步；（5）思，相见觉得满意后就产生单相思的感情；（6）念，被思的一方也引起反应，到了心心相印的地步；（7）连，心心相印之后又发展到时刻不能分离，合而为一的阶段；（8）追，时刻追随；（9）心惯，到了相爱不能离的心情也成为家常便饭之后，心理上也就适用了，心惯便成旧情。记录瑶歌第四点意义是可以了解瑶语与汉语接触的情况，这些情况赵元任在音韵比较和瑶歌声韵调描写中都做了许多分析。

《广西瑶歌记音》是研究瑶语和当地汉语接触之后产生语言变异的开创性著作。它所记录的大量很有价值的民歌，为后人研究语言与社会文化的关系提供了丰富的资料。该书的附录部分还对瑶歌的乐调和瑶语的文字做了说明。赵元任给三首瑶歌配上曲，只要学会这三首歌，其余的194首也就都会唱了。记音中一般用汉字，汉字写不出来的就是瑶语中独特的成分，属于有音无字，一般用方框表示，这也是方言调查中碰到有音无字的通常做法。

《第六代达赖喇嘛仓央嘉措情歌》是赵元任与于道泉合作的成果，赵元任记音，编写藏文记音说明和藏音英文说明，于道泉注释，并加汉英译文。赵元任还对英文译文做了审校的工作。

赵元任在语言组成立的第一年，就学习藏文，和于道泉一起研究仓央嘉措情歌。后来他在北京找到了一个藏族人，这个藏族人懂得很多民歌，赵元任就和于道泉一起让这位藏族同胞来录音。经过整理最后出版了这部著作。赵元任的记音工作十分仔细，是根据三次所记整理出来的。第一次是直接听写，另外两次是请发音人录音，把六十二首情歌读两遍，然后再反复听写。记音的符号差不多全是国际音标。

仓央嘉措全名"罗桑瑞晋仓央嘉措"，生于康熙二十二年（1683 年）。他降生的时候就被认为是达赖喇嘛转世，十三岁就受戒。仓央嘉措长大以后成了一位多情多欲、倜傥风流的少年。他不守清规戒律，沉湎于酒色，到

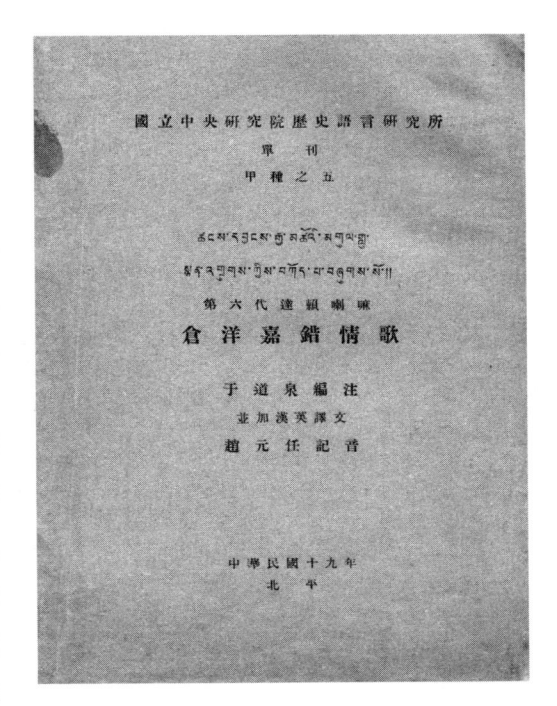

赵元任记音的《仓洋嘉错情歌》

处寻花问柳。他的行为引起了人们对他身份的怀疑，认为他不是达赖的转世。别人的怀疑和警告他不在乎，最后惹来杀身之祸。关于他最后的行踪，有许多民间传说。

仓央嘉措情歌是西藏最流行的歌谣之一，许多西藏人都能唱。但传唱过程中难免会有错误。于道泉在整理翻译过程中纠正了不少错误。加上赵元任的记音，这项成果对于研究西藏民歌和藏语，尤其是仓央嘉措本人及其时代背景，都有重要的意义。

在史语所期间，赵元任还为维吾尔语标音。徐锡华编《注音·新疆回鹘文常用字表》（1938 年，重庆正中书局出版）是新疆语文研修者使用的一本参考书，全书收录了大约三千个维汉对照维吾尔语分类词汇集。赵元任经过研究和多次试音，决定用注音符号为当时的维吾尔文注音。字母表中还标注了国际音标。这是中国人首次用现代语音学的方法为维吾尔语标音。详细情况可参见《李森突厥语言研究文集》（中央民族大学出版社，1999 年，第 394 页）。

第七节　五年译成的高本汉《中国音韵学研究》

高本汉是瑞典著名的汉学家，到中国山西调查过方言，所著《中国音韵学研究》利用了大量的方言调查材料来构拟中古音系。赵元任1921年就读过这本书，读后印象很深。1924年赵元任在瑞典与高本汉见面时就曾谈到要翻译《中国音韵学研究》一书。高本汉能说流利的汉语，略带山西口音，在谈到语音学的内容时，则用英语与赵元任交谈。《中国音韵学研究》原文是用法语写的，后来由语言组赵元任、罗常培和李方桂合译，1940年由商务印书馆出版。李方桂翻译了一部分，赵元任与罗常培合译的则是赵元任看着法文，用汉语念出来并录下音，然后由罗常培加工整理成文。赵元任与罗常培、李方桂翻译的《中国音韵学研究》，把音韵学研究者带到了一个新的境界。傅斯年在《中国音韵学研究·序》中高度评价了高氏的著作，介绍了翻译此书的经过，并对此书的翻译工作给予了很高的评价。原文是这样说的：

瑞典高本汉先生所著之《中国音韵学研究》，始刊于民国四年，至十五年而完成。在其前三卷出版后，顿引起列国治汉学者之绝大兴趣，我国人士治语文之学能读法文者，亦无不引为学术上之幸事。盖其综合西方学人方音研究之方法与我国历来相传反切等韵之学，实具承前启后之大力量，而开汉学进展上之一大关键也。以斯年所闻，友人中欲此书译本流传中土者，先后有赵元任先生，刘半农先生，胡适之先生；斯年虽于此学无所能，其愿此书之吸收于汉土，亦未敢后人也。故中央研究院历史语言研究所创办之初，即有意移译此书，虽译书不在本所计划范围之内，然为此书不可不作一例外。当即由赵元任、罗莘田两先生着手翻译……沈阳变后，继以淞沪之战，司农仰屋，吾辈但领生活费以为活者数月。彼时胡适之先生主持中华教育文化基金董事会编译委员会事，斯年以此事商之，承其同情，慨允拨款五千余元为此书翻译校改抄写之费。当由同人商量进行之计，决定下列办法：一，因赵元任先生彼时赴美，由罗莘田、李方桂两先生翻译，即在此款中支付两人月薪之半，如此者约十月；二，总持校改由赵元任先生任之，俟赵先生自美归来，初稿既成，即可着手；三，此款余数，用于酬校改及抄写者。如是者一年，款罄而初稿未成，乃由本所缵绪其事，期其完成。继而元任先生悉心详校，重写多篇，莘田先生又改译若干，最后丁声树先生亦校读数过，然后杀青可缮写焉。经之营之，五年乃成，虽同人在期中不专治此，然为此销费之功夫实超过数计之数倍矣。此固近年我国译学上未有之巨业，瞻望明代译天算诸贤，可无愧焉。[①]

《中国音韵学研究》的翻译并不是一般的翻译工作，而是一件需要付出大量学术研究的艰苦工作。在赵元任的主持下，翻译人员同高本汉商量，商定了五条翻译原则：第一，将全书作一忠实能读之翻译；第二，改其错误；第三，加入新材料；第四，改用国际音标注音；第五，一部分重编。该书第一卷"古代汉语"和第二卷"现代方言的描写语音学"，是由赵元任口译，用留声机录音，再由罗常培对着原书听写成文的。所有改编跟加译者注的地方，赵元任主要负责语音学和方言材料方面的内容，罗常培主要负责音韵方面的内容。全书文字的可读化、体例的一致化、内容的确当化也是由赵元任负责的。

在书前，除了序言之外，翻译者增加了"译者提纲""字体及标点体例""名辞表""音标对照及说明""常引书名简称表"等内容。

"译者提纲"说明全书的要点，是很好的导读材料。提纲指出，高本汉研究工作的目的是用现代方言的材料来拟测古音。高氏的古音，指的是隋唐时代《切韵》所代表的中古音。由于高氏写作时没有见到过《切韵》的各种残卷，没有见过《集韵》《韵镜》《切韵指南》的原本，因此所引《广韵》的反切往往是《康熙字典》里所引错的反切，结果在许多地方都出了错。译文改正了这方面的错误。高本汉在记录方言的声调时也犯了不少错误，这些错误译文也做了更正。

"名辞表"罗列本书使用的中文法文对照的语音学和音韵学名词，并有详细的附注；"音标对照及说明"通过瑞典方言字母与国际音标的对比，阐述使

[①] 见《中国音韵学研究》傅斯年序。

用音标的原理。

《中国音韵学研究》法文原版在 1915—1926 年分四次出版，中文译本 1940 年初版，1948 年再版，1987 年北京商务印书馆根据再版本影印。初版第 291 页遗漏照母读音表，再版本已经补上。

《中国音韵学研究》出版后，赵元任对高本汉构拟的中古音值，提出了不少修改意见，1954 年高本汉根据赵元任《汉语中古音中辨字与不辨字的区别》（Distinctive and non-distinctive distinctions in Ancient Chinese）一文的意见修改了"幽黝幼"三韵的音值。在这篇论文中，赵元任把音位学运用到音韵学研究中去，这是第一篇用音位学理论研究中国传统音韵学的论文。

第八节　一篇名震中外的论文

《中央研究院历史语言研究所集刊》是史语所的学术刊物，该刊物贯彻了建所的方针任务。赵元任长期担任编委，为落实贯彻语言组的研究任务做出了重要贡献。他本人也在刊物上发表了一些重要语言或方言调查报告和语言学学术论文。创刊初期，1930 年他一共发表了《广西瑶歌记音》《第六代达赖喇嘛仓央嘉措情歌》《关于臻栉韵的讨论》《上古中国音当中的几个问题》《听写倒英文》等五种成果。从 1930 年到 1939 年，他总共在刊物上发表了十四种成果，加上离开史语所后发表的十五种，他一生在该刊发表了近三十种研究成果。这些成果中最有影响的是一篇有关音位理论研究的论文。赵元任在音位理论上的贡献主要出自他 1934 年写的一篇名震中外的论文《音位标音法的多能性》。原文是用英文写的，题目叫 The Non-uniqueness of Phonemic Solutions of Phonetic Systems，发表在《历史语言研究所集刊》第四本第四分第 363-398 页上。在《语言问题》里，作者对自己拟的这个中文题目感到不满意，他是这么说的："可是那个中文的题目我自己翻得不太好。中文的题目说'音位标音法的多能性'，这么一说，就把两个不同的问题混为一谈了；因为标音是标音，解答成一个系统是一个理论的工作，标音是一个形式的工作，'音位标音法'就把理论系统跟形式两个不同的问题混为一谈了。"①

1957年裘斯（Martin Joos）把这篇文章全文收入他主编，由华盛顿出版的《语言学选读》（Readings in Linguistics）一书，该书所收论文均为1925年以后发表的美国描写语言学的重要论文。赵元任为重新发表作了如下的题识："写这篇文章的时候，标音（transcription）和音位化（phonemicization）之间的区别，音位和语素音位之间的区别，都没有像今天这样清楚。如果要考虑这些区别，文章的许多地方就得改写。这次重印没有这么做，只是订正了一些事实上的出入。"

1985年叶蜚声把这篇文章翻译成中文，收在中国社会科学出版社出版的《赵元任语言学论文选》中。1992年袁毓林主编，清华大学出版社出版的《中国现代语言学的开拓与发展——赵元任语言学论文选》也收入此文。

《音位标音法的多能性》一文论述从语音材料归纳音位系统时，答案不是独一无二的，是可以有多种可能方式的答案的。全文共分三章。开头是作者的中文摘要，最后是结束语。文章从音位的定义，影响音系的音位答案的因素，音质标音和音位标音等内容展开论述。这篇文章得到了国际学术界的好评，成为音位学理论的经典文献，一直为各国语言学家广泛引用。也是赵元任所有著作中被人引用最多的一篇。美国著名语言学家裘斯在《语言学选读》中写了一个简短的评论，大意如下：

> 我们很难想到有比赵元任的这篇文章更好的对早期音位学具有指导意义的单篇论文了。布龙菲尔德的《语言论》刚一出版时，公众用一种混杂的感情对待他的标音。主要的反应是有人持善意的怀疑态度，有人感到震惊，有时甚至感到极端厌恶。人们指责布龙菲尔德，说在语言学家中他一向是表述最严谨的学者，这回却不负责任。对1957年还是刚入语言学门坎的人来说，这一点可能使他们感到十分费解，因为他们至少已经注意到本书所收萨丕尔的、布龙菲尔德的和有关索绪尔的论文的日

---

① 《语言问题》，商务印书馆，1980年，第38页。

期①。但是在布龙菲尔德新著（《语言论》）的读者中，只有极少数才有音标方面的专门训练，大部分有或多或少专业知识的读者受的都是国际音标，特别是《语音学教师》（*Le Maître Phonétique*）杂志中所用国际音标的训练。他们的标音方法有自己的习惯，这是很正常的。有一种常见的解释是把所有附加符号称作"眼中的尘埃"。我们把20世纪20年代人们称作"标音"（transcription）的东西称作"描写"（description），这似乎前后不一致；但是术语的这种选择标志着哲学上的深刻差别。布龙菲尔德的最初的读者中，大部分和今天的读者站在鸿沟的两岸。赵元任和他的论文最令人感兴趣的一点是他的论文可以用这两岸读者的任何一种方式阅读。我把这一点看作是他有非凡的天才和没有任何偏见的证明。我也曾听人用一句简单的话来解释这一点："赵元任什么事情都不会做得不好"，这仿佛是说，他的著作始终能使任何一个读者都感到满意。这一说法就我所知要么是千真万确，要么是接近千真万确。②

我国著名语言学家李荣是这样评价这篇文章的：

  赵先生是理论跟实际并重的语言学家。写《多能性》这篇文章时，作者正在当年，那广博的知识，恰当的实例，深入的见解，严谨的逻辑，妥帖的文字，充分证实"名下无虚士"，议论不同凡响。③

本文作者认为《音位标音法的多能性》是一篇超越同代国际学者研究水平的论文，在《赵元任学术思想评传》（第71页）中是这样评价的：

  赵元任写这一篇文章时42岁，风华正茂。他已经从事过多次的方言调查，不仅有丰富的听音记音经验，自己还有一套分析整理语音的方法。他在《现代吴语的研究》中为了便利起见，用了四种标音法，每种用法都

---

① 《语言学选读》在赵元任的这篇文章前面收录了威尔斯（R. S. Wells）所作《索绪尔的语言学学说》（1947），萨丕尔的《语言中的语音模式》（1925），布龙菲尔德的《语言科学的一套公设》（1926）。

② 参见叶蜚声译，伍铁平校《音位标音法的多能性》译文后的附注。

③ 见李荣《语文论衡》，商务印书馆，1985年11月，第139页。

有自己的用处。这四种标音法是：吴语音韵罗马字，注音罗马字，国际音标，汉字直音。他所积累的大量语音材料，是西方学者所没有的。因此他当然不能同意布龙菲尔德的带有偏见的看法。美国的描写语言学在这个时期刚刚建立自己的完整体系，而其代表人物布龙菲尔德正处于上升时期。人们把1933—1950年称为美国语言学的布龙菲尔德时期。他在这个时候尖锐地批评了布龙菲尔德过分强调音位标音法的机械和片面的观点，说明赵元任具有过人的学术勇气和胆识。当然，在批评的同时，他也充分肯定了布龙菲尔德在音位观点中的一些合理成分，因此显得很有分寸。

第九节　中国现代语言学的领航人

史语所语言组这阶段的工作成果，尤其是方言调查和少数民族语言调查以及大量研究工作的成果，奠定了中国现代语言学的基础和发展方向。赵元任、李方桂、罗常培三人因此也被称为"现代语言学的领航人"。[①]丁邦新是这样评价史语所语言组这一阶段的工作的：

> 史语所成立之初，语言组的研究员只有赵元任（1892—1982）、罗常培（1899—1958）、李方桂（1902—1987）三位先生。史语所是一个永久性的组织，有一个研究语言学的团队。他们三位领航者在语言界发挥了巨大的影响力。当然开拓一门学问的新路，引领一种研究的风气，必须要有一批志同道合的朋友。当时从事语言学研究的学者还有：黎锦熙（1890—1978）、刘半农（1891—1934）、陆志韦（1894—1970）、林语堂（1895—1976）、王力（1900—1986）、魏建功（1901—1980）、袁家骅（1903—1980）、岑麒祥（1903—1989）、吕叔湘（1904—1998）等。这些先生们当然也发挥了各自的影响力，都有重要的研究著作，培养了许多后进。但是综合起来说，就没有史语所的三位先生影响之既深且广。

[①] 李方桂：《李方桂全集总序》，北京：清华大学出版社，2008年。

赵元任与罗常培、李方桂在语言组共事多年，三人一起为现代中国语言学的形成和发展做出了卓越的贡献。后来虽然三人各在一方，但一直保留着深厚的友谊。罗常培在美国工作期间，他们经常一起聚会，讨论语言学问题。李方桂后来也移居美国，他们也经常在一起，赵元任在哈佛燕京学社工作时，李方桂家还和赵家在一起住过。

史语所成立以前，罗常培与赵元任就已经有过许多交往。罗常培1954年2月20日下午在语言研究所给青年研究人员讲"我是如何走上研究语言学之路的"，其中有一段话是这么说的：

> 我到广东中山大学任教，开声韵学、等韵研究、声韵学史等课，搜集材料很多……我对劳乃宣把音分为戛、透、轹、捺四组有很多疑问，看了高元的《国音学》，也只是明白了一些，并不是彻底明白。1928年赵元任先生到广州调查方言，我就向赵请教戛、透、轹、捺的问题，赵先生在三天之内把我三年的疑问都解决了。赵和我的关系介于师友之间的。赵记音的时候，我也记，记完以后，如果发现自己记的音和赵记的相同，就非常高兴，增加了记音的自信心；如果自己记的不相同，知道自己记的差，应当向赵学习。[①]

同文第432页罗常培叙述了他在史语所工作的一些情况：

> 我想写《厦门音系》，请林立光发音半年。我手边还有1927年厦门记的材料，我利用那些材料作了一个字表，请发音人校正。厦门话文言与白话相差很远，我只问文言的音。请发音人把音灌在蜡筒上，我先把灌的音用国际音标记出后，然后请赵元任先生听蜡筒上的音，给我校正。赵先生记音非常有经验。特别是声调，赵先生记的最准确，经常改正我的错误。

[①] 《罗常培纪念论文集》，北京：商务印书馆，1984年，第431页。

从上面罗常培的介绍中我们既可以看到老一辈学者从事语言学研究的认真细致的态度,赵元任在史语所语言调查中记音和辨音方面所起到的重要作用,也可以看到赵元任在语言组与同事们相处的融洽情况。

1929年赵元任到史语所的时候,傅斯年介绍赵元任时说他是"汉语语言学之父";1970年,李方桂到香港中文大学的时候,周法高介绍李方桂是"非汉语"语言学之父。这两个荣衔可以大致说明这两位大师研究的重点。李方桂是这样描述他与赵元任之间的关系的[①]:

> ……自从1929年起我便同他相识,那是我从美国学成归国之后。1929年我被任命为中央研究院研究员。从1929年起,赵元任也在那儿任研究员。1929年至1937年的八年间我们在一起共事,同在一个研究所,办公室门对着门。
>
> 赵元任曾在一本书中为我写过小传——我回忆不起那本书的书名了,好像叫做《语音学家传记》什么的吧。大约是在纽约或类似的地方出版的。当时我不在美国。所以赵元任替我写了小传。……其他人的传都是自己写的。
>
> ……所以说从1929年到1937年,八年间我们的办公室对着门,我们之间自然十分了解。他对我非常好。我想我所有的老师,不论是美国老师还是中国老师,包括赵元任,一直对我都相当好。

李方桂在口述史中还谈到赵元任对他想学习和研究泰语的支持和他主持语言组工作时实行的方针政策[②]:

> 我对赵元任谈了自己的想法。赵元任是一位非常善良和慷慨的人。他说:"你想去泰国?好吧。我给你经费。"
>
> 我认为当年的中央研究院非常开明、非常慷慨。你想研究什么就研

[①] 李方桂:《李方桂全集(第13卷).李方桂先生口述史》,北京:清华大学出版社,2008年,第52页。

[②] 李方桂:《李方桂全集(第13卷).李方桂先生口述史》,北京:清华大学出版社,2008年,第39页。

究什么，而且也为你提供一定的经费。那是赵元任的慷慨政策。就这样，我从上海出发去泰国了。（第 39 页）

上面李方桂所提到的赵元任替他写传记的事成为学界的美谈，赵元任在传记中是这样描述李方桂的[①]：

> 中国语言学家之中，只有极少数人研究的范围涵盖汉语的南北古今及其他相关的语言，其中之一就是我的老友兼同事李方桂。……就在中央研究院历史语言研究所我跟李氏开始密切交往，先是在北京（1929 年叫做北平），后来在南京的北极阁，我的办公室就在二楼走廊的尽头。1973 年我有幸重访那座绿瓦大楼看当年我们用过的房间，现在已经是古生物研究所及相关课题的办公室了。我曾经发现李方桂在想问题的时候有一个特别的姿态，就是他总是把头微微向右抬起二十五度的样子，直到 30 年代末期，我第一次见到 Bloomfield，才发现那个 Bloomfield 的角度，才知道方桂是从哪里学到那个沉思的姿态的！……我非常高兴能跟李方桂、罗常培合作，翻译高本汉的巨著《中国音韵学研究》（1915 年 Upsala 原版，1948 年上海出版译本），该书主要讨论西元六百年前后的古音。而李氏自己的许多研究深入所谓"古音"的领域，就是西方人通称的"上古音"。……有好些年我总说自己经常往来于中美之间，每隔几年就搬动一次，李方桂差不多也跟我一样，只是在 30、40 年代，我们似乎在玩捉迷藏的游戏。只有 1937—1939 年他到耶鲁访问之后要回中央研究院，而我正要到耶鲁去的时候，两家正好在火奴鲁鲁不期而遇，欢度一日光阴；然后，1946 年在我离开哈佛编纂词典的工作时，他继任那个职位直到 1948 年。当他在西雅图华盛顿大学任教授而我任教于柏克莱加州大学之后，就常有机会见面。他 1969 年从西雅图退休，1969—1973 年又在夏威夷大学任教，1973 年再度退休。但是，就像很多人一样，现在他在交卸了例行的教学工作以后，就更为活跃，得到更多的研究成果。

[①] 李方桂：《〈李方桂全集第 13 卷·李方桂先生口述史〉总序》，北京：清华大学出版社，2008 年，第 10—12 页。

中国现代语言学经过一个多世纪的发展，在中国大陆、台湾、香港、澳门和海外语言学工作者的共同努力下，已经初步建立起一个比较完整的学科体系。沿着先辈的足迹，广大语言学工作者在深入调查研究汉语方言和少数民族语言的基础上，不断深化各个领域的研究，并在继承赵元任、罗常培、李方桂、王力、吕叔湘等前辈优良的研究传统的基础上不断借鉴国外语言学最新理论，推动世界语言学的发展。

第十节　与中研院的不解之缘

1938年赵元任再次出国，但并没有完全脱离中央研究院。从上文可见，他在史语所期间在《史语所集刊》上发表的成果是十四种，离开后发表的是十五种。1939年4月8日，中央研究院任鸿隽致电赵元任，询问他是否能参加出席即将在美国召开的第六届太平洋科学会议，赵元任立即回电表示同意，5月15日就接到蔡元培院长签署的聘书。1939年7月24日至8月11日，赵元任作为中国代表团首席代表参加了第六届太平洋科学会议。中国共有三人参加会议，中央研究院代表两人，教育部代表一人。三人在会议上除了宣读本人论文外，还代表国内其他人宣读十二篇论文。会议由美国国家研究评议会（National Research Council）主持，前半段在加州大学柏克莱和金银岛旧金山世界博览会举行，后半段在斯坦福大学举行。7月24日赵元任在开幕式上作了"语言是最棒的"（Nothing is better than language）发言；27日在人类学组宣读论文《中山方言》，并为未到会的梁思永宣读了论文；29日参加自然保护委员会会议，晚上还接受电台采访，谈中国语言问题。

1945年丁声树受中央研究院史语所派遣访问美国，赵元任在纽约见到丁声树后，帮助安排丁声树到哈佛大学访问，协助自己工作，包括编辑字典。

1945年9月，在给中国大学捐书的活动中，赵元任曾在华盛顿美国国会图书馆选了一批书送给中央研究院。

1948年中央研究院选举第一批院士八十一人，数理组二十八人，生物组

1981年与中国社科院吴宗济、吕叔湘、李荣、朱德熙等（左起）合影

二十五人，人文组二十八人，赵元任被选为人文组院士。人文组二十八位院士分别是：吴敬恒、金岳霖、汤用彤、冯友兰、余嘉锡、胡适、张元济、杨树达、柳诒徵、陈垣、陈寅恪、傅斯年、顾颉刚、李方桂、赵元任、李济、梁思永、郭沫若、董作宾、梁思成、王世杰、王宠惠、周鲠生、钱端升、萧公权、马寅初、陈达、陶孟和。

1949年中华人民共和国成立以后，老朋友和中央研究院的同事们给他写信，希望他和其他仍在美国的同事们回国。赵元任虽然没有能够回来，但他和他的同事们所开创的事业，仍然在台北的"中央研究院"史语所和在北京的中国科学院语言研究所（即现在的中国社会科学院语言研究所）得到发扬光大。他的同事罗常培，学生丁声树、吴宗济等都在中国社会科学院语言研究所工作，赵元任与他们保持着长期的联系。

赵元任与台北的"中央研究院"也保持着联系。1957年11月初，赵元任闻知台北"中央研究院"有意请胡适当院长，他立即给胡适打长途电话，劝胡适答应。1959年赵元任应邀到台湾讲学，台北"中央研究院"历史语言研究所为赵元任举行了欢迎会，胡适院长以老朋友的身份致词，并将"中央研究院"历史语言所集刊第二十九本《庆祝赵元任先生六十五岁论文集》赠送给他。赵元任在台湾期间还参加了"中央研究院"的一些会议。

第十章

高朋挚友盈府第　学术知己遍全球

赵元任不仅是杰出的学者，也是杰出的社会活动家。由于他的兴趣广泛，在多门学科都有建树，所以他结交不同学术领域的朋友也很多。在留学时期，他不仅是中国科学社的主要创办人，也曾是哲学会社、数学会社、世界会社、中国学生会社等团体的活跃分子，他还是美国大学生联谊会会员，美国科学学术联谊会会员。成家立业以后，他有许多知心朋友，家中经常是高朋满座，宾客盈门。他虽然不做大官，但是却与许许多多的高官来往。他在中国科学社、数人会和音乐界中的活动我们已经有专章加以介绍，本章主要从他的社交活动、绿信、参与联合国科教文组织的筹建、担任美国语言学会会长与美国东方语言学会会长等方面的活动进一步向人们介绍这位出色的社会活动家。

第一节　行人街 27 号——中国人的活动中心

赵元任一生不愿意当官，但并不是不食人间烟火的避世学者。相反，他是一位积极入世，拥抱社会，善于交际，广交朋友，多结善缘，充分享受人生的哲人。他夫人也是个善于交际的能人，因此无论是在中国还是在美国，他的家里总是客人不断。在哈佛工作期间，麻州剑桥行人街（Walker Street）27 号成为中国人的活动中心。据《赵元任年谱》记载，经常去的老朋友有胡适、任鸿隽、竺可桢、任之恭、陈衡哲、蒋梦麟、周鲠生、金岳霖、陈福田、萨本栋、陶孟和、张彭春、林语堂、周培源、邹秉文、李方桂、丁声树、罗常培、张书旂、费孝通、吴有训、钱学森、钱端升、梁思成、林同济、赵忠尧等人，于斌主教、卫立煌及夫人韩权华、桂质廷、陈之迈、程天放、吴贻芳等也都先后去过。他曾与老舍多次会面。常州同乡周有光在美国工作期间也多次到过赵元任家。中国留学生，尤其是波斯顿地区的，更是经常去他家。1941 年，留美中国同学会、清华同学会、交大同学会、武汉大学同学会等都到他家开过会。1943 年清华同学会、哈佛 MIT 同学会、香港同学会等在他家聚会。逢年过节时去的人有时多达上百人。

珍珠港事件发生后赵元任一家经常参加"中华赈济联合会"的各种活动，如在为救济难民进行各种形式的募捐活动中，赵元任就作了介绍中国文化和

20世纪40年代在剑桥胡适(中)与赵元任夫妇、张彭春夫妇合影

音乐的演讲,并让女儿们作示范演唱。中国人民的好朋友,美国著名作家斯诺在波斯顿演讲介绍中国情况时,赵元任一家出席了演讲会,女儿如兰和新那参加了接待工作。

美国参战后,1942年中国政府在美国成立了"战争时期中国留美学生规划委员会"。宋子文为主任,赵元任为副主任,胡适、孟治、周鲠生等为委员。

1946年"中华赈济联合会"在预备结束工作之前组织了给中国各大学捐书的活动。赵元任夫妇积极投入这项活动,为支援祖国的教育事业贡献力量。

1948年9月,赵家迁入新居克莱蒙特街1059号(1059 Cragmont Ave),这个地方也很快成为柏克莱华人的社交活动中心。年谱记载,到过的新老朋友有陈世骧、吴有训、郝更生夫妇、钱端生、董任坚、董彦堂(史语所考古组)、王锡衡夫妇、刘君若、萨本栋等人。

第二节　五封绿信

赵元任除了与朋友通过私人信函、电话和传真等形式交流外，还用一种特殊的通信方式——绿信。所谓绿信，是一种向所有朋友群发的通函，类似于现在群发的电子邮件或微信朋友圈。因他写作时经常使用一种绿色的封面或标题而得名。1938年2月5日他写过一封用中文写的通函，专门介绍一家从长沙到昆明逃难的经历，收入《赵元任全集》第15卷第929–933页里。赵元任一生向朋友们发出的英文绿信，收录到《赵元任全集》第16卷里的共有五封。这些绿信都编在一起，共101页。通过绿信，他每隔一段时间向朋友们通报自己的生活情况、学术活动、研究心得和各种观感。这是很独特的一种通信方式，也是他广交朋友的一种十分有效的交际手段。这些信件内容涉及生活的方方面面，他把自己的喜怒哀乐和朋友们共享，文笔流畅且幽默风趣，读了这些信，朋友们没有不开怀大笑的，而友谊自然也会从中不断加深。这五封绿信都是用英文写的，下面我们简单做些介绍。

第一封绿信1921年三四月间完成于北京遂安伯胡同2号，也就是在他与罗素住在一起的地方写的。这封信共印了164份，79份寄送国内亲友，85份寄给国外的朋友。主要向朋友们通报回国后的情况。信中说他当前的一切发生了重大的变化，与七个月之前大不一样，朋友们如果要了解他一定要读这封信。1920年7月他曾经发过一封信。在这封绿信中他简单地回忆了自己的身世，谈了到美国留学，回国到清华任教以及给罗素当翻译的情况。信中谈到了交友之道。谈到音乐花了他很多时间和精力。

在回国的船上，他与一个留学生交谈，觉得这位学生的谈吐单调乏味。赵元任说，如果有人问他留学生有什么缺点的话，他的答复是平淡无奇（platitudes）。如果一个留学生经常把"我热爱的祖国""爱国主义""民族荣誉""服务""牺牲""合作""相互帮助""友谊"一类的词语挂在嘴边，赵元任认为这个学生对中国或其他国家来说，就可能是个没用的或是个没有效率的人，因为陈词滥调会使人起鸡皮疙瘩。可见赵元任讲究效果和效率，是个不喜欢空谈的人。在他看来，要靠真本领和做实事为国为民效劳，就应该少说多做。对于美国，他承认已经有了深厚的感情，他认为美国是西方文化的代表，尽管这样，他觉得自己身上还是中国元素多于西洋元素。

信中谈到了政治、宗教等内容。他固然知道不涉足政治的态度是不对的，因为这样就有可能会让坏人操持政治，尽管他深明大义，但是他仍然没有太多兴趣谈论政治。他谈到他以开放的心态对待基督教，但也看到了基督教荒唐和不好的一面。他赞赏爱因斯坦的相对论，认为那是唯一值得尊重的理论。这些叙述隐隐约约可以看到赵元任的"科学至上"主义。

对于爱情，赵元任也有很精辟的论述。他说，爱犹如体育运动的跳水，可以有深浅，可以有长短，可以是普通的，也可以有花样的，可以前空翻，也可以后空翻。错误的爱是非常痛苦的，人们也许会说绝不能重复，可很多人还是免不了要走上老路。

第二封绿信1923年4月15日完成于美国剑桥，一共寄出237份，向朋友们通报了两年多来的情况，这封信距离上一封信的时间是730天。在这些日子里，他解除了娃娃亲的婚约，找到了自己的所爱并与之结婚，还做了父亲。他兴奋和幽默地告诉朋友们，自己的宝贝女儿也许就是将来美国或中国的第一个女总统。谈到他翻译《阿丽思漫游奇境记》，灌制国语留声片，编写国音新诗韵，创制国语罗马字等情况。他告诉朋友们，他吃了比过去十年加起来还要多的中国菜；倒了半吨的垃圾；自己亲自洗碗或在道德上支持洗碗，这些碗的总数达到8000个左右；教美国人学习汉语的关系从句以及介词，这项工作的艰辛犹如推销员完成超人的工作任务。

信中他向朋友们披露了他解除婚约的理由和过程。这门娃娃亲是在他双亲去世后亲戚们在他离家到南京上学时定下来的。1910年出国赴美之前媒人曾经着急要给他成亲。他虽然是个善于犹豫的人，但在这件事上却很坚定，他决不能与一个自己对她没有任何了解的女孩结婚。通过调解，解除婚约的条件是他必须付一笔教育费给对方。他付了这笔钱，但是他觉得很冤枉。因为他可以用这笔钱来宣传抗日，帮助穷困的学生上学，买些精装书送给科学社图书馆，或者是救助受灾的儿童，怎么做都比花在这个女孩身上强。

在谈到人们对他再次赴美有着种种猜测时他幽默地说，美国是地球上他去中国的一个中间站，也就是说，中国是他的目的地，美国只不过是暂时的滞留地。在此人们可以看到他的中国情结。

这阶段他在音乐理论和创作实践上都有了提高。他想在中国推行一种新的音乐记谱法。信中还谈到了他的一个爱好,收集有关数字"十七"被人们喜爱的资料。他还讨论了妇女是否参加普选和男女同校的问题,他认为如果妇女不能投票,男人也不应该有这个权利。在当时的中国,男女不能同校就意味着女孩子没有地方上学。

在哲学上,他公开宣称自己原则上属于实用主义。他的一些学术观点是通过研究数学和物理的原理得到的。他认为黑格尔唯心主义哲学的方法和美国的实用主义是可以相容的。对于一个人是否应该在30岁以前专门研究哲学,赵元任持怀疑主义的态度。

关于怎样看待布尔塞维克,赵元任同意卓别林的观点,认为这是一个值得去做的试验。信中还谈到了他对日本、黑人和礼服存有成见。他对日本有成见源自日本在中国所犯下的暴行。

他非常风趣地给朋友们讲述了有关礼服的故事。他至今感兴趣的礼服一共有七套,有五套他穿过。这不是说他穿坏了五套礼服,因为每一套礼服他只穿过一次。其他的两套,其中的一套使他觉得饶有兴致的是因为他在纽约市看到有个大胆男孩竟敢在上千人的面前偷它,当然目击者是剧院里的观众。与另外一套礼服有关的事发生在1912年第五届国际数学大会会址麻州剑桥。会议要求正餐用餐者要穿礼服,有一天晚餐应该穿晚礼服时只有一个客人没有穿,这个人觉得很难堪,第二天早上用早餐时,这个尴尬的人决定再也不能这样与众不同,于是穿着晚礼服去用餐。赵元任马上接着解释说,这个人并不是他本人,而是来自巴尔干的客人。那么他自己的五套礼服又是怎么回事呢?第一套是用七美元租来的;第二套穿起来在会上讲话时喉咙不舒服;第三套穿着唱歌时音符低了半音;第四套穿着得了感冒,因为太单薄,腰受风了;第五套穿的时候因忘了怎么打领带拖延了时间,最后没有赶上火车。不过这些故事还不是他不喜欢礼服的主要理由,他毫不掩饰地同朋友们说,症结在费用。他这样盘算道,两套礼服的费用可以买一辆福特车。一套礼服的费用可以买二等舱的船票往返大西洋一次,或者可以像王子一样在德国住上半个年头,也可以用购买礼服的费用去救济那些贫穷饥饿的人。用来整修礼服的费用和时间,他也舍不得,因为用这些费用和时间,他可以把两年写一次绿信的时间改为一年写两次并打印出来。总之，一般都认为穿礼服洋气、帅，但在赵元任看来，却似乎与"女人气"是同义词。

更有趣的是，他告诉朋友们他与普通人一样，有许多不知道的东西。他幽默地列举说，比如他不知道当时中国的副总统是谁，不知道 Tuxedo（小夜礼服）是一种长罩衣还是一种管乐器，不知道各位对大多数问题的看法，不知道中国收什么税，也不知道应该在哪里交税，不知道美国的女孩子们单独在一起的时候会相互说些什么，他分不清探戈舞和圣维塔舞（St. Vitus' dance，一种舞蹈病），他不知道玫瑰花、兰花、洋白菜、松树等的学名是什么，在家里不知道怎样泡药酒，不知道怎么打扑克，不知道打高尔夫球有什么乐趣，不知道他这一次为什么要离开中国，不知道朋友们为什么为没有给他写信还寻找出这么没有创意的理由……

第三封绿信 1925 年 2 月 29 日写于法国巴黎，讲述了他在美国工作和到欧洲考察的经历和感受。在出发之前，他一直在整理行李和打包，准备带走的足足有 80 立方英尺的书和日常用品，还有 80 立方英尺没法带走，只好出卖、送人或不要了。他叙述了陪伴多年的钢琴的经历：芝加哥制造，购于绮色佳，先后又带到了剑桥、芝加哥、绮色佳和剑桥，这一次只好卖掉，卖了原价的三分之一。告别了朋友，他们全家坐了九天船才从美国到达欧洲。赵太太第五天以后就适应了船上的生活，二女儿新那晕船，大女儿如兰不晕船，如兰喜欢大海，她把海叫做 wahtah（水）。

他们先到英国，他对南安普顿和伦敦的印象都没有想象中的好。脑海中的南安普顿好像是曝光不够的照片。伦敦更让人失望，到处是烟囱，除了烟囱还是烟囱，这有碍观瞻。伦敦的房子矮小且不说，泰晤士河怎么会是这样小的一条河呢？想象中起码它应该是长江口那么大，事实上竟然还没有上海黄浦江那么大。房子那么不好找还那么贵。然而赵元任很快在英国找到了乐趣。他拜访了老朋友罗素，在那里住了一个星期，还到海滩边游泳。那里的气候非常凉快，虽然是夏天却没有夏天炎热的感觉。

他们坐火车到巴黎。巴黎同纽约一样是国际大都市，这里一年四季常青，街道宽阔，建筑物也高大，好像是给恐龙和汽车建造的。巴黎这种气派好像可以装下好几个伦敦似的。不过就居住而言赵元任觉得还是人性化一点好。他们在塞纳河边的一个乡村找到了一个地方把两个女儿放在那边请人帮助照看几个月。这两个可爱的女儿在这几个月里忘记了她们还没有学会的英语，学会了后来再也没有记住的法语。

接着他们到了柏林。他对柏林的初次印象是，这个城市干净、开阔并且井井有条，但是给人十分可怕的感觉。柏林到处是狮子、枪和巨大的王冠。他认为军国主义的这些东西他已经熟知，没有必要再来提醒他。南德国就大不一样，纽伦堡是他在欧洲见到的最有意思的城市，这个城市与他想象中的欧洲城市最为一致。慕尼黑这个城市太重要了，以至于三天之后他还无法做出正确的判断。它好像是在柏林的基础上软化了下来但又加倍提升。

他们来到了瑞士。与上面所说的这些城市相比，瑞士肯定没有那么大的名气，从外表上看，琉森湖好像是把杭州的西湖分成了若干个小湖，如果分得再小些就更漂亮。与少女峰（幼女岭）阳光明亮的雪山美景相比，乘坐有齿轮电车到景点的途中好像是置身于昏暗的星空中。首都伯尔尼开始似乎感觉还好，但最后还是有些扫兴。有趣的是，赵太太买了一个瑞士表，不走，又去换了一个，还是不走，只好放在一边不管它了，几天后竟自动走起来了，此后也就一直走着。旅行是有趣的，可这样浮光掠影难免觉得单调，没有闲暇的午后静思那样有乐趣。虽说有点厌烦，还是很想到意大利去看看。

赵元任花了一些时间到大英博物馆读书，可是借书要花很长的时间，他只好一边读着自己带进去的书一边等待着要借的书。

在欧洲待久了，看多了，也就慢慢觉得枯燥无味了。这一切就是他旅欧的印象。最后一部分他告诉朋友们一些有关他对音乐和语言学等方面的想法。

第四封绿信 1975 年 1 月 1 日寄出，当贺年卡用。这封信与第三封绿信相隔了五十年。信中简要地向朋友们通报了这五十年中的经历和感受。介绍了他翻译的著作和语言学方面的著作。在他的 116 篇论文中，被引用最多的是《音位标音的多能性》。他谦虚地说其他大部分文章都过时了。他觉得谱曲比作诗、写散文有意思，在自己创作的音乐作品中最受欢迎的是《教我如何不想他》。他退休后主要时间用来写作，大部分时间都用在《通字方案》上。所谓通字是从汉字的 1 万个常用字中选择可以涵盖粤语、闽语、吴语和北方官话的 2000 个字。用这些字来书写现有的中文文本，他发现写不出来的不到 10%。通字有汉字通字，还有罗马字通字。罗马字通字反映了汉语主要方言的特点。1973 年回国期间，他与国内同行讨论了这个方案。

他向朋友们通报了主要家庭成员的情况，四个女儿中老大、老二和老三都成家立业，老四虽然结婚但两人合不来又分开了。三女儿嫁给日本人，亲家是个开明人士，因反战而入狱。

他有边散步边思考问题的习惯，由于害怕会打断思路没能把所想到的写下来，由此他说，如果有人能发明一种思考问题的记录机那该有多好啊。

第五封绿信 1978 年 6 月 1 日在加州发出，共寄送了 451 份，信中主要发表了他本人对语言学和音乐的一些见解。这些见解虽然是零散的，却处处闪耀着老人家的思想火花。

南京方言"热死咯！热死我咯！我看你呀，你也热死咯！"这段话，南京人说起来就好像在唱歌。

信中讨论了禁忌语的问题。汉语发音时有些同音词要避免，否则会出现难堪的局面，例如大女儿在南京读书时，物理老师在描述实验结果时说了"大变"这样的词，因为它与"大便"同音，老师说后觉得难堪，学生听了也都感到难堪。

汉语"手指甲""脚趾甲"中 zhi 写成不同的字，如果我们要说"我剪了十个手指甲和十个脚趾甲，他们总共是二十个 zhijia"，zhi 是写哪一个字呢？赵元任建议把 zhijia 写成"肢甲"。看起来他还在想着他的通字。

他观察到汉语词汇意义的变化，"骄傲"本来是贬义的，可是好像当褒义用了，有些动宾结构的动词，像"强调""登陆"也作及物动词用了。

第三节　参加筹建联合国教科文组织

"联合国"这一名称是由美国总统罗斯福设想出来的。该名称于 1942 年 1 月 1 日发布《联合国宣言》时首次使用。那时正是第二次世界大战进行期间，当时 26 个国家派出的代表承诺其政府将继续共同对轴心国作战。联合国的前身是"国际联盟"。该组织是在与第二次世界大战情况类似的第一次世界大战的背景下构想出来的。"国际联盟"是根据《凡尔赛条约》于 1919 年成立的，其宗旨是"促进国际合作和实现世界和平和安全"。 1945 年 4 月 25 日到 6 月 26 日，来自五十个国家的代表参加了在美国旧金山举行的联合国国际组织会议，会议的目的是起草《联合国宪章》。代表们在中国、苏联、联合王国和美国四国代表于 1944 年 8 月到 10 月在美国首都华盛顿敦巴顿橡树园（Dumbarton Oaks）会议上提出的提案基础上进行了热烈的讨论。1945 年 6 月 26 日，五十个国家的代表签署了《联合国宪章》。当时波兰没有派代表参加此次会议，但后来签署了《联合国宪章》，因而成为联合国五十一个创始会员国之一。在中国、法国、苏联、联合王国和美国以及大多数其他签字国批准《联合国宪章》之后，联合国组织于 1945 年 10 月 24 日正式成立。从此，10 月 24 日成为每年都要庆祝的联合国日。

联合国教育、科学及文化组织（UNESCO）创建于 1945 年 11 月 16 日。对于联合国这个专门机构来说，该组织为自己确定的宏伟目标是：通过教育、科学、文化与传播，提高人们的思想水平，建立一个和谐稳定的社会，也就是旨在维持世界的长久和平。1942 年，在第二次世界大战肆虐之际，抗击德国纳粹及其盟国的欧洲国家政府在英格兰召开盟国教育部长会议。当时，距离战争结束的时间还早，但这些国家开始思考一旦战争结束，就应该考虑如何重建教育体系。这一设想很快有了进展，引起国际社会的普遍反响。许多国家的政府，其中包括美利坚合众国，都决定参与。1945 年 11 月 1 日到 16 日，战争刚刚结束，根据盟国教育部长会议的提议，在伦敦举行了旨在成立一个教育及文化组织的联合国会议（ECO/CONF）。大约四十个国家的代表出席了这次会议。在饱经战争苦难的两个西欧文化教育相对发达的国家—— 法国和英国—— 的推动下，会议代表决定成立一个以真正和平为宗旨的文化组织。按照他们的设想，这个新的组织应加强"人类智力上和道义上的团结"，从而防止爆发新的世界大战。会议结束时，三十七个国家签署了《组织法》，联合国教育、科学及文化组织（UNESCO）从此诞生。

赵元任在联合国教科文组织的筹备和运作过程中，作为中国的代表做出了杰出的贡献。

1945 年 9 月，国民政府教育部长朱家骅聘请赵元任作为中国出席联合国教科文组织筹备会议的代表团成员。10 月 27 日到 11 月 21 日，赵元任同胡适一起到英国伦敦参加联合国教科文组织的筹备会。胡适是代表团首席代表，陈通伯为代表团秘书。教科文组织起初叫"联合国教育文化组织会议"(United Nations Conference on Education and Cultural Organization),简称UNECO。11月5日会议分组时分为五个专门委员会,赵元任被分配到第一专门委员会。这个专门委员会负责讨论组织的名称和导言。当美国代表提议名称应加上 scientific(科学),简称应改为 UNESCO 时,赵元任立即代表中国代表团附议。并于第二天讨论会上申明支持该项提议的理由。赵元任说明的理由有一条是 UNESCO 读起来比 UNECO 好听。经过多次辩论,大家终于同意使用后来使用的"教科文组织"的名称。11月8日,赵元任被分到起草委员会并参加起草委员会会议。

1946年6月26日到7月13日,赵元任再次到伦敦参加联合国教科文组织预备会议和相关活动。这次他被分在文学和哲学委员会,并被推选为该委员会的副主任,与希腊的委员会主任轮流主持会议。7月5日,预备大会专门委员会开第一次会议并成立起草委员会,赵元任被推选为起草委员会委员。7月14日,他到英国广播公司BBC录音,向中国广播有关联合国教科文组织的讲话。

1946年8月,他为联合国教科文组织撰写了一篇有关中国语言教育的报

1945年在伦敦参加联合国教科文组织筹备会议(前排左起:赵元任、罗家伦、胡适、顾维钧、程天放、李书华,后排左4:叶公超)

告（Report on Language Education to UNESCO, Fundamental Education: Language Education in China）。1946 年 11 月到 12 月，他以中国代表团首席代表身份到巴黎参加联合国教科文组织成立大会，并主持代表团的工作。11 月 19 日，他出席了在巴黎索邦（Sorbonne）召开的开幕典礼，并被选为 7 位会议副主席之一。11 月 21 日他作了大会发言，11 月 22 日在英国广播公司 BBC 录音，对中国广大听众演讲。12 月 6 日，在中国政府大使的率领下，中国代表团拜会了法国总统。12 月 10 日下午，赵元任主持了大会闭幕式。

1947 年 11 月赵元任再次受教育部长朱家骅委派，以团员身份到墨西哥参加联合国教科文组织会议。以前会议的工作语言是英语和法语，赵元任都应付自如，这次会议工作语言增加了西班牙语，所以赵元任动身之前还专门自学西班牙语口语。11 月 11 日到达墨西哥城参加会议，他被推选为文学艺术委员会（Art and Letters Committee）主席，并主持了会议。后来他又参加了项目和预算委员会（Program and Budget Commission）及起草委员会会议。会议中赵元任自如地使用三种工作语言。

1948 年 4 月他应邀担任联合国教科文组织暑期讲习班负责人的工作。暑期讲习班设在纽约长岛。6 月 28 日开始，8 月 17 日结束。参加讲习班的学员来自世界二十七个国家。学习活动主要包括听报告，讨论和交流各国的科学、教育和文化情况，参观联合国并旁听安理会会议，参观学校和博物馆等。赵元任和学员一起听报告，参加各种讨论并陪同参观。7 月 18 日，罗斯福夫人接见全体学员并谈到了人权问题。赵元任代表全体学员向罗斯福夫人表示感谢。8 月 16 日，联合国秘书长特里格夫·赖伊（Trigve Lie）接见全体学员。在此期间，赵元任还撰写了一篇介绍讲习班的广播稿并分别用中文、英文、法文和西班牙文播讲和录音。

第四节　担任美国语言学会会长的中国人

美国语言学会（Linguistic Society of America）是美国语言学界的一个民间组织，成立于 1924 年 12 月 28 日。学会由二十九位美国著名的语言学家发起组织，其中有鲍阿斯、萨丕尔、布龙菲尔德等人。会员大都是美国著名的语言学家。学会出版的会刊《语言》杂志是国际上权威的语言学杂志，它引领着世界的语言学潮流。美国语言学会会长任期为一年，萨丕尔、布龙菲尔德等人都当过会长。赵元任1939年成为美国语言学会会员，1945年被选为会长。做会长这件事使他感到十分兴奋，自己认为这是"做了一个中国人自然是一件可以特别得意的事情"（见《我的语言自传》）。因为赵元任当时还没有加入美国籍，他还是中国人。赵元任的好友李方桂1949年被选为美国语言学会副会长，他们两人都为中国人争了光。1945年12月31日，赵元任到纽约参加美国语言学会学术讨论会，他作为学会的会长在会上宣读了论文《中文词的逻辑结构》。他在准备宣读论文时要求自己讲得生动，要做到引人发笑。论文宣读完以后自己对效果还比较满意，日记中记载"该笑的地方都笑了"。

赵元任参加美国语言学会的活动除了参加学术讨论会外，还参加了美国语言学会举办的暑期语言学讲习班（Linguistic Society of America, Linguistic Institute）的讲学活动。1941年，他到北卡罗来纳大学的教堂山（Chapel Hill）讲学，一共讲了八次。1946年、1947年和1950年三次到密西根州安娜堡（Ann Arbor）的暑期语言学讲习班讲学。1962年他参加了在西雅图的暑期讲习班的讲学。这个讲习班规格很高，为国际社会培养了一批语言学研究的骨干力量。

第五节　当选美国东方学会会长

美国东方学会（American Oriental Society）于1842年9月7日在马萨诸塞州成立，是美国东方学研究的权威机构，也是美国第一所汉学研究机构。该会由美国传教士与外交官创立，以"传播东方知识，增进东方学研究"为宗旨，先后出版了《美国东方杂志》《美国东方学丛刊》和《美国东方学翻译丛刊》等刊物。亚洲研究是该会的重点，内容涉及语文学、文学批评、文本批评、古文字学、金石学、语言学、传记文学、考古学以及东方文明的思维发展史等方面。美国著名的语言学家惠特尼（W. D. Whitney）曾经担任过该会的会长。

赵元任 1960 年 3 月 28 日到耶鲁大学参加美国东方学会的学术会议，在会上会晤了过去史语所的同事李方桂和李济。他们两人也参加了会议。4 月 1 日最后一天学会选举新会长，赵元任当选为美国东方学会新一届的会长。1961 年 3 月 24 日，赵元任在夫人、外孙女卞昭波和内侄杨时逢的陪伴下，到费城参加美国东方学会第 171 次会议。27 日在宾夕法尼亚大学开执委会，28 日赵元任担任会议主席，并在会议上作了"什么是正确的汉语"的演讲。29 日听女儿如兰在远东组宣读"宋朝音乐"论文，当天晚上主持晚宴。第二天参加学会的事务会。可见晚年的赵元任学术活动还是那么丰富多彩。

赵元任参加美国东方学会的活动已经有二十多年的历史。1940 年 3 月他就参加了两次活动。3 月 14 日到 18 日，他参加了在费城召开的会议，并在会上讲《中国的语言研究与语言教育》；3 月 26 日到 29 日，他到纽约哥伦比亚大学参加美国东方学会远东组的会议，在会上讲《汉语双音节复合词中的非重读音节》。

第六节　与蔡元培的交往

蔡元培是民国时期教育界的领军人物，担任过北京大学校长。作为北京大学校长，蔡元培曾多次邀请赵元任到北京大学任教。1919 年赵元任在哈佛大学获得哲学博士学位以后，蔡元培就致函赵元任，邀请他到北京大学任哲学系教授，并特许休假一年，先到欧洲考察。这一次赵元任没有答应是他选择了到母校康奈尔大学去教物理。在推举给罗素当翻译的人选过程中，蔡元培和其他名流都极力举荐赵元任出任这项非他莫属的工作。也就是在此期间，赵元任拜识了蔡元培，并且参加了由蔡元培任会长的"国语研究会"，从此为推动国语的统一和规范做出了不可磨灭的贡献。1921 年赵元任新婚携妻子再度赴美任教时，蔡元培让他享受了以北大教授出国进修的身份。赵元任在出任清华国学院四大导师之前旅欧时在法国又与蔡元培相遇，蔡元培再次诚邀赵元任到北大任教，赵元任因已答应清华，只好婉言谢绝。

北洋军阀后期，由赵元任设计，"数人会"讨论拟定的《国语罗马字拼音法式》，当时的教育部当局拒绝以部令的形式公布，两年后蔡元培主持"中华民国大学院"的工作，把这份法式以"国语字母第二式"正式公布。布告如下：

中华民国大学院第十七号布告

为布告事：

　　查国语统一筹备会制定国语罗马字拼音法式，两年以来，精心研究，多方试验，期于美善，其致力之勤劬，至堪嘉尚！兹经本院提出大学委员会讨论，认为该项罗马字拼音法式，足以唤起全国研究语音学者之注意，并发表意见，互相参证；且可作为国音字母第二式，以便一切注音之用，实于统一国语有甚大之助力。特此公布，俾利推广而收宏效。

此布

中华民国十七年九月二十六日

院长蔡元培

　　赵元任作为主稿人对此感到十分高兴，10月5日在日记里用国语罗马字写下了"国语罗马字已于9月26日公布了，好哇！！！"

　　蔡元培后来离开北大创办中央研究院并任院长，赵元任离开清华到中央研究院史语所任研究员，两人终于走到了一起。抗日战争爆发后，蔡元培到香港养病。赵元任1938年8月初离开昆明再度出国时途经香港拜访了蔡元培。蔡元培违背医嘱，在重病中接见赵元任，叮嘱赵元任要尽早归国。1939年4月中央研究院去信询问赵元任是否可以参加第六届太平洋科学会议，赵元任答应可以后，5月就接到蔡元培签署的聘书。1940年3月5日蔡元培在香港病逝，赵元任知道后马上给同在美国的胡适写信，表达了对蔡元培去世的悲痛心情。

第七节　与董浩云的交往

　　董浩云1912年生于上海，祖籍浙江定海。董浩云祖父举家迁居上海闸北，以制衣为业。父亲董瑞昌，先开办印刷所，后在上海南市大东门开设源森玻璃五金店。董瑞昌有三子，浩云排行第二，原名"兆荣"，英文简名C.Y.。香港特别行政区首任行政长官董建华是其长子。由于董浩云在中国航海事业方面的杰出成就，被誉为"郑和第二""中国远洋航运第一人"。1959年8月31日，7万吨的超级油轮"东亚巨人号"在日本佐世保船厂建成下水。"东亚巨人号"是当时亚洲最大的邮轮，也是全球十大巨轮之一。1960年出版的《大英百科全书》中记载说，1959年建造的"东亚巨人号"是亚洲人拥有、建造、经营和亚洲船员所驾驶操作的最大船舶。董浩云亲自为该轮下水撰写《"东亚巨人号"下水颂》，并请好友赵元任为歌词谱曲。1959年11月9日到16日，赵元任为《"东亚巨人号"下水颂》谱曲并配和声。16日还将歌曲录音，并将歌谱与磁带寄给董浩云。1968年11月赵元任到台湾讲学，回美国途中经过日本东京，携夫人拜访了时在东京的董浩云。1970年6月1日，赵元任夫妇结婚49周年，董浩云和王慎名宴请元任夫妇，并送花祝贺。下图是董浩云（右二）在"东方领袖"船上招待赵元任夫妇（中为赵元任，左一为夫人杨步伟）与歌唱家斯义桂（左二）。

"东方领袖"是董浩云拥有的第一艘中国货柜轮。斯义桂是在海外享有盛誉的歌唱家,是美国纽约罗切斯特大学伊斯特曼音乐学院声乐系主任、终身教授。他是世界十大歌唱家之一,与林语堂、张大千同被称为中国海外华人的世界文化三巨星,能用中、英、德、意、俄、法六种语言演唱数百首世界名曲,曾以赵元任谱曲的《教我如何不想他》唱遍亚、欧、美、大洋洲四大洲。

赵家与董家经常往来,下图是赵元任亲笔抄写杨步伟在出游时背诵的苏东坡诗《腊日游孤山访惠勤惠思二僧》上半首送董浩云夫妇的原件。全诗是这样写的:

天欲雪,云满湖,楼台明灭山有无。水清出石鱼可数,林深无人鸟相呼。腊日不归对妻孥,名寻道人实自娱。道人之居在何许?宝云山前路盘纡。孤山孤绝谁肯庐?道人有道山不孤。纸窗竹屋深自暖,拥褐坐睡依团蒲。天寒路远愁仆夫,整驾催归及未晡。出山回望云木合,但见野鹘盘浮图。兹游淡薄欢有余,到家恍如梦蘧蘧。作诗火急追亡逋,清景一失后难摹。

杨步伟背诵此诗时个别地方有误,赵元任在抄写时没有改动,如实抄送老朋友,可见他们之间交情至深。

赵元任仙逝以后，董浩云给赵如兰写了一封满怀深情的信，信中写到：

> 令尊元任先生逝世后我们都感到哀悼和茫然若失。近年来令堂去世后元任先生离开伯克莱迁居东岸，我满以为可与我人在波士顿或纽约多见面，岂知他自中国返来，竟撒手辞世，世事变化莫测，令人悲悼莫名。总算他已有九十高龄，替人类社会做了重大工作与名贵的供献，亦可告无憾了。我接到您长函后感喟良久，特函致唁，并请节哀。附上旧日元任先生为"东亚巨人"世界当时最大的邮轮作谱之印本奉请

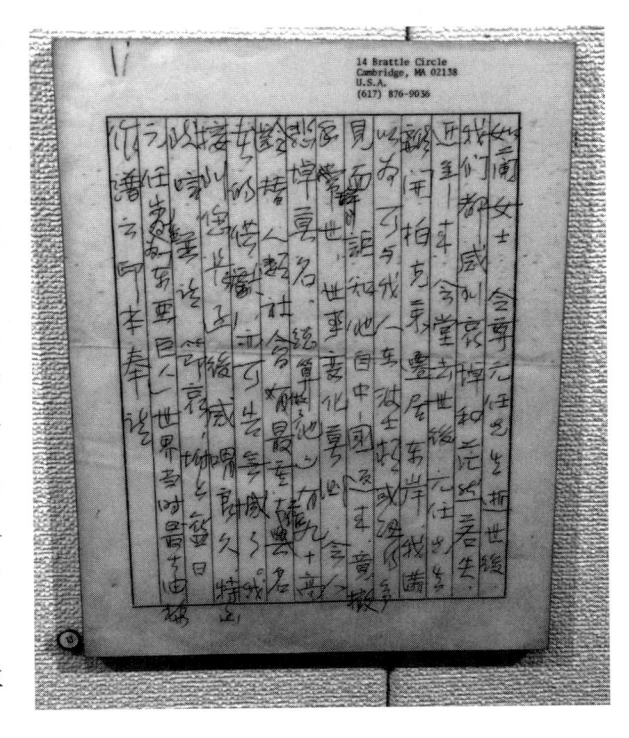

右图是董浩云给赵如兰信的原件。

第八节 与赵朴初的交往

赵朴初是我国佛教界的领袖人物，赵元任本来与他并没有什么交往。1973年赵元任夫妇回国后，周恩来总理接见他们时特别邀请赵朴初一起参加了会见。这是因为周总理考虑到赵夫人关心祖父杨仁山创办的金陵刻经处的情况，而赵朴初当时是中国佛教协会会长。在会见中，赵朴初回顾了金陵刻经处1949年以后的维护情况。1952年夏天，金陵刻经处板房内杂草丛生，圆瑛法师和赵朴初等以抗美援朝的名义成立了"金陵刻经处护持委员会"，并请

1981年与赵朴初在北京会面

专人负责管理。"文化大革命"中许多因素造成了一些损坏，赵朴初又亲自给周总理写信，要求尽快把金陵刻经处归还佛教部门管理，周总理立即批示同意。赵朴初还多次到南京指导工作。赵夫人听完介绍，高兴得连连道谢。

1979年8月，赵朴初任团长，带着一个宗教代表团到美国普林斯顿参加第三届世界宗教者和平会议，会议结束后赵朴初与李荣熙取道旧金山回国，于9月13日拜访了赵元任夫妇。夫妇俩十分高兴，留客人在家里住了一夜。赵朴初为赵夫人90寿辰写了一首诗，表示祝贺。赵夫人捐赠给金陵刻经处2000美元。

1981年5月，在夫人去世两个月后赵元任再次回到祖国访问。6月2日上午，赵朴初到北京饭店拜访了赵元任。见面时赵元任告诉赵朴初，他到南京后看了延龄巷的金陵刻经处。因为当时来访人员较多，他们还没能把要说的话说完，于是约定在赵元任离开北京之前再见一次面。6月10日下午，赵朴初再次到北京饭店拜访赵元任，会谈时杨仁山的后代杨若宪、杨若英、杨若芳、鲍正鹄等人也在座。

赵元任回美国后不到一年就仙逝了。赵朴初在赵元任夫妇相继去世后继续关心金陵刻经处的发展工作。

第九节　与胡乔木的交往

胡乔木 1930 年考入清华大学，那时赵元任虽到中央研究院史语所工作，但仍在清华兼课。1981 年 6 月 8 日，赵元任到医院探望胡乔木时，胡乔木在与赵元任交谈中说他在清华大学读书时曾作为旁听生听过赵元任的一次音韵学课，收益很多，后来因工作关系，没有继续去听。

赵元任晚年的力作《中国话的文法》是一部汉语口语语法研究的重要著作，原文是用英文写的，吕叔湘认为这本书值得翻译出来，介绍给国内的同行，所以他把这本书经过压缩加工翻译成汉语，并取名《汉语口语语法》，1979 年由商务印书馆出版。胡乔木 1981 年在患胆囊炎准备做手术期间，认真读了吕叔湘的译著，还在 5 月 16 日给吕叔湘写了一封信，对赵元任这本书大加赞赏，说这是一部难得的好书，希望有人写篇书评加以介绍。在高度肯定译作的前提下对一些技术性问题提出了四十条意见。

1981 年赵元任应中国社会科学院邀请再次回国访问期间，作为院长的胡乔木因住院没能出席欢迎宴会，但是他还是在 5 月 19 日宴会之前在人民大会堂会见了赵元任。6 月 8 日，在社科院外事局局长王光美、二女儿赵新那和女婿黄培炎的陪同下，赵元任到医院看望胡乔木。胡乔木询问了赵元任回国访问的一些具体情况，问及他的行程，并且告诉赵元任他已经读完了吕叔湘翻译的《汉语口语语法》。他说赵先生的很多书都在国外出版，这些著作最好由国内翻译出版。胡乔木询问了有关《通字方案》的情况，并建议国内的出版社将《通字方案》翻译出版。胡乔木还告诉赵元任，他喜欢赵元任创作的爱国歌曲，并说赵先生的歌集应该在国内出版。胡乔木还称赞《阿丽思漫游奇境记》的翻译语言很好，他读过这部译作，他的孩子也读过，今后还要让孙辈读。

6 月 11 日，胡乔木又专门从医院出来到赵元任下榻的宾馆拜会赵元任。胡乔木见面的第一句话就是"今天我是专门就一个学术问题来向您请教的"。胡乔木就音韵学的问题，尤其是诗歌中平仄的问题，同赵元任进行了探讨，两人的交谈兴致犹存，胡乔木回去后立即给赵元任写了一封信，继续请教诗歌中的平仄问题。这封信后来发表在 1997 年《新文学史料》第 3 期上。在这封信里，胡乔木向赵元任提出了四个问题：（一）平仄分类的客观依据是什么；（二）平仄分类的习惯为何那样深入民间，就连民歌都依照平仄规律的；（三）古今诗歌为何多用平声韵，汉语中为何平声字多；（四）怎样解释中国诗歌字数出现的奇偶变化。6 月 14 日，胡乔木又给中国社会科学院语言研究所的吕叔湘和李荣写信，希望语言所的研究人员也能对他所提的问题进行研究并加以解答。赵元任回美国后还没来得及回答胡乔木提出的问题就仙逝了。赵元任的学生吴宗济后来写了一篇文章，对胡乔木提出的问题进行了比较详细的解答。这篇文章题目叫作《试论汉语的声调和节奏——从胡乔木的提问谈起》，收入商务印书馆 2004 年出版的《吴宗济语言学论文集》。

第十节　七十六年的日记

　　赵元任的社会活动，大都详细地记录在他长达七十多年的日记中。他从 1906 年就开始记日记，几乎每天的活动都写在日记里。赵元任把这些日记视为珍宝，因为这些日记一旦失去就很难再从自己的记忆中准确地找寻回来。中国抗战期间，他在南京盖的房子被毁了，许多东西也失去了，他的日记和自己拍摄的照片却保留了下来，因为他早就有防范意识，事先做了准备，1937 年战火还没有烧到南京之前就把日记和照片寄存在美国贝尔电话实验室的朋友家中。

　　赵元任一生所写的日记在他仙逝后珍藏在美国加州大学柏克莱分校的图书馆里。

　　赵元任的家庭有记日记的氛围。他父亲记日记，表兄弟们也记日记。那个时代大家都用文言文记日记，赵元任也不例外。到美国留学以后，赵元任还保留了这个习惯。后来逐渐坚持用英语写日记，用中文写大纲。在日记里，赵元任粗略地记录了已经完成或正在计划的各种活动，自己在与人交往中的各种印象、感情与想法。

1906年第一篇日记

　　这些历时七十六年的日记即将由赵元任的亲属协助整理并以《赵元任全集》的形式与读者见面。我们将可以从这些日记中看到赵元任思想和生活的更加真实和丰富的一面，可以进一步详细解读他那充满科学、语言与艺术魅力的人生。

结 语

赵元任出生在摇摇欲坠的晚清王朝,亲身经历了中国最后一个封建王朝走向崩溃和灭亡的全过程,也看到了世界列强欺侮凌辱自己同胞的一幅幅情景。他与许多同时代人为了祖国的强大不断地求索、挣扎和奋斗。晚年他虽然身处异域,但他并没有忘记自己的祖国。他深知作为一个中国人应该怎样自强,中国的学术研究应该走什么样的道路才能进入世界学术的殿堂。他是中国那个时代的优秀知识分子的代表,深知知识分子的责任与局限。他在坚持不懈的奋斗中给人类留下了一笔宝贵的知识财富,也为中国学者在世界学术史上留下了不可磨灭的印记。他在学术上取得的成就,为中国的学术研究进入国际学术殿堂提供了范例。

赵元任不仅是我国著名的学者,也是世界著名的学者。他在科学、语言和艺术三个方面都为人类做出了重要贡献。当今社会这三个方面分属于不同的研究领域,世界上很少有人能够同时在这三个领域像他那样能够取得学界公认的成果。赵元任在数学和物理等自然科学方面有过专门的学习与研究,他虽然没有成为数学家或物理学家,但他在创办科学社团、编辑《科学》杂志和传播科学知识等方面做出了成绩。在语言学方面,他是国际上公认的语言学大师,在普通话语言学理论方面具有独特的见解。他对汉语的主要方言进行了大量的调查研究,对中华民族共同语——国语(普通话)的语音、词汇、语法的研究十分深入与独到,为中华民族共同语的规范与推广工作打下了很好的基础。他编写了多部中文的学习教材和双语字典,已经也将继续为中文的国际传播提供参考。通过许许多多赵元任式的中文国际传播者的艰辛开拓和努力工作,截至2017年12月31日,全世界146个国家(地区)已经建立525所孔子学院和1113个孔子课堂。中文国际传播已经进入一个全新的发展时期，赵元任传播中华民族共同语和中华文化的精神值得我们进一步发扬光大。1945年他作为中国的学者被美国语言学界选为美国语言学会会长，这不仅是他个人的荣誉，也是中国人的光荣。在艺术方面，他在音乐创作、歌词创作、白话诗创作、戏剧创作、翻译作品的文学再创作等方面留下的传世之作，将会在丰富我们的精神生活方面不断发挥作用。国务院原副总理李岚清同志在《中国近现代音乐笔谈》一书中称赞"赵元任是享誉世界的语言学家，也是开创我国近现代音乐新纪元的作曲家"[1]。赵元任的学术思想影响了中国20世纪主要的语言学家，例如王力、罗常培、丁声树、吕叔湘、李荣、朱德熙、陈原等。要了解20世纪中国学术思想史的发展，尤其是中国现代语言学史和现代中国音乐史的发展，就应该了解赵元任的学术思想。赵元任的学生遍天下，赵元任的学术思想在国际上也产生了深远的影响，因此这方面的研究不应该只停留在中国学术思想史的层面上，应该把它放到世界学术思想史上去进一步考察，从而进一步认识中国学者在世界学术思想发展史上的贡献。

赵元任给我们留下了丰富的遗产，应该怎样继承这些遗产？季羡林先生在《赵元任全集·总序》中说：

> 我们不是要继承和发扬赵元任先生的治学传统吗？想要做到这一点，不出两途：一是忠实地，完整地，亦步亦趋地跟着先生的足迹走，不敢越雷池一步。从表面上看上去，这似乎是真正忠诚于自己的老师了。其实，结果将会适得其反。古今真正有远见卓识的大师们都不愿意自己的学生这样做。依稀记得一位国画大师（齐白石？）说过一句话："学我者死"，不是生死的"死"，而是僵死，没有前途。这一句话对我们发扬元任先生的学术传统也很有意义。我们不能完全走元任先生走过的道路，不能完全应用元任先生应用过的方法，那样就会"死"。
>
> 第二条道路就是根据元任先生的基本精神，另辟蹊径，这样才能"活"。这里我必须多说几句。首先我要说，既然二十世纪的科学方法是分析的，是微观的。而且这种科学方法决不是只限于西方。二十世纪是

---

[1] 李岚清：《李岚清中国近代音乐笔谈》，北京：高等教育出版社，2009年，第98页。

西方文化，其中也包括科学方法等，垄断了全世界的时代。不管哪个国家的学者都必然要受到这种科学方法的影响，在任何科学领域内使用的都是分析的方法，微观的方法。不管科学家们自己是否已经意识到这一点，反正结果是一样的。我没有能读元任先生的全部著作，但是，根据我个人的推断，即使元任先生是东方语言大师，毕生研究的主要是汉语，他也很难逃脱这一个全世界都流行的分析思潮。他使用的这种方法也只能是微观的分析方法。他那谁也不能否认的辉煌成绩，是他使用这种方法达到尽善尽美的结果。就是有人想要跟踪他的足迹，使用他的方法，成绩也绝不会超越他。在这个意义上来说，赵元任先生是不可超越的。

赵元任固然用了西方的分析方法，但他也用综合的方法。1955 年赵元任在《汉语语法与逻辑杂谈》中就批评过从某一个语言结构的差异来断定讲这一语言的人群的思维差异的观点。有人在分析英语 It rains 一类的句子时认为，这类句子是用科学的思维对中性的物质作客观的思考为前提的。汉语没有这样的句子，语法上缺少了"it"，思维上也就缺少了考察客观的中性物质的能力，因此得出结论说中国人缺少考察客观的中性物质的能力，这也许就是中国人没能在西方科学传入以前自己发展出一套自然科学体系的真正原因。赵元任是怎样批评呢？请看：

  对于这个问题，我想谈两点看法。第一，现代西方科学只是近三四百年的事，它只占有文字记载的历史之一小部分，在整个人类文化史中所占的比重更小。任何一组偶然的（不涉及种族、语言的）环境因素都足以在历史跨入科学阶段的起步时期造成这种相对而言并不大的差别。探讨到底是哪些偶然因素造成了这种差别当然是非常有意义的，李约瑟与王玲所进行的研究就是为了这个目的。然而，对这个问题的全面解释，恐怕不是一天两天、一年两年就能做到的。

  第二，实体物质的概念只是西方科学思想的某一发展阶段的产物，它并不比人类语言中普遍存在的主语或体词更概括，更基本。当今的物理学理论中，恰恰出现了没有物质就可以产生的（力）场，没有物质的振动就可以产生波。作为一个以汉语为母语的人，我很想说：瞧，这就是汉语在科学上优于西方语言的明证。而且这里说的"科学",不是老式的牛顿意义下的"科学",而是二十世纪的现代科学!试问,在西方的语言里,谁能够不考虑"性"和"数"的因素,单说 moves 而不说 it moves,单说 vibrates,而不说 it vibrates?!然而,我认为自己又是一个研究语言的学者,必须尽量做到不偏不倚。……对语言和科学之间关系的最好概括,就是不要去做任何概括。①

上面的这段话很明显就是用综合的方法来分析事物。要从赵元任的著述中找出更多的类似例子并不难。我们并不是说赵元任没有历史局限。人无完人,金无足赤,赵元任一定有他的历史局限。赵元任有什么历史局限,有哪些传统可以继承,应该怎样继承,赵元任是否可以超越,怎样超越这些问题值得学术界进一步思考。

赵元任的学术传统应该怎样继承关系到学术思想的扬弃、继承与创新的重要问题。学术需要发展,更需要创新。没有学术思想的扬弃、继承和创新,学术的发展就一定是一句空话。扬弃有两个含义,一个是哲学的含义,一个是一般的意义,一般的意义是抛弃的意思。我们这里指的是哲学上的含义。我们认为它是理论思维的一个重要一环,甚至可以说,它是理论发展的必要的一个步骤。没有扬弃,就不会有创新。扬弃有对前人学术思想的扬弃,也可以是同时代其他学人、学派学术思想的扬弃,同时也可以是自身学术思想的扬弃。在扬弃的基础上继承优秀学术思想和学术传统也是理论创新的重要条件。不要继承任何学术思想或传统就可以自己创造出一套学术思想来是一种天真的幼稚的想法。彻底否定一切前人或别人的学术思想而想自己创造出一套学术思想让自己或别人来继承只能是痴人说梦。扬弃包含着继承,彻底否定排斥继承。我们尊敬我们前辈的劳动成果,但我们只有在扬弃的基础上继承前辈的成果,才有可能使他们的学术思想和学术传统更加光辉灿烂;我们尊重同时代学人的辛勤劳动,但只有在扬弃的基础上借鉴别人的研究成果,才有可能使他们的成果在社会中发挥更大的作用;我们珍惜自己的研究成果,

---

① 见袁毓林编《中国现代语言学的开拓与发展——赵元任语言学论文选》,北京:清华大学出版社,1992年,第230页。

但是只有在扬弃的基础上总结自己的学术心得，才有可能使自己的学术研究更上一层楼。

　　赵元任1982年仙逝三十多年了，但他的学术思想光芒还继续在星空中闪烁。2012年是赵元任诞辰120周年，学界举行了各种各样的纪念活动。此书的初版，给赵元任诞辰120周年献上一份薄礼！

主要参考文献

冯崇义，1994年《罗素与中国——西方思想在中国的一次经历》，北京：生活·读书·新知三联书店。

何志平、尹恭成、张小梅主编 1990《中国科学技术团体》，上海：上海科学普及出版社。

李岚清，2006年《音乐·艺术·人生——关于音乐笔谈的讲座》，北京：高等教育出版社。

李岚清，2009年《李岚清中国近现代音乐笔谈》，北京：高等教育出版社。

李方桂，2008年《李方桂全集》第13卷，北京：清华大学出版社。

苏金智，1999年《赵元任学术思想评传》，北京：北京图书馆出版社。

杨步伟，1999年《杂记赵家》，北京：中国文联出版社。

赵新那、黄培云编，1998年《赵元任年谱》，北京：商务印书馆。

赵元任，2005年《赵元任全集》第11卷，北京：商务印书馆。

赵元任，2004年《赵元任全集》第14卷，北京：商务印书馆。

赵元任，2007年《赵元任全集》第15卷，北京：商务印书馆。

赵元任，2007年《赵元任全集》第16卷，北京：商务印书馆。

后 记

1999年拙作《赵元任思想学术评传》出版后，得到海内外学者和师友的不同方式的肯定，我把这些肯定看成是他们对我的厚爱和对我今后在这一领域研究工作的一种鼓励或鞭策，希望我在这个领域的研究能够走得更远些。十年过去了，我不断地在赵元任学术思想研究方面有所收获，特别要感谢我的三个前辈：陈原先生、吴宗济先生和赵新那教授。

陈原先生是我的业师，也是赵元任的粉丝，他所写的《我所景仰的赵元任先生——〈赵元任年谱〉代序》《赵元任学术思想评传序》以及《赵元任全集前言》等文章都充满了对赵元任的敬慕之情。《赵元任全集前言》是他的绝笔之作，写于2001年八、九月之间，2001年9月23日突发脑溢血，还没有完成这篇文章就病倒了，在病床上煎熬了三年多，终于在2004年10月26日远离我们而去。《赵元任全集前言》这篇文章最后两段是由中国社会科学院副院长，学部委员兼《赵元任全集》编委会主任江蓝生教授最后帮助完成的。陈老师把生命的最后几年都献给了《赵元任全集》的出版工作，他和时任商务印书馆总经理的杨德炎先生和江蓝生教授三人一起担任编委会主任，因此这项工作开始时抓得有声有色。整个工作是在陈老师全力推动下开展起来的。记得陈老师在1999年深秋的一天到北京第二外国语学院给中文系的师生讲社会语言学，我和柳凤运老师都一起听他讲。演讲结束后我们和中文系的领导和老师一起在二外门口的一家小餐馆用餐。饭后陈老师说要到我二外院里的家里坐坐，一起商讨一下编纂赵元任全集的事。一听说要商谈编辑赵元任全集，我心里高兴极了，因为这是件大好事，尤其是像我这样对赵元任学术思想研究有浓厚兴趣的人，那高兴劲儿就更不用说了。可是一转念，我对老师说，换个地方聊吧，不是我不欢迎上我们家，因为我们家住在六楼，没有电梯，怕老师累着了。老师说没问题，他还没到爬不上六楼的时候。到了我家，气还没喘定，陈老师就着急要看一看我收集的赵元任论著到底有多少，我只好把专门放在书柜子里的资料搬出来让陈老师看。我在写《赵元任学术思想评传》时尽量找赵元任的原著阅读，但仍然有些资料没有看到，例如赵元任在美国编写的用于中文教学的教材《中国话的读物》就没有找到。陈老师仔细地翻阅了资料以后，要我预测一下全集的卷数，我说，如果要包括日记、书信等内容，大约二十卷。这一下子我才恍然大悟，陈老师是利用讲学的机会到我家作调研来了，可见这件事已经酝酿很长时间了。后来编委会会议最后确定编辑《赵元任全集》的卷数为二十卷。没过多久，陈老师把我叫到商务印书馆，与著作室的常绍民主任和柳凤运老师一起讨论一些具体的计划，会后在离他家不远的崇文门马克西姆餐厅请大家吃西餐。1999年11月在北京郡王府开了第一次编委会会议，大部分编委都出席了会议，文集的编纂工作很快就开展起来了。

《赵元任全集》的出版得到了赵元任女儿和女婿的尽力帮助。大女儿赵如兰，二女儿赵新那，大女婿卞学鐄，二女婿黄培云均是《赵元任全集》的编委会成员。大女婿是国际著名计算力学专家、美国工程科学院院士，2009年6月20日在美国波士顿去世后，编委会主任和商务印书馆领导随即决定聘请赵元任三女赵来思及其丈夫波岗维作和四女赵小中担任编委。根据北京商务印书馆著作室编的《赵元任全集月报》第110期报道，2009年2月初，国务院总理温家宝在听取商务印书馆王涛总经理有关出版工作汇报时，"特意垂询《赵元任全集》出版情况"。

本人有机会参与《赵元任全集》的编辑工作，参加了各种编辑会议，有机会与赵元任的亲属和学生在一起讨论有关赵元任的各种问题，不断阅读了《赵元任全集月报》，并且具体负责了第14卷的编辑加工工作。这些活动都不断给我加深了对赵元任的多方位的认识。

吴宗济先生是赵元任的学生，十年前为拙作写过序，从此以后我们成了忘年交。吴老是中国社会科学院名誉学部委员，为人谦和，对后辈没有半点架子，在学术问题上，敢于坚持己见。他是《赵元任全集》编辑工作中的积极分子和重要骨干，记得有一次吴老对编辑工作中的一个问题有自己的看法，他同陈原老师谈后没有得到满意的回答，就给我打电话，听声音有些激动，让我以编委的身份也跟陈老师说一下，应该做些调整。这个问题处理的结果后来虽然没有完全符合吴老的意思，但编委会也采取了很好的补救措施。本书脱稿时这位百岁老人虽然重病在身，但仍认真阅读了书稿的重要部分，在与病魔搏斗中撰写了一篇才华横溢、生气勃勃的序言。我的两位博士生与我一起拜读他的大作，我们感到整篇序言充满着活力，充满着青春气息，充满着师生情谊，不禁为这位百岁老人的毅力和才华喝彩。为了完成本书的撰写工作，我曾多次上门打扰。尽管吴老病魔缠身，但只要我事先与他约好时间，他都热情地接待。家里虽然有保姆，但他每次都亲自给我沏茶或泡咖啡。他思路清晰，十分健谈，始终保持着一颗天真烂漫的童心，言语中充满着乐观、幽默与风趣，有时还会穿插一些语言学界的奇闻趣事和他自身的一些传奇式经历。当他谈到老师赵元任时，充满了敬爱与自豪之情，回忆往事激动得有时眼睛饱含着泪花。吴老让我借阅了有关资料（已经如数奉还），还送我几张赵元任的照片，其中有一张是他和同事在昆明史语所与赵先生的合影。吴老写完序言后就用电子邮件告诉我到他家去取。2010年春节前我就到吴老家里取回稿子。那时他身体状况还可以，他告诉我说，一个百岁老人，已经阅尽世间沧桑，对于病魔已经无所畏惧，好像那病魔与他毫不相干。他很少谈到病魔给他带来的痛苦。吴老坚持在家里吃中药，不愿意住院，他觉得在医院不如家里方便。后来病重，亲人还是把他送到了医院。他于2010年7月30日仙逝，我因到内蒙古大学参加中国语言学会年会，没能来得及为这位老前辈送行，心里感到十分愧疚。后来我给吴老的治丧委员会专门打了电话，希望向吴老的家属转达我的哀思和敬意。

  赵元任二女儿新那教授退休后的大部分时间用在了《赵元任年谱》和《赵元任全集》的编撰工作。她给本书的写作支持最多。出版社最先找到她，希望她推荐一位作者撰写本书，她向出版社推荐了我，出版社的王宏波先生通过商务印书馆陈洁女士找到了我，听到这个消息，我虽然感到自己功底浅，不少杂务在身，担心不能按时按质完成任务，但考虑到有新那教授做我的后盾，也就欣然答应了。1997年7月16日，我在北京京丰宾馆第一次见到新那教授，向她请教赵元任学术研究的有关问题，算来至今已经有十四个年头了。为了本书的撰写，我经常打电话向她求教，她每次都耐心地给我解答。新那教授年近九十，视力有所减退，最近几年身体状况不太好，连续摔了三次跤，最近一次比较严重，摔骨折了。出版社曾让我同她联系，希望她为本书赐序。她婉言谢绝了。下面是我们为此事商量的来往电子邮件。

亲爱的新那教授：

  不知道您近来贵体康复了没有，念甚。我的《赵元任》写得差不多了。出版社那边同我商量序的问题，我同他们说了您近来的身体状况，他们也能理解，只是说《李济传》等其他的书都有序，希望传主的亲人能赐稿，如果不方便写，也可以把已经发表的相关文章拿一篇来代序。所以我想可以有两个方案，一个就是您把发表过的文章挑选一篇来作为代序，另一个方案是请您的当作家的妹妹辛苦一下，写一篇序言，三千字左右就可以了，多些更好。不知道您意下如何？

  另给这本书配些照片的事也希望您跟陈洁正式打招呼。请代向黄老问好。顺祝

  康安！

苏金智
2009-07-14

苏金智先生：

  你好！很抱歉今天才回信，我最近身体欠佳，病了几天，加之老龄化加剧（87岁了）写序或找代序都感到无能为力。三妹从小在国外，不会中文。我们的情况请跟出版社解释一下。

  照片的问题我跟陈洁提起。你们都在北京，建议你把书稿给她看看便于帮你选一些照片。目前陈洁出差到香港，月底回北京。你们约一下。

  今年夏天真热，我们这里最高达到40度。祝你暑安！

赵新那
2009-07-23

  新那教授在百忙之中和诸多不便之中为本书初稿提出了宝贵的修改意见，下面的往来电子邮件清楚地记录了这一过程。

亲爱的新那教授：

拙作即将脱稿，书名暂取为《科学、语言、艺术与人生——赵元任传》。现将目录和前言送上一阅，希望二老能提出些修改意见。另我将遵嘱把全文送陈洁一阅，并一起商讨各章配些照片的问题。您如能提些建议更好。问黄老好！顺祝

秋安！

苏金智
2009-09-14

苏金智先生：

来信收到，前言，目录都看了。你花了很多功夫编写这个传记，真不容易。怎么写，每位作家都有自己的思路和写法。

先提两处修改：我父亲在哈佛大学研究生院学哲学，不是科学史，他选过科学史的课程。另外"董同和"应该是"龢"，不是"和"。

我父亲留学学习科学，它一生始终重视科学的方法做一切事情，正如你说，他传播科学知识，是中国科学社创建人之一，为科学社做了很多工作。语言学是他主要的创作领域，而他强调用科学的方法研究语言学，这是他很突出的一个方面。他1916年写的中国语言问题文章中第一个就是"Scientific study of Chinese philology"。1981年北京大学授予我父亲名誉教授的会议上，王力、吕叔湘两位发言中也都提到这一点。

你在北京，有机会跟陈洁讨论，我把你写的前言，目录都转给她一份。

先说这么些了。我现在不能坐在计算机前太久。

赵新那
2009-09-19

为了配照片，我先把初稿全文发给了陈洁女士，还没来得及给新那教授发，陈洁女士先转发给了新那教授，她竟然很快就看了，并且给我发来了修改意见。

苏金智先生：

已经有人"偷偷"地把你的书稿发给我。我刚看完第一章生平。我感到你写的很不错。下面我还会继续看，不过时间会长一些。

先将第一章看到的一些情况提一下供参考：

第1节："Yuan"应该是"Yuen"。

外号"Professor"，实际上称呼时称"Prof."。

第2节："卞学璜"应该是"卞学鐄"。

第3节：赵元任在苏州姨母家除去跟大表哥学习外，跟二表哥庞敦敏关系更密切，还一同学习和使用反切话。

第4节：留学美国时，据日记是1911年购买的钢琴。

第5节：伯母能说苏州话。依据？

第6节：1941—1947年在哈佛大学期间没有被聘为访问教授。没有被聘为教授名称的事情，我母亲很有看法。

易家乐是丹麦人，在美国学习，赵元任是他的导师。

第7节：赵如兰在哈佛大学两个系任教授。她专长音乐学（Musicology），也教中国语言课程。赵新那不是化学系主任，她曾任分析化学教研室主任。曾任全国青联委员。黄培云是我国粉末冶金奠基人（不是冶金粉末）。波岗维作是华盛顿大学教授（不是华盛顿州立大学）。

赵新那

2009-10-16

从邮件中可以清楚地看到，新那教授看初稿是看得十分仔细的，连个别的笔误（打字错误）她都看出来了。既然她视力不怎么好，可想得克服多大的困难。新那教授邮件中所提的意见，我都一一在初稿中进行了修改。她的这种一丝不苟的精神，是无法用一句感谢就可以说得过去的。

另外，新那教授还通过陈洁2009年10月26日给我的邮件，转达了她对第二章的意见，她强调说，赵元任是科学社和《科学》杂志的创建者之一，也非常热心此项事业，但是科学社的创办和操作事宜均应以任鸿隽为主，恐不能因为是赵元任的传记，而过分强调赵元任的地位。新那教授这种不掠他人之美的精神令人佩服，由此我们也可以欣喜地看到赵家的优良家风正在延续。根据新那教授的意见我做了些微调，如果还有不当之处，敬请读者指正。

从新那教授的邮件中我们可以看到，商务印书馆的陈洁女士为本书的出版也做了许多工作。江苏文艺出版社的王宏波先生具体策划了本书的出版，在我提供了有关图片后，为本书编插了图片，他为本书的出版做了大量的编辑工作。

以上各位前辈和友人为本书付出的心血除了我对各位心怀感激之外，希望本书的出版能告慰帮助过我的陈老和吴老的在天之灵。

本书如有疏漏与错误，将由作者负责，恳请读者指正。

苏金智
2011 年 8 月 24 日写于北京

新版后记

2012年11月3日,"赵元任先生120周年诞辰纪念座谈会暨新书发布会"在清华大学举行。出席会议的有赵元任的外孙黄家林先生(赵新那儿子),罗常培女儿罗慎仪女士,清华大学校领导,海内外语言学界、音乐界的专家学者,出版界的相关人士。商务印书馆于殿利总经理在会上介绍了《赵元任全集》的出版情况,江苏文艺出版社出版的拙作《赵元任传:科学语言、艺术与人生》,也在座谈会上与读者首度见面。我和江苏文艺出版社的王宏波先生都应邀参加了座谈会,并向与会者介绍了新书出版和写作的相关情况,得到了赵先生的亲属、与会领导、专家学者的鼓励。海内外媒体对此次活动也进行了广泛的报道。这些鼓励和报道,成为一种无形的动力,促使我在赵元任研究方面不断取得新进展。

2016年3月20日我在《光明日报》"语言文字"专栏发表了《言不得过实,实不得延名——赵元任研究语言学的实事求是精神》一文。2017年4月5日,又在《光明日报》"光明学人"专版发表了由《学人小传》《赵元任:"言有易,言无难"》《语言研究贵在实事求是》组成的三篇文章。

我还先后应邀到暨南大学、江西宜春学院、新疆师范大学、闽南师范大学、华侨大学等高等院校做有关赵元任的演讲,有幸得到了广大听讲师生的喜爱与指教。

2017年春天,团结出版社的袁冰先生来电询问是否可以把《赵元任传》提供给团结出版社于2013年创建的《中国近现代名人传记多媒体数据库》,通过团结出版社旗下的人物传记音视网平台进行宣传和推广。我觉得这是一件大好事。由于版权问题,需要与江苏文艺出版社协商,得到出版社的许可。经过协商,江苏文艺出版社很快就答应了我们的要求,因此我也就很快与团结出版社签订了合作协议。之后袁先生建议是否可以考虑在团结出版社出新版，这件事后来也很快就落实了。这次新版能与读者见面，首先要感谢团结出版社和袁冰先生的厚爱！也要感谢江苏文艺出版社王宏波先生的大力支持！

　　赵晓丽和陈婧女士负责了本书具体的策划和编校工作，在新冠病毒全球肆虐的不寻常日子里，仍然坚守岗位，为新版的面世辛勤工作，付出了大量心血，我在此表示由衷的感谢！

苏金智

2020 年 5 月 28 日于北京东城竹林书屋